美国总统及其外交政策

DO MORALS MATTER?

PRESIDENTS AND FOREIGN POLICY FROM FDR TO TRUMP

[美] 约瑟夫·奈 (Joseph S. Nye, Jr.) 著 / 安刚 译

金城出版社
GOLD WALL PRESS
·北京·

图书在版编目（CIP）数据

美国总统及其外交政策 /（美）约瑟夫·奈（Joseph S. Nye, Jr.）著；安刚译 .—北京：金城出版社有限公司，2022.4（2025.11 重印）

书名原文：Do Morals Matter?: Presidents and Foreign Policy from FDR to Trump

ISBN 978-7-5155-2334-7

Ⅰ . ①美… Ⅱ . ①约… ②安… Ⅲ . ①总统—人物研究—美国 ②美国对外政策—研究 Ⅳ . ① K837.127 ② D871.20

中国版本图书馆 CIP 数据核字（2022）第 025217 号

美国总统及其外交政策

著　　者　[美] 约瑟夫·奈
译　　者　安　刚
责任编辑　李凯丽
特邀编辑　李　涛
责任校对　李晓凌
责任印制　李仕杰
开　　本　710 毫米 × 1000 毫米　1/16
印　　张　18.5
字　　数　280 千字
版　　次　2022 年 4 月第 1 版
印　　次　2025 年 11 月第 3 次印刷
印　　刷　小森印刷（北京）有限公司
书　　号　ISBN 978-7-5155-2334-7
定　　价　79.80 元

出版发行　**金城出版社有限公司**
　　　　　北京市朝阳区利泽东二路 3 号（100102）
发 行 部　（010）84254364
编 辑 部　（010）64214534
总 编 室　（010）64228516
网　　址　http://www.jccb.com.cn
电子邮箱　jinchengchuban@163.com
法律顾问　北京同清律师事务所　（电话）13001187977

给莫莉的诗[1]

岁月的陶土
在你我指尖流转
你的爱环绕我

1　作者原文使用的是“俳句”（haiku）一词。“俳句”是日本古代一种短诗体，起源于中国汉代的绝句。为体现译文的整体美感，译者在此译作“诗”（poem）。本书的“原注”使用 * 与“译注”做区分。——译注

目　　录

中文版序

基于道德准则的外交政策不仅能使美国人民更安全，也可以使世界变得更美好。我将在本书里阐述，人们可以通过观察“意图”、“手段”和“后果”这三个维度的行为和制度，以及是否有所作为，对外交政策的道德属性做出判断。外交政策的属性——带着诸多意外和不测事件——意味着，我们的判断经常会以“混杂”做结。我给自 1945 年以来的 14 位美国总统每人制作了一张“道德计分卡”，但正如我在本书中解释的，相比仔细运用推理对道德进行评估这一方法过程，我个人的判断不那么重要。

任何一国的外交政策都面临一个恒久存在的问题，即背景的复杂性使得出现非预期后果的可能性增加。有时候，审慎被认为仅是为了一己私利，但在外交政策当中却成了一种美德，因为粗疏的评估和鲁莽的冒险往往导致有违道德的后果，或者借用一个法律名词来说，犯下“责任过失”（culpable negligence）。此外，审慎也要求具备管理情绪的能力。

这就引出了另一个问题：制度的作用，以及美国总统如何从广义层面界定美国国家利益。评价美国总统的外交政策不仅要看他的具体行为，也要看他的行为范式如何塑造世界政治的环境。正如亨利·基辛格所说：“不考虑道德因素的权力算计会将每一次分歧变成实力较量……不考虑均衡的道德惩戒也容易导致诉诸武力解决问题，或推出易受挑战的虚弱政策。这两种极端倾向都容易危及国际秩序本身的凝聚力。”

我试图在本书中说明，审慎是良性外交政策的必要美德，但不构成充分条件。当美国历任总统需要具备更广阔的制度视野时，他们可以做到审慎。未来，面对如网络威胁、人工智能、气候变化、大流行病等新技术或环境方面的挑战，拥有正确理解与应对这些问题的视野和战略至关重要。我在第九章中阐明，在信息革命和全球化的冲击下，世界政治正在发生改变。美国和中国都是大国，但两国都无法独善其身。2020 年的这场大流行病只是最新的例证。全球气候变化则是一个更为长期的威胁。

不管贸易纷争和大流行病导致的全球衰退可能使得经济全球化发生怎样的挫折和倒退，环境问题带来的挑战的全球化将持续增长。大流行病和气候变化危及我们每个人，没有哪个国家可以独自解决诸多问题。成功的国家安全战略必须正视这样的事实：美国和中国是世界最大的两个经济体，我们的体量决定了两国必须引领全球合作。一个关于公共产品（比如清洁的空气，所有人都能共享，没有人可以被排斥在外）的经典问题是，如果最大的消费者不能发挥领导作用，其他国家就会搭便车，也就没人生产和提供公共产品。关税和边界墙不能解决这些问题。成功有赖于与其他国家进行合作。

在大流行病和气候变化之类的跨国问题上，权力是“正和博弈”（positive-sum game）的，仅考虑把权力凌驾于他国之上是不够的。我们必须考虑通过与他国共用权力，寻求达到共同目标的能力。在许多跨国问题上，赋予他国权力有助于实现我们自己的目标。如果中国提高能源使用效率、减少碳排放，或者改善其公共卫生系统，美国也可以从中受益，反之则会受害。在这个世界，制度的网络及联通性乃是重要的国家权力之源。在这个日趋复杂的世界上，最具联通性的国家也是最有力量的。

如果说确保全球安全和繁荣的关键在于意识到，“共用权力”和“权力凌驾”同等重要，美国目前的战略则不能称之为“胜任”的。正如我在本书中讨论的，每个国家都把自己的利益放在优先位置上，但重要的道德问题是，这些利益在广义和狭义视角是如何界定的。最近发生在美国国内的一系列事件反映出，这个国家日益倾向于从短期、“零和”（zero-sum）、交易的角度对自己的利益做出解读，却没有对长期的、开明的自我利益给予足够关注，而后者曾经对由富兰克林·罗斯福、杜鲁门和艾森豪威尔在1945年以后构建的多边秩序发挥指引作用。

自1972年尼克松与毛泽东会晤以来，美国和中国就克服意识形态分歧开展了合作。亚洲经济的快速增长促使权力在地区范围内横向转移。但是，从传统的国家间竞争角度看，中国把美国从西太平洋赶出去的可能性微乎其微，更不用说主导世界了。中美之间的合作仍然是必要的，而且这种必要性正因新型跨国问题的重要性而得到加强。

未来，我们将面临的一个更为棘手的问题是，美中两国能否达成一种态度，允许两国在大国竞争的传统领域开展竞争的同时，合作创造全球公共产品。夸大的恐惧感和对最坏情况的分析，可能会使这样的一种平衡政策变得不可能。对“新冷战”（new cold war）的讨论产生了误导作用，可能成为一种自我应验。美中关系是合作性竞争对手，而讲道德的战略要求对这一定义中“合作”和“竞争”的两面给予同等的关注。然而，这种前景需要双方都有良好的情境智力和精细管理，且不能出现重大误判。当前，两国的民族主义情绪均在增长之际，这是对美中两国领导人执政技巧的严峻考验。

美苏冷战期间，一些人开玩笑说，只有当火星生物带来地外威胁之时，美国和苏联才能克服彼此之间的分歧。在2020年，病毒对我们构成了相当于火星人入侵的威胁，病毒在杀死一个人时不会管他到底来自哪个国家。然而，迄今为止，我们人类的反应是否认、保护主义和责任转嫁，而不是致力于加强国际合作。我们只能祈愿，在世界再次遭遇此类威胁之前，人们对合作的态度可以发生转变。

约瑟夫·奈

2020年9月13日

前　言

在与一群朋友的餐叙中，有人问我最近在做些什么。听到我说我正在写一部关于美国总统、伦理和外交政策的作品，一位女士打趣道：“这一定是本很简短的书。”另一个人则严肃地接话说：“我不认为伦理（在外交政策中）有多大作用。”这样的传统思维不仅可以在晚宴讨论中听到，也在政治分析中留下印迹。在互联网上搜索，你会惊讶地发现，没有几本书是探讨总统们的道德观（moral views）如何影响他们的外交政策，而这又如何影响我们对他们的判断。* 正如迈克尔 · 沃尔泽（Michael Walzer）[1]（此规则的一个重要例外）在谈论 1945 年以后美国的研究生教育时所描述的：“道德论证与这个学科的通常做法是抵触的，尽管有少数学者争辩说利益也是一种新道德。”[1] 一项调查显示，过去 15 年间，美国三大国际关系领域学术期刊只发表了四篇相关论文，其中一位作者注明：“前沿学者……并没有在研究道德价值对国家行为的影响方面给予严肃的关注。”[2] 这样的话题对一名年轻学者来说并不能提供多大的职业助力，但对于像我这样年长的美国外交政策从业者和毕生学者来说是长期的兴趣所在。

持怀疑态度者给出的原因对很多人来说显而易见。当历史学家

---

* 我交替使用“伦理”（ethics）和“道德”（morals）两词来意指人们对对与错的评判。伦理是关于正确行为的较抽象原则，而道德通常是指那些可能基于形式伦理或个人良知的个人判断。

1 当代美国重要的道德哲学家，思想遍及经济伦理、政治伦理、宗教伦理、战争伦理等方面，尤其涉及军事人道主义伦理思想。著有《正义与非正义战争：通过历史实例的道德论证》《论战争》《论宽容》《解放的悖论：世俗革命与宗教反革命》《正义诸领域：为多元主义与平等一辩》等作品。

撰写关于美国例外主义和道德主义的著述时，乔治·凯南（George Kennan）[1]这样的外交官和理论家，一直在就美国的道德—法律传统（American moralist-legalist tradition）的不良影响发出警告。[3]国际关系是无政府状态的王国，并不存在一个可以提供秩序的世界政府。各国必须自主承担防卫，当面临生存危险时，可以不择手段。在并不存在有意义的选择的地方，也不存在伦理。就像哲学家所说的，“应该意味着可以”（Ought implies can）。没有人会因为你不去做不可能之事而对你吹毛求疵。根据这一逻辑，将伦理与外交政策结合起来是一种范畴错误，就好比询问一把刀子是否动听而不是切得快不快，或者一把扫帚是否能跳舞而不是打扫得干净不干净。循此逻辑，在评判一位美国总统的外交政策时，我们只需了解它是否奏效，而不必在意它是否道德。

尽管这一观点不无道理，它仍然过于简单化，回避了一些尖锐的问题。世界政府的缺位并不意味着所有秩序都是缺位的。一些外交政策议题与国家的生死存亡有关，但大多数议题并不是这样的。自第二次世界大战以来，美国卷入了多场战争，但没有一场是攸关我们的生存的。[4]而众多关乎人权、气候变化、网络自由的重要外交政策选择根本就不涉及战争。绝大多数外交政策议题都与需要做出选择的不同价值间的相互妥协有关，并非“国家利益高于一切”（raison d’etat）公式的严格应用。一位愤世嫉俗的法国官员曾经告诉我：“什么东西对法国有利，我就把它界定为有利的。道德无关紧要。”他似乎并没有意识到他这话本身就是一种道德判断。说所有国家都试图根据其国家利益行事是同义反复的，往好了说也是言语琐碎。重要的问题是，各个国家的领导人是如何在不同情境下界定和追求国家利益的。

而且，不管我们喜欢与否，美国人一直在就美国总统及其外交政策做出道德评判。特朗普政府的登台重新激活了人们对何为道德外交政策（Moral Foreign Policy）的讨论兴趣，把这个问题从理论

1　可参阅［美］保罗·希尔：《乔治·凯南与美国东亚政策》，小毛线译，金城出版社，2020 年。

层面推上了新闻头版。例如，2018 年，沙特阿拉伯持不同政见的记者贾迈勒·卡舒吉（Jamal Khashoggi）在沙特驻伊斯坦布尔领事馆被杀后，特朗普总统被指责为保持与沙特王储的良好关系而忽略恶性犯罪行为的确凿证据。自由主义者批评特朗普就卡舒吉遇害发表的声明，“冷酷无情地敷衍了事，对事实漫不经心”[5]；保守主义者则称，“我们知道没有哪个总统，即使如理查德·尼克松或林登·约翰逊之类的无情的实用主义者，写得出这样一份声明，连美国对价值和原则的坚守都不涉一笔”[6]。购买原油、出售军火、地区稳定是国家利益，对其他国家产生吸引力的价值和原则也是国家利益，怎样才能兼顾呢？

不幸的是，许多关于伦理和外交的判断是逻辑混乱或缺乏深入思考的，而现如今的相关讨论过度集中在唐纳德·特朗普的个人性格上。正如玛吉·哈伯曼（Maggie Haberman）——一位思维敏捷的资深记者——有一次对我说的：“唐纳德·特朗普为人并不独特，而是极端。”特朗普的一些行为并非不可预测，我们检索自二战以来所有美国总统的记录时就能发现。更为重要的是，当我们对一种道德外交政策做出判断时，极少有美国人清楚该采取何种标准。我们因其各种声明里的道德明晰（moral clarity）而夸赞罗纳德·里根这样的总统，就好像基于善意的辞藻对伦理做出判断就足够了。但是，伍德罗·威尔逊和老布什也告诉我们，有了良好意图，但缺乏足够手段加以实现，同样可以在道德伦理层面导致恶劣后果，就好比威尔逊的《凡尔赛条约》的失败或小布什对伊拉克发起的侵略。抑或我们只根据结果来判断一位总统。一些观察家因理查德·尼克松结束越南战争就对他褒扬有加，但也是他牺牲掉 2.1 万名美国人的性命以制造出一段美名载道的“合理间隔”（decent interval），而这最终被印证为失败道路上的短暂停歇。

正如我在本书中阐述的，良好道德推理应该具备三个维度：对总统决策的不同意图、手段和后果的权衡。道德外交政策并非意图对后果的问题，而是必须兼顾两者以及所使用的手段。更进一步说，良好道德推理必须考虑通常行为的后果，比如，维护鼓励道德利益的制度秩序，以及帮助某人权异见人士或别国受迫害群体这样的有特别新闻价值的行动。考虑“无所作为”的道德后果同样重要，比如杜鲁门总统在朝鲜战争期间宁愿接受僵局并为此遭受国内政治惩罚，也不愿听从麦克阿瑟将军使用核武器的提议。就像夏洛克·福尔摩斯说的那句名言：“我们可以从不会叫的狗身上学到很多。”[1]

本书不是一部历史作品。我没有费尽心力查阅各种信源去完成对二战以来美国总统的外交政策在道德层面的叙述，也无意去谈论早先几个世纪的美国外交政策。我在这里提供的是一种规范性思维的实践，适用于自 1945 年美国成为世界最强大国家以来的时期——这个时期有时被称作“美国治下的和平”（Pax Americana）或“自由主义国际秩序”（Liberal International Order）时期。许多评论者认为这一时期快到头了，有必要采取新的外交政策适应那些我会在最后一章加以描述的新挑战。当我们进行这样的政策讨论时，道德将是我们使用的论点的一部分。假装道德不会扮演任何角色，就像幻想太阳明天不会升起一样盲目。由于我们将进行的道德推理是关于外交政策的，我们应该学习如何把它做得更好。本书进行的分析及所发展出来的“计分卡”是朝那个方向迈出的审慎步伐。

1　在福尔摩斯探案集的《银色马》中，一匹名贵赛马的驯马师报案称马于夜间丢失了，福尔摩斯注意到马厩前养着一条猛犬，但在驯马师声称名马被盗的时间段里，马厩四周无人听见犬吠，因而怀疑这是一起监守自盗案。

〖注释〗

[1] Michael Walzer, *Arguing About War* (New Haven, CT: Yale University Press, 2004), 6.

[2] Robert W. McElroy, *Morality and American Foreign Policy: The Role of Ethics in International Affairs* (Princeton, NJ: Princeton University Press, 1992), 3. See also Richard Price, "Moral Limit and Possibility in World Politics," *International Organization* 62 (Spring 2008), 193.

[3] George Kennan, *American Diplomacy, 1900–1950* (Chicago: University of Chicago Press, 1951).

[4] Richard Haass, *War of Necessity, War of Choice* (New York: Simon & Schuster, 2009).

[5] Mark Landler, "Trump Stands With Saudis Over Murder of Khashoggi," *New York Times*, November 21, 2018, A1.

[6] "Trump's Crude Realpolitik; His Statement about the Saudis Had No Mention of America's Values," *Wall Street Journal*, November 21, 2018.

第一章 美国的道德主义

在 2017 年的就职演说中，唐纳德·特朗普宣称："从今天起，只有美国优先（America First）。美国优先……我们将寻求与世界各国和睦修好，但是我们这样做是基于以下认知：所有的国家都有权以自己的利益为优先。"[1] 他说的这些似乎显而易见。领导人也是受托人。我们投票把他们选出来是让他们保护我们的利益。但他们是如何定义和代表我们利益的呢？我们希望美国总统的外交政策怎样体现道德？而那又意味着什么？我们是否在国界以外负有责任？我们是否能够——实际上，我们是否应该——试图使世界变得更加美好？

一、美国例外主义

长期以来，美国人把自己的国家视为一种道德例外。正如西奥多·罗斯福在一个世纪前所说："我们对人类的主要用处就在于把权力和高尚目标结合起来。"[2] 基于理念和民族渊薮，美国长期以来把自己看作既是一个国家，也是一项事业。对自己的国家是"一种例外"的相信，是民族主义自豪感的通常表现形式。对一些美国人来说，例外主义代表着沙文主义的骄傲和某种道德优越感；但对其他人来说，它只意味着基于共通且与合作国际主义相结合的公民理想的爱国主义。[3] 贝拉克·奥巴马在 2009 年表达了一种谦逊的道德主义（modest moralism），当时他说："我相信美国例外主义，就如同我质疑英国人相信英国例外主义（British Exceptionalism）、希腊人相信希腊例外主义（Greek Exceptionalism）一样。”[4] 但是，奥巴马所表达出来的谦逊遭到了一些美国人的批评。

拥有法、美双重国籍的哈佛大学政治科学学者斯坦利·霍夫曼（Stanley Hoffmann）曾经指出，每一个国家都喜欢把自己视为独特的，法国和美国在信念上表现得特别突出，认为他们的价值是普适性的。但法国追求的目标是有限的，仅限于欧洲均势，因而无法像其内心希望的那样放手追求普适价值。[5] 用霍夫曼的话讲，只有美国试图发展反映例外主义的外交政策，并且拥有付诸实践的能力空间。

这并不意味着美国人比其他国家人民更道德——去问问墨西哥人、古巴人或菲律宾人，问问他们是怎么看待美国在 19 世纪对他们发动战争和使用酷刑的。但是，确有很多美国人倾向于相信我们是道德的，在世界上是一支正义的力量。二战结束后不久，汉斯·摩根索（Hans Morgenthau）——一位欧洲血统的现实主义者——写书对美国外交政策中的道德主义发出抱怨，指责它干扰了对权力的清晰分析。他说，这种道德情感主义并不仅限于普罗大众，而“更像是对到达美国政府乃至作为二战后世界超级大国的美国顶层的特殊道德价值进步的附着”[6]。然而，美国拥有自由主义政治文化的事实与二战后确立的国际秩序基本特征之间存在巨大差异，主导性的大国推广他们的政治价值。如果希特勒成为二战胜利者，或者如果苏联赢得了冷战，今天的世界会迥然不同。

美国例外主义有三个源头：一个主要的分支是美国缔造者们的自由主义思想启蒙。我们是一个建立在那些价值基础上的国家。正如约翰·肯尼迪所指出的：“站在我们这边的‘奇幻力量’是对每一个人生而自由、每一个国家生而独立的欲求……因为我相信我们的制度更加符合人性之根本，所以我相信我们终将取得胜利。”[7] 启蒙的自由主义珍视个人的自由和权利，相信这些权利是普遍性的，不仅限于美利坚共和国（The American Republic）。一些当代政治科学学者认为，美国之所以被广泛视为一种例外，核心原因在于其极为自由开明的特性——“一种以政治、经济和社会自由为中心的生活方式的意识形态观念”[8]。

但从一开始，美国人就在实施自由主义意识形态价值的过程中面临着矛盾，因为不平等的奴隶制最初是写入我们宪法的。美国内战之后，又用了一个多世纪的时间，国会才通过了 1965 年《选举权法案》（Voting Rights Act），而种族主义至今仍是影响美国政治的一个重要因素。美国人还在如何通过外交政策推广自由价值方面存在分歧，种族主义在美国对墨西哥、海地和菲律宾事务的干预中发挥着作用。[9] 自由主义道德的能量存在不同变量。对一些美国人来说，它成为入侵其他国家并把民主制度强加于他国的借口；而对另一些美国人来说，它意味着对国际法和组织体系的缔造，旨在通过缓和国际无政府状态来保护美国国内的自由。[10]

美国例外主义的另一分支可追溯到《圣经》里关于“天选之人”[1]的宗教根源，以及那些离开英国以期能在新世界里用更纯洁方式崇拜上帝的清教徒的负罪感。这样的远大抱负导致了焦虑——他们能否不违背那些不可能得到满足的标准。这一分支的最大特点是焦虑和内向。即使是美国缔造者们也担心他们的新共和国是否会像罗马共和国一样发生道德衰落。[11] 在 19 世纪，来自欧洲的到访者，比如克历克西·德·托克维尔（Alexis de Tocqueville）和查尔斯·狄更斯（Charles Dickens），注意到美国人对道德、进步和衰落（问题）的痴迷。但是，这种道德关切多是内向的，而非外向的。

最后，我们的道德例外主义的第三种源起，纯粹来自美国的体量和位置。德·托克维尔在 19 世纪就注意到美国特殊的地理位置。美国被两大洋保护着，与弱小的邻国交界，得以在 19 世纪举国聚焦“西进”运动，并试图避免受困于以欧洲为中心的全球均势。但当美国在 20 世纪初成为世界第一大经济体之时，开始以一个全球大国的方式进行思考。[12] 我们已经看到，最强国拥有更多空间和机会投身良善或邪恶。最强国也拥有动机和能力在创造所有人都能从中受益的全球公共产品方面发挥领导作用，进而拥有根据这些公共产品

1　本书原文为“a chosen people”，应指一个族群，这里实指美国，但仍译为“天选之人”。

（比如，开放的国际贸易体系、海洋及其他公域自由、国际机制发展等）广泛界定其国家利益的自由。体量为美国例外主义提供了重要的现实基础，但清教主义和自由主义（尤其后者）提供了道德能量。在 20 世纪早期，伍德罗·威尔逊总统为将美国的自由价值与我们新获得的大国地位结合起来做出了重要努力。

二、威尔逊自由主义

孤立主义是美国在 19 世纪面对全球均势奉行的政策。相对虚弱的美利坚共和国，对待其弱小邻国们可能是帝国主义的，但是对欧洲则不得不采取一种审慎而现实的全球均势政策。“门罗主义”（Monroe Doctrine）确保了把西半球从欧洲平衡中剥离出来，但美国得以维持这一局面，只是因为其利益与英国及其皇家海军对海洋的控制相吻合。

然而，随着美国力量的成长，我们的选项增多了。一个重要的转折点在 1917 年来临，当时威尔逊打破传统，派出 200 万美国人赴欧洲作战。就像 20 世纪初的美国其他领导人一样，威尔逊视自己为理想主义者。* 他关于组建一个致力于和平的国际联盟的构想，起初是作为欧洲概念提出的，但是作为知名的美国教授和有学院背景的总统，他接受了欧洲的自由主义思想，并把它们改造成为他所认为的更具道德感召力的美国方案，进而使之成为美国外交政策的一个主要因素。

威尔逊理解均势（balance of power）理念，但他视之为不道德的，因为它为了大国的便利，像切奶酪一样把弱国弄得支离破碎，

---

* 威尔逊是自由理想主义者，但他并没有实践普世人权。作为南方人，他认同激进的偏见以及在他那个时代盛行的盎格鲁-撒克逊沙文主义，并且美国的自由主义传统对起初的奴隶制和后来的隔离主义是长期容忍的。不仅如此，威尔逊还毫不犹豫地介入墨西哥和加勒比事务，他认为那些地方治理不善，美国需要做出反应。

比如18世纪身处俄国、普鲁士、奥地利之间而被肢解的波兰。威尔逊认为，一个基于共同抵御侵略者的集体安全条约的国际联盟要比为了均势需求而缔结的见利忘义的联盟更具和平性。威尔逊并不认为美国在第一次世界大战中的行动要比带着所有国家进入一个新的、致力于正确目标的有组织的国际社会来得高尚。[13]他呼吁美国充当获胜国的“伙伴”（associate）而非盟友。威尔逊认为，这从短期角度看对美国人民、从长期角度看对世界道德舆论是唯一将被证明可以接受的和平。

威尔逊是作为一名“思想领袖”（thought leader）——这是我们今天的叫法——取得成功的，而不是作为一位外交政策引领者。1919年，威尔逊在美国国内外都受到推崇。又过了几十年，他成为一种新的国际关系道德类型的象征。在超过20年的时间里，威尔逊关于国际组织的思想没有被他的同胞们加以实施。但是，威尔逊仍强烈影响了富兰克林·罗斯福和哈里·杜鲁门，这两位总统启动了1945年以后盛行的自由主义国际秩序，并且都自视为“威尔逊主义者”（Wilsonians），而制约着各国走向战争借口的联合国就是威尔逊（倡导）的国际联盟（League of Nations）的后身。

威尔逊构建自由主义国际秩序的计划有两个主要目标：通过建立有约束力的国际法和组织，对国际无政府状态进行驯化；朝着宪政民主的方向对体系内的其他国家进行改造。他寻求一个能向民主制度提供安全的世界。[14]历史学家和传记作者阿瑟·林克（Arthur Link）认为，鉴于20世纪30年代发生的灾难性事件，1919年威尔逊在凡尔赛展示的道德观比乔治·克列孟梭（Georges Clemenceau）或戴维·劳合·乔治（David Lloyd George）[1]等欧洲国家领导人更有远见，他们主要还是聚焦于领土上之所得。林克将此称为“伍德罗·威尔逊的更高尚现实主义”。并且，1991年乔治·凯南笔下的威尔逊，同样是个现实主义者：“在我生命中的这个阶段，我不得不修正自

1　乔治·克列孟梭，1906至1909年、1917至1919年任法国总理，法国近代史上最负盛名的政治家之一，以政策激进著称。戴维·劳合·乔治，英国自由党政治家，1916至1922年任英国首相。

己一些关于他的早期印象。从他关于世界社会（world society）未来之所需的洞见中，我现在可以看出威尔逊比任何其他同时代的政治家都要超前。”[15]

其他人对此并不认同，他们相信威尔逊留下的说教式自由主义遗产已经成为美国外交政策的陷阱。自由主义民主固然在美国国内是最好的政治体制，但在国际政治范畴，“对所有人都拥有一系列不可剥夺的权利以及对这些权利的保护应凌驾于其他关切之上的信仰，创造了一种自由主义国家去干预介入（其他国家事务）的强大动机”[16]。自由主义成为动荡和冲突的一种根源。[17] 当然，这在很大程度上取决于如何定义和实施自由主义。但是，正如亨利·基辛格（Henry Kissinger）所指出的，即使是终极现实主义者（ultimate realist）理查德·尼克松，也受到威尔逊的影响并且在白宫悬挂着他的肖像。[18] 基辛格的结论是：“威尔逊之所以伟大，就在于他极大地激发了美国的例外主义传统……他被尊为先知，美国矢志追求他的愿景。”[19]

三、1945 年以后的自由主义国际秩序

在威尔逊派遣 200 万美国人赴欧作战并改变战局之后，美国不仅成为世界最大经济体，也对全球均势变得至关重要。但是，国会参议院拒绝了《凡尔赛条约》和威尔逊的国际联盟，美国未能履行其新的角色，而是继续充当全球公共产品供给的“搭便车者”。此时，英国已经无法承担提供全球公共产品的重负。由于并不存在一个全球政府，世界依靠最大国家提供秩序和全球公共产品。在 19 世纪，“英国治下的和平”（Pax Brittanica）负责提供安全、经济稳定以及对全球公域的保护——比如海上自由。一战之后，美国已经取代英国成为“不可或缺的国家”（这里借用一个 19 世纪末期常用的短语），但美国自己并不这样认为。

相反，美国回归了常态。当美国在 20 世纪 20 年代主动而为提

出一些有用的倡议时，国内舆论却认为卷入第一次世界大战并努力创造一个世界秩序是巨大的错误。美国形成了强烈的孤立主义情绪，整个 30 年代根本不存在一个美国领导下的自由主义秩序。结果生成了一个以经济萧条为特征，以种族屠杀为序曲，最终导致第二次世界大战爆发的“邪恶十年”。20 世纪 30 年代的孤立主义比以往更为有害，它是向 19 世纪外交政策传统的倒退。

美国的公共舆论经常在外向（extroversion）与收缩（retrenchment）之间摆动。[20] 像富兰克林 · 罗斯福这样的领导人看到 30 年代孤立主义的错误，并开始一个规划进程，于 1944 年创造了布雷顿森林国际经济制度，1945 年创建了联合国。我们即将在本书第三章里看到，哈里 · 杜鲁门的战后决断提供了转折点，直接导致了美国永久性的同盟关系和不间断的海外军事存在。当时的英国太过虚弱以至于不能在 1947 年向希腊和土耳其提供支持，于是美国取而代之。[1] 我们通过 1948 年出台的“马歇尔计划”（Marshall Plan）（向欧洲）大量投资，在 1949 年建立起北大西洋公约组织（NATO，即北约），又在 1950 年带领“联合国军”介入朝鲜战争。1960 年，德怀特 · 艾森豪威尔同日本签署了新的安全协定。[2]

这些行动是针对苏维埃国家的现实主义遏制战略的组成部分，但是这种遏制被不同的方式诠释。基于遏制共产主义和遏制苏联的不同需要，一些外交政策的选择被证明是正确的，比如杜鲁门政府对共产主义南斯拉夫的支持；一些决定的伦理依据则是令人生疑的，比如推翻危地马拉、伊朗和其他一些地方的政权。或许最声名狼藉

1　1945 年 3 月，苏联单方面废除《苏土中立和互不侵犯条约》，并宣布旨在实现苏土共管黑海海峡的签署新约条件，苏土关系急剧恶化。也是在 1945 年，希腊共产党在改组后再次采取武装斗争方式争取合法地位。美国根据“多米诺骨牌”理论推理，认为一旦土希两国落入苏联的势力范围，西方有失去中东北部的危险。1947 年 3 月 12 日，美国总统杜鲁门在国会参众两院发表演讲，宣布美国将通过援助土希两国来表明支持“自由制度”的明确态度，“杜鲁门主义”（Truman Doctrine）由此出台。

2　可参阅［英］佩里 · 安德森：《美国外交政策及其智囊》，李岩译，金城出版社，2017 年。

的是对越南的干预——我们将在本书第四章中读到，连续几任美国总统用“倒向共产主义的多米诺骨牌（Domino）”这一比喻，以及在两极世界里形成全球均势的最终效果来为有关决定进行辩解。

美国对是否应介入发展中国家有过激烈的辩论，并且存在党派分歧，过去是在越南问题上，最近是关于伊拉克，分别对 1968 年和 2006 年的选举产生了强烈的影响。但当人们就干预的伦理性进行激辩时，围绕自由主义制度秩序（liberal institutional order）问题的讨论却远不那么激烈。神学家莱因霍尔德·尼布尔（Reinhold Niebuhr）赞誉“自由国际主义的幸运模糊”，将其从意识形态的僵化立场中拯救出来。随着冷战的胜利和自由主义的意识形态胜利，威尔逊主义（Wilsonianism）就有风险成为一种用民主制度为世界创造安全而非将安全赋予民主制度的“硬”意识形态。基于权力失衡的美国“单极时刻”（unipolar moment）增加了傲慢的风险。华盛顿对经济全球化的倡导、强制性的民主输出，以及美国的领导地位[21]，经常成为对一成不变利益的意识形态辩护。对崇高目标的追求“促使美国在确有需要时可以不择手段”[22]。

自二战以来的美国外交政策为自由主义国际秩序提供了广泛的支持，但在 2016 年大选中，唐纳德·特朗普发现了散布一种观点的有效性，即后 1945 年秩序中的同盟和机制令其他国家获益、美国受损。他的民粹主义主张远超外交政策范畴。全球化导致的经济混乱因 2008 年的大衰退突显，与族裔、妇女作用、性别认同相关的文化变迁极化了美国选民。通过将经济问题归咎于“同墨西哥和中国等国家达成的糟糕贸易协定，以及与美国人争夺工作机会的外来移民”[23]，特朗普成功地激发了白人对少数族裔日趋明显的外交政策影响力的不满。

当前时期，并非是美国首次见证抵制自由主义外交政策的民粹反应。[24] 先例在 20 世纪 20、30 年代就有了。[25]1500 万移民在 20 世纪的头 20 年来到美国，“使得美国本土居民产生了被从内部征服的隐隐恐惧”。20 年代初，三 K 党（Ku Klux Klan）重新兴起并推动（国会）通过了《1924 年国家起源法案》（The National Origins

Act of 1924）[1]，以“阻止北欧人种（Nordic race）被淹没”，“保护他们崇敬的美国越持久越纯粹”。同样，唐纳德·特朗普在 2016 年的当选反映（而非导致）自 60 年代便开始发展的深层的族群、意识形态和文化撕裂。[26] 一些分析家担心特朗普的外交政策和美国的收缩可能导致类似 30 年代的国际失序，但特朗普的支持者们认为，一种更加强硬、不再那么慷慨的美国立场可以创造更稳定的海外和更多的国内支持。无论如何，特朗普的当选代表着美国从威尔逊主义传统中的明显转变。

有人认为特朗普的崛起是自由主义精英的失败所导致的，深层次上反映的则是美国人民的外交政策偏好。例如，斯蒂芬·沃尔特（Stephen Walt）[2]就描绘了道德外交精英比公众更在意自由主义价值。[27] 但这种描述太过简单。当然，众多迹象显示，美国的公共舆论和精英群体总体上比广义的公众对外交政策更感兴趣。自 1974 年以来，芝加哥全球事务委员会（Chicago Council on Global Affairs）一直在向美国人发问：对国家来说，积极介入世界事务中和对世界事务置身事外，哪个才是最佳选择？结果显示，约三分之一的公众自始至终是孤立主义者，希望回到 19 世纪的传统上去。[28] 这一数据在 2014 年达到 40%，但与流行观点恰恰相反，2016 年并非 1945 年以后孤立主义发展的一个高点。那一年大选期间，64% 的美国公众表示他们支持积极介入世界事务，这一数字在 2018 年上升到 70%，是 2002 年以来的最高水平。[29]

因为绝大多数美国人并不优先关注外交政策，他们往往是强调安全和经济繁荣的“直觉现实主义者”（intuitive realists）。[30] 普通民众主要关切他们的日常工作和安全。但是，与此同时，民调也

1　即《1924 年移民限额法案》，又称《约翰逊–里德法案》（Johnson-Reed Act）、《1924 年移民法案》（Immigration Act of 1924），是美国历史上一部著名的种族主义法案，表现为欢迎西北欧移民，限额东南欧移民，禁止亚太移民进入。直至 20 世纪 60 年代才被新的移民法取代。

2　美国哈佛大学肯尼迪政府学院国际事务教授，新现实主义国际关系理论代表学者。

显示，当“免受袭击的安全和国内福祉压倒一切……绝大多数美国人也承认为海外人民争取正义的特殊重要性，并且支持美国在国际上追求利他主义和人道主义目标”。精英分子往往比普罗大众更持自由主义观念，但并非在所有的问题上。公众对影响就业的经济议题或（向海外）派遣作战部队这样的问题更为挑剔，但在支持国际组织、机构和协定方面，公众比精英更为自由主义。[31] 在 2016 年大选中，外交政策并非主要议题，被唐纳德·特朗普成功利用的民粹主义观点也不是美国外交政策的唯一面孔。

在就职演说里，特朗普宣称：“我们不寻求把我们的生活方式强加于任何人，但会让它作为一个典范继续闪耀。”美国这座“山巅之城”有着绵长的血统，但它并不怎么持行动主义（activism）观念，[32] 并不完全符合杰弗逊主义 1 的传统。美国的权力被认为更多是建立在“灵感之柱”（pillar of inspiration）和富有吸引力的软实力基础之上，而非“行动之柱”（pillar of action）。[33]《圣经》中“山巅之城”的比喻，最早是 17 世纪清教徒约翰·温斯罗普（John Winthrop）2 做出的，他宣称：“全世界人民的眼光都在注视着我们。”1821 年，约翰·昆西·亚当斯（John Quincy Adams）3 发布

1　美国第三任总统托马斯·杰弗逊（Thomas Jafferson）推行的政治和思想原则。他是 18 世纪美国自由主义的代表人物，其思想来源于英国的启蒙思想，特别是“自由主义之父”约翰·洛克（John Locke）的思想，笃信自由平等，同时认为自由和平等是可以相互补充的。作为一个人文主义者，杰弗逊在人的自然权利问题上“重人轻物”，主张用“追求幸福的权利”去取代财产权，反对用金钱支配人。

2　英属北美时期马萨诸塞湾殖民地的重要人物，主张尊卑有序、共同体、与神立约、政教合一等，这些殖民时代自治社区构建理念被视为美国民主政治的重要雏形。曾先后 12 次担任马萨诸塞湾殖民地总督、3 次任副总督，1643 年新英格兰联盟成立时为联盟首任主席，但史学界对其关注不多，因而也有“被遗忘的美国缔造者”之称。

3　美国第六任总统，第二任总统约翰·亚当斯的长子。他继承并发展了美国缔造者们确立的扩张主义思想，并为美国在 19 世纪中期掀起的大陆扩张运动奠定了基础。同时，他又完善了孤立主义思想（曾是门罗总统的国务卿，与之共同发展出“门罗主义”），并将其运用到美国在拉美地区的外交实践中。

了著名的宣示：美国“不会到海外去搜寻魔鬼并加以摧毁。它祝愿所有人获得自由和独立。它只是自己的捍卫者和维护者”[34]。随着2017年《美国国家安全战略》报告发布，特朗普回归了这一主题。他将此称为“回归有原则的现实主义”，宣布“我们不寻求把我们的生活方式强加于任何人”，但会“弘扬美国的伟大，使它作为典范光耀世界”。[35]

在美国外交政策中也有绵长的干预主义分支。国务卿亚当斯发表声明顶住了一些人的政治压力，他们要求美国介入希腊局势，支持当地爱国者反抗奥斯曼帝国的压迫。在20世纪初，即使是自诩为现实主义者的西奥多·罗斯福也说过，在侵犯人权的极端例子中，干预“或许是正义和正确的”[36]。到20世纪中叶，约翰·肯尼迪呼吁美国人不仅要问他们能为国家做什么，也要问他们能为世界做什么，然后他把约1.6万名美国军事顾问派往越南。自冷战末期以来，美国已经卷入七场战争和军事干预行动，没有一场是与大国竞争直接相关的。2006年，小布什发布了（基调）几乎与特朗普截然相反的《美国国家安全战略》报告，为美国国家安全战略确立了“双支柱”：一个支柱是在世界范围内促进自由、公正和人的尊严，另一个支柱是促进一个日益增长的全球民主共同体。[37]对于“道德外交政策是由什么构成的”这个问题，美国的历史提供了不同的答案，但是特朗普把民主干预主义和作为威尔逊自由主义（Wilson Liberalism）遗产的国际制度主义这两个维度都拒绝了。

批评者正确地指出，1945年以后的美利坚秩序既不是全球性的，也不总是带自由主义色彩。[38]所谓的“美国霸权”未能覆盖一半世界（苏东集团和中国），也包括了一系列不那么实践自由主义的威权国家。捍卫者则认为，自由主义的国际秩序尽管并非完美，却使世界变得更好，因为它创造了一个世界经济史无前例增长的时代，使数亿人口摆脱了贫困，并且推广了自由和民主。[39]无论如何，众多分析家认为，随着中国的崛起，以及一些国家的民粹主义的兴起，自由主义国际秩序现已终结。未来的美国总统面对一个“后1945美国治下的和平”和威尔逊主义理念均已发生改变的世界，将不得不做出外交政策的道德抉择。道德抉择意味着怎样的不同？我们该如何判断道德外交政策的构成？我们能否建立一种“计分卡”，来对美国总统进行小心翼翼地比对？我相信我们能，并将在下一章转向这一问题。

〖注释〗

［1］Donald J. Trump, Inaugural Address, January 20, 2017.

［2］James Chace, *1912: Wilson, Roosevelt, Taft and Debs— the Election that Changed the Country* (New York: Simon and Schuster, 2004), 108.

［3］Jake Sullivan, "What Donald Trump and Dick Cheney Got Wrong About America," *The Atlantic*, January/ February 2019, https:// www. theatlantic.com/ magazine/ archive/ 2019/ 01/ yes-america-can-still-lead-the-world/ 576247/ .

［4］Ben Rhodes, *The World as It Is: A Memoir of the Obama White House* (New York: Random House, 2018), 41.

［5］Stanley Hoffmann, *Chaos and Violence: What Globalization, Failed States, and Terrorism Mean for U.S. Foreign Policy* (Lanham, MD: Rowman & Littlefield, 2006), 115.

［6］Morgenthau quoted in Robert W. McElroy, *Morality and American Foreign Policy: The Role of Ethics in International Affairs* (Princeton, NJ: Princeton University Press, 1992), 25.

［7］Senator John F. Kennedy, quoted in Jonathan Rauch, "Real Is Not a Four-Letter Word," *National Journal*, June 9, 2006.

［8］Daniel Deudney and Jeffrey W. Meiser, "American Exceptionalism," in *US Foreign Policy*, 3rd ed., ed. Michael Cox and Doug Stokes (Oxford: Oxford University Press, 2018), 23.

［9］Constance G. Anthony, "American Democratic Interventionism: Romancing the Iconic Woodrow Wilson," *International Studies Perspectives* 9, no. 3 (August 2008), 249.

［10］Deudney and Meiser, "American Exceptionalism," 23.

［11］Walter A. McDougall, "America's Machiavellian Moment: Origins of the Atlantic Republican Tradition," *Orbis* 82 (Fall 2018), 505.

［12］Robert D. Kaplan, *Earning the Rockies: How Geography Shapes America' s Role in the World* (New York: Random House, 2017), 142.

［13］John Milton Cooper Jr., *Woodrow Wilson: A Biography* (New York: Knopf, 2009).

［14］Deudney and Meiser, "American Exceptionalism," 34.

［15］Arthur Link, "The Higher Realism of Woodrow Wilson," in *Ethics and Statecraft: The Moral Dimension of International Affairs*, 2nd ed., ed. Cathal J. Nolan (Westport, CT: Praeger, 2008), 131.

[16] John Mearsheimer, *The Great Delusion: Liberal Dreams and International Realities* (New Haven, CT: Yale University Press, 2018), 218–19.

[17] Mearsheimer, *The Great Delusion*, 5.

[18] Henry Kissinger, *Diplomacy* (New York: Simon and Schuster, 1994), 54.

[19] Henry Kissinger, *World Order* (New York: Penguin, 2014), 268.

[20] Stephen Sestanovich, *Maximalist: America in the World from Truman to Obama* (New York: Knopf, 2014).

[21] Tony Smith, *Why Wilson Matters: The Origin of American Liberal Internationalism and Its Crisis Today* (Princeton, NJ: Princeton University Press, 2017), 4–5.

[22] Andrew J. Bacevich, *Washington Rules: America's Path to Permanent War* (New York: Henry Holt, 2010), 143.

[23] Alan I. Abramowitz, *The Great Alignment: Race, Party Transformation, and the Rise of Donald Trump* (New Haven, CT: Yale University Press, 2018), 156.

[24] Robert Dallek, *The American Style of Foreign Policy: Cultural Politics and Foreign Affairs* (New York: Knopf, 1983), 110–12.

[25] Jon Meacham, *The Soul of America* (New York: Random House, 2018).

[26] Abramowitz, *The Great Alignment*, x.

[27] Stephen Walt, *The Hell of Good Intentions: America's Foreign Policy Elite and the Decline of US Primacy* (New York: FSG, 2018).

[28] Ivo H. Daalder and James M. Lindsay, *The Empty Throne: America's Abdication of Global Leadership* (New York: Public Affairs, 2018), 35

[29] Chicago Council on Global Affairs, *America Engaged: American Public Opinion and US Foreign Policy* (Chicago, 2018). Pew Research Center, "Public Uncertain, Divided Over America's Place in the World," Washington, DC, May 5, 2016.

[30] Daniel Drezner, "The Realist Tradition in American Public Opinion," *Perspectives on Politics* 6, no. 1 (March 2008), 63.

[31] Benjamin Page with Marshall Bouton, *The Foreign Policy Dis-Connect: What Americans Want From Our Leaders but Don't Get* (Chicago: University of Chicago Press, 2006) 229, 231, 241–42.

[32] Walter Russell Mead argues that Trump's supporters were a combination of Jeffersonian isolationists and assertive Jacksonian populists. "Trump Is No Isolationist," *Wall Street Journal*, October 23, 2018, A13.

[33] Frances Z. Brown and Thomas Carothers, "Is the New US National Security Strategy a Step Backward on Democracy and Human Rights?,"

Carnegie Endowment for International Peace, https:// carnegieendowment.org/ 2018/ 01/ 30/ is-new-u.s.-national-security-strategy-step-backward-on-democracy-and-human-rights-pub-75376

［34］ John Quincy Adams, quoted in Gary Bass, *Freedom's Battle: The Origins of Humanitarian Intervention* (New York: Random House, 2009), 89.

［35］ Donald J. Trump, "Remarks by President Trump on the Administration's National Security Strategy," The White House, December 17, 2018, https:// www.whitehouse.gov/ briefings-statements/ remarks-president-trump-administrations-national-security-strategy/ .

［36］ Gary J. Bass, *Freedom's Battle: The Origins of Humanitarian Intervention* (New York: Knopf, 2008), 3.

［37］ US National Security Strategy, March 2006.

［38］ Patrick Porter, "A World Imagined: Nostalgia and the Liberal Order," Policy Analysis Number 843, Cato Institute, Washington, June 5, 2018. See also Amitav Acharya, *The End of American World Order*, 2nd ed. (Cambridge: Polity Press, 2018).

［39］ Steven Pinker, *Enlightenment Now: The Case for Reason, Science, Humanism and Progress* (New York: Viking, 2018). The number of electoral democracies tripled; world economic output quadrupled, and the proportion of people in extreme poverty dropped in half. See Francis Fukuyama, "Against Identity Politics," *Foreign Affairs* 97, no. 5 (September/ October 2018), 90.

第二章　什么是道德外交政策

美国人在价值和外交政策问题上的争论——我们在第一章描述过——是一个更广义的、关于道德和外交政策的西方思想传统的一部分。现实主义者把自己的知识谱系追溯到修昔底德、霍布斯、马基雅维利这样的经典思想家。这些现实主义者认为，在一个无政府世界里，外交政策在多数情况下是非道德的。在修昔底德的著名叙事中，当古雅典人准备对米洛岛（Island of Melos）上的人民施以屠杀和奴役之际，他们对受害者乞求怜悯的声音充耳不闻，并且宣称："强者为所欲为，弱者承其所应。"（The powerful do what they will, and the weak suffer what they must.）[1] 相反，承袭启蒙传统的欧洲自由主义者、哲学家伊曼努尔·康德（Immanuel Kant）指出，基本的价值是具有普适性的，理应适用于所有的情境，包括外交政策。这两种观点都有道理，但也都过于简单，要么认为外交政策的道德选择无比重要，要么认为它无足轻重。[2] 世界政治关乎75亿人、大约200个国家的命运，却不存在一个世界政府。许多人不认同西方的伦理传统。不过，承认这种复杂性并不意味着我们在穷途末路时，就可以举起手来放弃道德推理（moral reasoning）。那就让我们开始吧。

一、我们如何做出道德评判

我们无时无刻不在做出道德评判。研究表明，不管我们是否信仰宗教，道德都是人性的一部分。如保守派政治科学家詹姆斯·威尔逊（James Q. Wilson）[1] 指出："说人有道德感并不等于说他们生性本善。"[3] 我们是进化出来的社会动物。人类是自私和带有进攻性的，但对冲突的制约和相互之间的关切成为重要的适应力，帮助我们这个物种成为地球的主宰。用社会心理学家乔纳森·海特（Jonathan Haidt）[2] 的话来说，道德准则（moral codes）允许人类"结成并非须由亲缘黏合的大型合作体、部落及国家……道德推理是我们人类进化出来的一种推进社会议程的技能——用来证明我们的行为、保护我们所属的团队"。我们都被道德冲动捆绑着，尽管导致这些冲动的原因千差万别。

人类是自私和富有进攻性的，还经常是残酷的，然而道德冲动在人类中又几乎是普遍存在的，除了那些脑子已经部分坏掉的人。但是，不同的文化对道德冲动有不同的表达方式，一些准则更强调关爱、伤害与平等，另一些则更强调权威、忠诚和纯洁。[4] 神经科学的发展使得理解道德感与人类大脑之间的关联成为可能。即使在我们自己的文化中，我们的一些道德判断也是冲动草率的，可被追溯到大脑的一部分；一些则更具理性，依靠大脑的另一部分做出。"就如何行动做出决定，并非道德哲学家们通常认为的那样，是单一的对利益排序的合理算计，而是两种过程的冲突，一种（感性的）有时会压倒另一种（功利主义的）。"[5] 反对道德直觉（moral intuition）和道德推理是错误的。直觉和推理都是我们道德反应的组成部分。* 道德既包括信念，也包括审慎。在表达生物学意义的道

1　美国政治学家和行政学家，曾长期执教于哈佛大学和加州大学洛杉矶分校。他和犯罪心理学家乔治·凯林（George L. Kelling）于 1982 年提出了著名的"破窗理论"（Broken Windows Theory）。

2　美国社会心理学家，纽约大学斯特恩商学院教授，积极心理学的先锋派代表人物。

*　展示道德两方面的经典方式是"无轨电车问题"。如果一辆脱轨的无轨电车冲下山坡，你可以扳动一个道岔，决定电车冲向一个方向去撞死一个人，而不是冲往另一个方向撞死五个人，许多人会像功利主义者一样理性，做出扳道岔的正确选择。但是，在另一种情境里，假如你能够通过把一个人推入轨道导致无轨电车脱轨，从而拯救五个人，很多人凭着直觉排斥这种做法，放下了他们的功利主义算计，尽管最终可以拯救的生命与前一种情境是相同的。

德冲动方面，我们的道德义务感拥有三个主要的社会源：基于宗教意识和个人操守的良知；被社会视为义务的共同道德规则；定义与我们社会角色相关职责的职业准则和个人行为。[6]

宗教在某种程度上为道德推理提供明确的指导，但不是唯一的因素。宗教基要主义者有时会说，道德推理是多余的，因为答案都已经写在《圣经》或《古兰经》里。但即使是经文，也是可以做各种解释的。据作家加里·威尔斯（Garry Wills）[1]所说，作为南方浸信会教徒（Baptist）[2]的吉米·卡特是美国最著名的“宗教总统”，毕生都在讲授《圣经》课程，即使是在主政白宫期间。但是，威尔斯也指出，吉米·卡特担任总统后却遭到了宗教右翼[3]的排斥，而在2016年大选中，宗教右翼支持了唐纳德·特朗普，“绝大多数成员都投票选择了我们毋庸置疑的最不虔诚的总统”[7]。堕胎和任命保守派大法官被视为比猥亵妇女、通奸、重婚更重要的道德议题。我们将看到，两位最为开放的“宗教总统”吉米·卡特和小布什都拥有一张难看的道德“计分卡”。不仅如此，同一部经文可以导向不同的政治阐释，有时提供的是非常过时的道德指南。例如，《利未记》第18章第22节把同性性行为称为“可憎恶的”；《利未记》第25章第44节允许蓄奴——“至于你的奴仆、婢女，可以从你四围的国家购买”。显然，经文允许加拿大人拥有美国人——反过来也是这样吗？经文可没告诉我们该如何与加拿大人谈判。

1　著有《林肯在葛底斯堡：再造美国的字句》（*Lincoln at Gettysburg: The Words That Remade America*, 1993）等作品。

2　美国最大的基督教新教教派，又称“浸礼宗”，17世纪从英国清教徒独立派中分离出来而成，因施洗方式为全身浸入水中而得名，反对为婴儿施洗。

3　美国宗教右翼的主流原是保守的基督教福音派原教旨主义者，20世纪20、30年代一度因传教问题被美国政府禁止，70年代末复趋活跃，高举“传统价值观”旗帜，强调美国日益严重的社会问题必须通过宗教恢复传统价值观念方可解决。目前，宗教右翼已融入美国主流社会，成为一股强大的政治势力。参见梅嘉：《美国宗教右翼的崛起及其影响》，《当代世界》，1995年第10期，第31—33页。

二、三个维度的道德推理

由于美国人不同的文化背景和宗教信念，关于外交政策的道德推理经常彼此之间激烈竞赛，几个流行的误解使得本有的困惑进一步加深。第一，本书前言讨论过，超现实主义的观点认为道德准则对外交政策毫无贡献可言，因为外交政策并不会根据它们做出现实的选择，只有自己国家才最可依托——固然那终归是一种道德选择。另一种误解将美国总统的道德性格和道德后果混为一谈，还有人基于道德说辞而非后果做出判断。

实际情况是，在我们的日常生活中，绝大多数人是沿着三个维度做出道德判断的：意图、手段和后果。意图（intentions）比目标（goals）范围更广。它们既包括公开宣示的价值，也包括个人动机（就好比“她的动机是善意的”）。大多数人在公开表达中把自己的目标描述得高贵和富有意义，而他们的个人动机却是自私自利的，狡黠地侵蚀着他们公开宣示的目标。此外，良好的目标必须不仅能够满足我们的价值需求，也能够通过可行性的验证。否则，即使是最高尚的意图也可能产生灾难性的道德后果，往往铺就通往地狱的道路。林登·约翰逊总统向越南派出美军部队的意图也许是好的，但一位领袖的良好意图并不能证明有时被误导性地称作“道德明晰”（moral clarity）的东西。单纯基于良好意图的判断只是单一维度的伦理。例如，小布什的白宫新闻秘书阿里·弗莱舍（Ari Fleisher）对其老板行为意图的“道德明晰”赞誉有加，但没有哪件事比 2003 年美国入侵伊拉克更需要全面的道德评估。[8]

道德判断的第二个重要维度是手段（means）。当我们谈起“手段”时，如果它们达到目标就是有效的，但伦理手段也取决于它们的质量和功效。它们如何看待其他因素？美国总统在做出决策时是否考虑到吸引他国理解的“软实力”，以及增进他国信任的重要性？落到“手段”层面，领导人必须决定如何将诱导和威慑之类的“硬实力”与价值、文化及能把人们聚拢到目标周围的政策之类的“软实力”结合起来。[9] 就像詹姆斯·马蒂斯（James Mattis）将军[1]有一次警告国会时所说的：如果你们不能资助国务院的“软实力”，就必须给我买更多子弹。[10] 当“软实力”奏效的时候使用“硬实力”，或者当必须使用“硬实力”保护我们的价值观时却依赖“软实力”，都会增加对所采取手段的严重伦理质疑。

至于后果（consequences），有效性非常关键，涉及对国家目标的实现，但伦理后果必须也是好的，不仅对美国人民是好的，对其他国家人民也应是好的。“美国优先”必须受到牵制，就像托马斯·杰斐逊呼吁的那样——“对人类舆论的适当考虑”。在实践中，有效性和伦理手段经常是相互紧密联系的。小布什可能心存把民主带入伊拉克的良好意图，但美国对伊拉克的占领最终走向失败，因为缺乏实现其意图的道德和有效手段。一位追求虽然道德但不切实际的目标或使用非有效手段的领导人，可能在国内外制造出可怕的道德后果。我们将从以下事例中看到，美国总统虽带着良好意图行事，但薄弱的情境智力（contextual intelligence）和鲁莽的现实测试（reality testing）有时会造成恶劣后果和伦理溃败。[11] 良好的道德推理不会仅根据一位总统公开宣示的意图或行事结果就对他的政策选择做出裁量，而是依据三个维度的标准：意图、手段、后果。

三、双重标准和“肮脏的手”

在下述事例中，道德推理的另一考量是，我们是否应在判断美国总统的行为时采取与普通公民一样的道德标准？从历史上看，领导人通常不这样认为。《圣经》告诉我们，大卫王（King David）对他的一名军队指挥官的妻子拔示巴（Bathsheba）[2]充满情欲，就

1 美国海军陆战队四星上将，曾任美军联合部队司令部司令兼北约盟军转型司令部司令、中央司令部司令，2017 年 1 月至 2018 年 12 月在特朗普政府任国防部长。

2 在《圣经》故事中，拔示巴是军官乌利亚（Uriah the Hittite）的妻子。

派那名军官去执行注定送死的差使，随后霸占了拔示巴。大卫王知道他所做的一切都是错误的，但并不认为民间的道德约束适用于身为国王的他。在15世纪，出身于博尔贾（Borgia）家族的教皇亚历山大六世（Pope Alexander VI）主持着一个腐败的梵蒂冈教廷，并且宠溺着他的私生子们，但他辩解说以前的罗马教皇就是这么干的。何其相似，尼克松总统曾说，“当一位总统做一件事，就意味着这件事不非法”[12]，而特朗普总统也曾暗示过他能够特赦自己，也就把自己凌驾于法律之上了。[13]

美国人总是说总统不能凌驾于法律之上。在与合法性相关的作用或者扮演师长或偶像的角色方面，美国人相信总统们应当遵循和普通人一样的道德标准。我们倾向于区别看待一位总统的个人行为和公共表现，但是这种区别随时都在发生变化。我们应当看到，杰克·肯尼迪在白宫的私生活放纵而不忠，而在整个20世纪60年代，美国媒体选择忽略它们。30年过后，比尔·克林顿因类似的行为遭遇弹劾危机（尽管他并没有被国会参议院赶下台）。2016年，尽管特朗普私生活不忠的证据确凿，基督教福音派仍然选择支持他。

但是，对领导人和普通民众采取双重标准，有时又是合情合理的。比如，《圣经》戒律里有“不可杀人”。在选择配偶和室友时，这条戒律在道德价值观排序中名列前茅。同时，民意调查显示绝大多数人不会把票投给一个纯粹的和平主义者。总统是受托人，有责任保护把选票投给他们的人民，在某些特定情况下会发布命令把部队投入战场以夺取（敌人的）生命，尽管他们大多反感这样做。核威慑要求赋予美国总统按下核按钮的权力。吉米·卡特就注意到，“把我们的国家带入战争的总统们看上去比趋向和平的总统们更加强势和能干。但我对此并不在意”[14]。他因在任内不曾动用过进攻性力量并且成功控制了核武器扩散而深感自豪，但从未宣布放弃使用核

（接上页）有一次，大卫王在高处行走，看到拔示巴在沐浴，就爱上了她。在让拔示巴怀上自己的孩子后借故杀死了乌利亚，使她成为大卫王的妻子。后来，上帝杀死了大卫王和拔示巴通奸生下的长子以示惩罚。大卫王成为以色列国王后，封拔示巴为后，他们的孩子就是后来的所罗门王。

威慑。有时候，领导人必须拥有“肮脏的手”，也就是说，他们必须采取应该采取的行动，否则，就其个人道德准则而言，就是不道德的。[15]

德国思想家马克斯·韦伯（Max Webber）把拒绝容忍非正义的信念伦理（ethics of conviction）同责任伦理（ethics of responsibility）区分开来。[1]在前例中，不能为了追求后果良好就违反绝对的道德要求。但责任伦理必须主要着眼于后果。当马丁·路德（Martin Luther）背弃腐朽的教廷并且声明“这是我的立场，我别无选择”，他在履行信念伦理。但即使韦伯推崇信念在核心信仰中的角色，他也曾警告不要在政治中过多强调纯洁性：“那些寻求自己的灵魂得解脱、他人的灵魂得拯救之人，不应在政治这条道上求之。”[16]政治家们必须在心灵和头脑两者之间达成妥协，将直觉与审慎结合起来，并且寻求信念伦理与责任伦理的平衡。2015 年 8 月，面对叙利亚战争形成的巨大难民潮，德国总理安格拉·默克尔——一位路德派教会牧师的女儿，采取了富有勇气的原则立场，接收了 100 万难民，但此举所造成的后果加速了激进右翼的崛起，给德国和欧洲政治带来困扰。[17]她的决定固然令人钦佩，但政治和外交政策毕竟是体现硬性要求、“肮脏的手”和三个维度伦理的领域。

一些美国人恪守着基于《圣经》《古兰经》，或其他什么宗教戒律的原教旨化伦理。但是，在 18 世纪自由主义启蒙的哲学传统当中——这种传统指引了美国缔造者们，并且至今仍对众多美国人具有主导性，伦理学家们把与康德等思想家有关的基于规则的方法，同与杰里米·边沁（Jeremy Bentham）、约翰·斯图尔特·穆勒（John Stuart Mill）等功利主义者有关的后果主义者（consequentialist）的

---

1 韦伯把政治家的伦理分为信念伦理和责任伦理：“一切伦理性的行动都可以归于两种根本不同的、不可调和的对峙的原则：信念伦理和责任伦理。这不是说，信念伦理就是不负责任，责任伦理就是没有信念。当然不能这么说。不过，究竟是按信念伦理准则行事——用宗教语言来说，就是‘基督徒做对了，成绩归功于上帝’——还是按责任伦理原则行事，就是说，当事人对其行动的（近期）后果负责，两者有着天壤之别。”

方法区分开来。为了能够掌握区别所在，请问一问自己，你是否会对一名恐怖分子施以刑讯，逼他供出在人口密集城市里安放的定时炸弹的位置？或者是否会为拯救上千人的性命去杀掉一名无辜者？而如果无辜者的数字是 100 万，这个问题还有意义吗？*

人们有时呼吁第三种传统——“德性伦理”（virtue ethics），这种传统可以追溯到亚里士多德（Aristotle）和古希腊人（或儒家哲学这一非西方文化）。它关注品德品性的修养，强调人的全面道德甚于某一特定决策的道德。道德品性（moral virtues）就是去做在道德上受到嘉许的事情的倾向。性格 (character) 比个性（personality）更重要。它把毕生决定推向某些特定方向，而不是其他方向，是道德总和。性格很坏的人有时也会做出好的决定，好的性格并不能保证好的行为。当一个人做出某种不道德的决定，我们常常会说他或她的行为“失范”。一个好的领导人注重培养美德，运用经验提升判断。“道德行为不应是精心算计、深思熟虑的结果，而应是即时、自发和由直觉管理的”，并且“产生于对有关事实的严重关注，而不是要取而代之”[18]。然而，德性伦理和直觉的问题是缺乏更高的客观判断标准。

在三个维度上的道德范畴，即意图、手段、后果方面，德性伦理特别强调第一个维度上的目标和动机，规则方法论者强调第二个维度，即手段，功利主义者关注后果。一位哲学家总结出三个主要的西方传统：“我们并不清楚一个人是不是只能接受这些路径的其中一条，同时拒绝其他的……尽管在穆勒、康德、亚里士多德眼中，

---

*　通过把一个决策给未来规则和机制造成的损失纳入必须权衡的主要后果，我们可以尝试调和两种立场。换言之，当一个功利主义者对他的行为可能给规则体系带来的后果进行权衡时，他可能遇到同样的困境。但是，当这种规则（或制度）后果主义（rule/institutional consequentialism）有时可使功利主义导向规则义务论（rule-based deontologist）所提倡的同样决定，它并不总能弥合遵循规则和聚焦后果的基本差别。两种方法之间的矛盾状况是不可解决的，但正是由于没有人能精确算计所有选项可能产生的后果，“行之有效”原则（tried-and-true rules）显得重要起来，并且规则功利主义（rule-utilitarianism）至少试图将原则和后果整合起来。

道德哲学看上去是非常不同的体系——被一人所忽略的却在另一人眼中很重要——但我们仍已注意到许多共同的主线，甚至有些在这些人的作品中导向共同的结论。”[19] 尽管它们是互补的，而且许多美国总统在实践中凭直觉把它们结合起来，但当代道德推理的这些重要线索在特定事例中经常是难以调和的。正义战争理论家迈克尔·沃尔泽解释道：权利理论与功利主义之间的紧张关系永远不可能被完全消除，“面对哲学混乱的风险，我们必须寻找中间地带”[20]。

哈里·杜鲁门为结束二战做出向广岛投掷原子弹的决定，让我们以此为例。面对一场已导致数百万人丧生的战争，杜鲁门被告知，通过此举可以避免让美国在日本列岛本土作战，从而拯救不计其数的美国人和日本人。[21] 更有甚者，广岛的死难人数比常规的东京轰炸要少，那时候原子武器是新式武器，人们对它的了解非常有限。杜鲁门的行动在道德上是否正义？规则理论家可能会回答：“负负并不得正”，对如此众多无辜生灵的蓄意毁灭永远不会是正义的。一些后果主义者则会回答，以一些无辜生命为代价，更多的生命将得到拯救。他们还补充说，杜鲁门后来进行了自我救赎，拒绝了道格拉斯·麦克阿瑟（Douglas MacAthur）将军及其他人在朝鲜战争中动用核武器的建议。即使在1945年，当看到了向日本投掷原子弹的后果后，杜鲁门不想再有第三颗大炸弹投下去，因为“他不喜欢杀死小孩子的想法”[22]。随着时间的流逝、经验的积累，杜鲁门的性格促使他不愿再动用核武器。这种对使用核武器的禁忌或憎恶已经延续了近70年，对后来的历任总统都很重要，正如我们将要（在本书中）看到的。核武器向美国总统提出了至关重要的道德问题，如果有关禁忌没有得到恪守，美国的历史将会大不相同。里根执政时期，美国的大主教们就核威慑的道德属性进行辩论，他们指出，自人类源起以来，我们首次拥有了摧毁上帝之创造的潜能，这种能力只能被暂时和有条件地接受。[23] 直至今日，这场围绕核威慑的意图、方式和后果的辩论仍在进行。

但是，回首1945年，就算杜鲁门当时出于自己的道德信仰否决向日本投掷原子弹，将来这种武器在不那么谨慎的领导人手中就不会得到使用吗？以何代价才能让一个领导人对人格完整的关切转化成对私利的追求和对选民信任的践踏？杜鲁门对可能死于日本侵略的美国人的责任是什么？相比之下，他对可能因原子弹轰炸而付出死亡代价的日本人的义务是什么？对可能因美国入侵或未使用核武器而延长战争失去生命的日本人的义务又是什么？

为什么我们要不厌其烦地追问这些无法回答的问题？两名负责英国核武库的高级官员在围绕它们进行思考时说，因为“道德责任是为人之意义的核心组成部分”[24]。回答这种问题，绝非易事，[25]道义责任（moral obligation）的驱动因素是多种多样的，彼此之间经常存在冲突。牛津大学的哲学家以赛亚·伯林（Isaiah Berlin）对我们的道德困境做了恰如其分的归纳：“人的目的有很多，并非所有都在原则上相互兼容，冲突的可能性——甚至灾难——从来都不会从人类的生活中被彻底抹去，不管是个人生活还是社会生活。”[26]这一现象在外交政策的复杂范畴里尤为真实，不同的国内拥护者群体——以及其他国家人民的利益——会相互冲突。亨利·基辛格曾经观察到，那些艰难的决定往往是以 51 对 49 的比分做出的，这也是为什么对领导层来说，“最重要的素质是性格和勇气”[27]。正如我们在本书考察的事例所显示的，我们感兴趣的既包括什么是好的外交政策决定，也包括什么是一个好的外交政策制定者所必须具备的性格和技巧。*

四、制度的道德作用：互惠与公平

许多社会都有强调公正的道德体系，类似“己所不欲，勿施于人”之类的“黄金法则”。你的利益和我的利益应该得到同等对待。

* 回到本书前言的语义注释中，马蒂亚斯·里斯（Mathias Risse）指出，“ethics”（伦理）一词是由希腊语演化而来，“morals”（道德）一词则是由拉丁文里意指风俗习惯（customs and rules）的词语演化而来。我们对此感兴趣的是它们如何影响外交政策。

自由主义哲学家约翰·罗尔斯（John Rawls）做了一个很有意思的比喻，用想象中的“无知之幕”（veil of ignorance）来标定我们的相对初始位置，以显示公平即正义。[28]就像你并不知道你的处境如何，然后你会希望人们被如何对待？但是，诉诸对公平的直观感受——以你希望被对待的方式对待他人，不偏心，对个人需求足够敏感——并不总能提供解决办法。例如，诺贝尔经济学奖获得者阿玛蒂亚·森（Amartya Sen）曾让我们把自己想象成拿着一支长笛、带着三个小孩的父母，每个孩子都想得到长笛。第一个孩子说：“这是我做的。”第二个说：“我是唯一能吹奏它的。”第三个说：“我没有其他的玩具。”[29]你会把长笛给谁呢？即使是做一个在想象的“无知之幕”背后的思想实验，公平即正义原则也不能解决所有问题。

于是，制度的伦理重要性突出起来。在这种情况下，父母（或领导人）可能会发现转向一种程序性或制度性的解决办法更合适，通过这样的办法，孩子们学会相互协商，或者同意抽签，抑或由中间人确定分段使用长笛的时间。父母也可能教孩子们学会分享，这是道德领导力的不同面孔——发挥说服和教育的力量，而不仅是发号施令。拓宽道德话语和教导遵循者关于程序和制度的知识，经常是总统们（和父母们）扮演的最重要道德角色之一。

在努力思考如何发挥美国的作用使世界变得更美好方面，美国总统不仅宣示美国的价值观，也在思考如何依托世界政治的机制框架，使美国的价值观更有可能得到实现。一个例子是，1945 年以后创建的基于规则的开放的国际秩序在今天受到威胁。这个体系的某些方面是不公平的，但优于其他选择。在发挥重要的道德作用方面，国际机制并不必须是完美无缺的。通过创造稳定的预期和行为的规范，它们能够加强合作、互惠与道德关切（moral concerns）的前景。例如，根据“囚徒困境”（prisoner’s dilemma）中的零和博弈，两名罪犯因同一桩轻微罪行遭到逮捕，但警察怀疑他们曾犯下更严重的罪行。他们在审讯时向每一个嫌疑人允诺，如果他指证另一人曾犯下重罪，就可以得到轻判，但如果两人都屈从于警方的诱供，他们都会获得加长的刑期。在这一困局中，当游戏只玩一次，每个玩家都有强烈的动机通过咬同伙一口来减少自己将要受到的惩罚，而不是为保全另一人而同守缄默，但如果换成一场长线的博弈，政治科学家罗伯特·阿克塞尔罗德（Robert Axelrod）发现，最好的战略是“针锋相对，绝对对等”。正如他所指出的，当未来投下长长的阴影，最优战略选择就会发生变化。而“未来阴影”是在制度的帮助下创造出来的。[30]

有时，严厉的规则和过时的或不公正的机制会变得有害，需要受到挑战，正如马丁·路德·金（Martin Luther King）对种族隔离制度，以及亚伯拉罕·林肯对蓄奴制度的所作所为。但即使是林肯，也出于对（南部）边境州能否留在联邦体制内的关切，而拖延发布《解放黑人奴隶宣言》（The Emancipation Proclamation）的时机。当领导人对他们所做决定可能产生的后果深思熟虑时，他们必须不仅考虑眼前的形势，也要考虑对制度的影响，以及“未来阴影”。如果这是我们博弈的唯一时刻，我可能受到诱惑去欺骗你，但是如果我知道我们将在无尽的未来彼此博弈，我将会发现对等和公平的重要性。美国总统最重要的道德技巧之一是设计、维护体系和制度，而不只是为了做出即刻决定。但是，美国总统也会发现，这种融汇长远眼光的政策很难向公众兜售，因为他们往往希望看到更多的眼前收益。*

五、谎言、风险和误导手段

当总统追随者聚焦短期问题或要求得到更多的即刻满足，总统应该做些什么？他能向公众撒谎吗？** 在建立制度信任的过程中，真相很重要。有时，愤世嫉俗者会说：“所有的政客都在撒谎。”事

* 法国总统马克龙为减少碳排放而征收燃气税，并为应对全球气候变化做出了贡献，法国的抗议者们抱怨：“你想着世界的终结，我们关心月底的账单。”

** 由于一些明显的历史原因，在提及美国总统时，我没有使用中性叙述语言，但我希望自己能在今后再版此书时加以改变。

实上，他们会撒谎。稍许反思后，我们就会承认，所有的人都在时不时地撒谎。但是，谎言的程度和种类却有影响。太多的谎言贬低了“信任货币”（currency of trust）。例如，唐纳德·特朗普的许多支持者为他的谎言辩护，声称政治家本该如此，但是不同程度和类型的谎言对信誉、信任和制度的影响又不尽相同。

不是所有的谎言都是生来一样的。有些是自利型的，有些是服务于群体利益的。一位领导人可能为掩盖踪迹、避免尴尬或打击对手、行事便利而扯谎。但在有些情况下，领导人可能为了其追随者的更大或更长远利益而做出欺骗他们的决定。我们看到，在 1962 年结束古巴导弹危机的协议中，美国部署在土耳其的导弹起了作用，约翰·肯尼迪却在这个问题上故意误导公众的认知；[31] 富兰克林·罗斯福向美国公众谎称德国攻击了美国驱逐舰；温斯顿·丘吉尔有一次说，尤其在战争时期，真相是“如此珍贵，以至于往往需要用谎言来守护”[32]。政治学家约翰·米尔斯海默（John Mearsheimer）承认，谎言会产生消极后果，但他也认为，由于国际关系中信任水平的低下，“国际谎言，换言之，并不一定是行为不端”[33]。另一方面，新加坡外交官许通美（Tommy Koh）基于自己多年的经验认为，保持信任是至关重要的，“实事求是的政府和外交官拥有更大的声望和影响力”[34]。

马基雅维利主义的诓骗术通常是聪明战略的一部分，例如，通过讨价还价达成交易，甚至让一个群体接受新的目标。但是，纯粹为了私利而进行的诓骗只是对他人自私自利的操纵，随着时间的推移，他人的关注和信任会逐渐减少。即使当诓骗的动机并不是为了私利，美国总统也应了解目标的重要意义，实现目标他种手段的可行性，是否诓骗行为本身将受到制约，或者根据先前与实证的经验有可能扩散？[35] 换言之，美国总统应当像一个“规则功利主义者”那样思考。打破规则可以很便捷，但会产生长期的不道德的后果。领导人对其追随者使用欺骗手段越多，他们对领导人的信任越受到侵蚀，制度稳定性会随之削弱，最终制造出破坏性的先例。[36] 罗斯福在 1941 年做出德国攻击美国驱逐舰的谎言，是为了唤醒美国人民认识到来自希特勒的威胁，但此举也开了一个不好的先例。林登·约翰逊通过谎言获得《北部湾决议》（Tonkin Bay resolution）的支持，这个决议为越南战争的升级发挥了很大作用。[1]领导人撒谎的危险性在于，领导人自我安慰，撒谎是为了追随者好，但实际上他们仅仅是为了政治或个人便利。

即使我们以后果有时可以证明手段的正确性为由，原谅罗斯福这样的谎言，我们仍能对领导人行为的风险和代价做出道德判断。那种给他人造成高度风险的现实的草率评估，可以在道德以及效力依据层面受到谴责。登山者可以接受一定程度的风险，但一个团队的领导人必须确信他的拥趸能够理解风险和成就的平衡。提出带领民众勇攀顶峰的宏大愿景是一回事，未经他们同意带着他们走贴近悬崖峭壁的路且让他们对险境不自知就是另一回事了。

美国总统在代表他们的支持者行事时应有多诚实？能承担多大风险？在某些情况下，公众从他们对美国总统的追随中获益，他们可以承担一时的风险，接受自己被置于黑暗中的现实，但随着赌注的增加，事情就会发生变化。例如，1938 年《慕尼黑协定》签署后，富兰克林·罗斯福预计最终将与希特勒开战，但他在策略上仍是审慎的，在向美国公众解释他的行动时也进行了误导。战后，杜鲁门在确立“杜鲁门主义”、实施“马歇尔计划”、建立北大西洋公约组织以遏制苏联时承担了风险，他接受了国会参议员阿瑟·范登堡（Arthur Vandenberg）的建议，夸大事实，“使公众受到来自地狱的惊吓”，以争取他们的支持。相比之下，艾森豪威尔向公众大胆预警核武器的威胁，但在实践中又保持审慎，逐步增加了一系列较小的赌注，在冷战高峰期仍创造了历时八年的和平与繁荣。小布什

1　1964 年 8 月 2 日，美国媒体报道美军“马多克斯”号驱逐舰在北部湾遭越南北方鱼雷船袭击。约翰逊政府明知消息是假的，两天后仍宣称美国军舰再遭袭击，美国国会随即几乎一致通过决议，即《北部湾决议》，允许联邦政府“采取一切必要措施”保护驻越南美军，史称“北部湾事件”。自此，约翰逊政府把肯尼迪在越南开展的“特殊战争”升级为以大规模轰炸越南北方为特点的“有限战争”。几十年后的美国政府解密文件显示，8 月 4 日没有发生过针对美国军舰的袭击。

在以武力推动伊拉克民主化方面投下巨大赌注，把巨大的代价强加给许多人。

美国总统也会因为太过审慎而遭到诟病。例如，兹比格涅夫·布热津斯基（Zbigniew Brzezinski）批评老布什在冷战后期没有承担更多风险去包容俄罗斯。[37] 贝拉克·奥巴马在 2012 年、2013 年避免叙利亚人道灾难的努力被批评没有承担更多风险。克林顿因为没有采取行动阻止 1994 年的卢旺达种族大屠杀也受到了类似的指责。对于这类评判的回答在很大程度上取决于对形势的细致评估，以及对各种可能后果的预期价值观的权衡。在对一项外交政策决定的道德后果做出判断时，很容易把注意力集中在作为（commission）上。因果关系似乎更直接、更明显，也更可计算。但不作为（omission）可能对更多民众产生更大的道德后果。20 世纪 30 年代建立和保护国际制度的努力的失败影响了成百上千万人的命运，如今亦然。

有时候，作为与不作为在道德意义上是有明显区别的。未能拯救容易被拯救的生命在道德判断方面与导致死亡没有什么差别，但是在其他情况下，代价沉重的英勇行动又是必要的，同时承担着很高的失败风险。在浅浅的池塘边行走拒不救起溺水儿童，只是因为不想把鞋子弄湿，与涨潮时跳入浪涛翻涌的海里救人是截然不同的。在后一种情况下，我们可能会原谅一位美国总统的不作为，除非美国本身就是导致问题的一个主要原因。柯林·鲍威尔（Colin Powell）将军称之为“陶器店原则”（Pottery Barn principle）——如果你打碎了东西，就必须做出赔偿。对作为造成的损失做出纠正，能够增加值得考虑的额外道德维度。

在希望他们的总统应有多审慎方面，美国人在内部总是意见不一。有些人希望他们的总统是一只雄狮，其他人希望是狐狸。雄狮体量庞大，也拥有广阔的思维。狐狸身材短小，行动灵活，主意也很多。马基雅维利的一个著名观点是，那些像狐狸的领导人并不能抵挡狼的攻击。但马基雅维利也指出，那些像雄狮的领导人不善于避过圈套。有时领导人像雄狮更好些，有时领导人像狐狸更好些，这也正是外交政策讨论如此炙热的根源。道德行为取决于对形势的精准评估——有时被称作“判断”或“情境智力”。正如马基雅维利所警告的：“那些单纯依赖狮子的人并不知道他们想要什么……而那个最了解该如何使用一只狐狸的人是最大的成功者。”[38]富兰克林·罗斯福虽是一只狐狸，但像狮子一样对付希特勒。林登·约翰逊则是掉入越南陷阱的狮子。

六、世界心理地图和道德外交政策

那么，美国总统该如何躲避陷阱？世界看上去是什么样子？一出国界就抛开道德，是否过于鲁莽？他们是否对并不支持他们的民众负有责任？愤世嫉俗的政治顾问们会说：“没有问题，因为外国人不投票。”彻底怀疑论者会接着说，“世界共同体”的概念是个神话，而只要没有共同体，就没有道德权利和义务。但是，三张盛行的世界心理地图（mental maps）为这些问题提供了不同答案。

（一）现实主义

不像怀疑论者，现实主义者接受一些道德义务，但在他们眼里，这种道德义务主要还是限于世界政治的严酷性带来的审慎美德。律师出身的约翰·博尔顿（John Bolton）曾在小布什政府和特朗普政府中身居高位，他认为要“尽可能有力地维护美国国家利益，把我们自己当作美国的推广者而非世界的卫士”[39]。汉斯·摩根索（Hans Morgenthau）写道：“国家没有权力将道义……凌驾于成功的政治生存之上……现实主义则认为审慎……应该是至高无上的政治美德。”[40]约翰·米尔斯海默曾说：“国家在一个自助世界里运转，这个世界的最佳生存之道是尽可能地强大起来，即使这需要采用一些无情的政策。可这并不是一个美好的故事，但如果一个国家以生存为主要目标，也就没有什么更好的选择了。”[41]现实主义者描绘了一幅严酷的心理地图。

在严峻的生存环境里，后果实际上可以证明，那些看上去并不道德的行动的合理性。罗伯特·卡普兰（Robert D. Kaplan）曾指出："那些承认违背道德之必要性的极少数人也是照此行事的，并最终为他们的行动负责，那些对国家来说不可或缺的领导人就在这群人中。"[42] 一个经常被提及的例子是：1940 年，温斯顿·丘吉尔为避免让一支法国舰队被希特勒俘获，下令攻击这支舰队，导致 1300 名法国人死亡。丘吉尔将这场事关英国生死存亡的危机称为"最危急时刻"，而迈克尔·沃尔泽认为，在这种极为罕见的例子中，道德规则可以被推翻，即使"在人类历史上没有什么时刻不被道德规则制约着"[43]。

例如，二战初期，当英国的生存面临重大危机，丘吉尔做出了允许轰炸德国民用目标的决定，伦理学家已经为此正名，但也谴责了他在战争后期，即 1945 年 2 月支持轰炸德累斯顿，当时欧洲已经锁定胜局。[44] 在战争早期阶段，丘吉尔可以宣称"肮脏的手"存在的必要性，作为他跨越道德规则的正当理由，但他在战争后期还继续这样做就是错误的。通常来讲，这种"最危急时刻"的"恐怖海峡"是极其罕见的，绝大多数领导人在选择他们巡航天下的心理地图时都会比较审慎和折中。领导人也经常有一种渲染危险和威胁的冲动，以证明他们所采取行动的必要性和正确性。比如，唐纳德·特朗普在就其对贾迈勒·卡舒吉被杀事件的温和反应做出解释时说："美国优先！世界是一个危险的地方！"[45] 他的一个拥护者说："特朗普已经释放出明确的信号，美国今后将优先照看自己的利益——一种狭义的界定，而不是所谓全球共同体的利益，即使是以牺牲盟国的长远利益为代价。他的这种世界观在本质上是现实主义的。"[46] 但是，那些以一种假装道德选择并不存在的方式形容世界的现实主义者，仅仅是在掩饰他们的选择。生存第一，但这并非价值清单的终结。大多数国际政治行为并不关涉生存。

一个精明的现实主义者也清楚权力的不同种类。没有一位美国总统可以离开权力行使领导力，无论是在国内还是国际上，但权力本身并不仅限于枪炮和资源能源。你可能通过胁迫（"大棒"）、收买（"胡萝卜"）和吸引力（"软实力"）让别人做你想让他们做的事，而对权力的全面理解包含这三个方面。由于单独使用“软实力”是不够的，并且耗费很长时间才能达到预期效果，采取胁迫或收买手段形成的“硬实力”对美国领导人更具诱惑力。但如果是单独挥舞“大棒”，“硬实力”会导致更大的代价，而与“软实力”相结合则会好一些。罗马帝国的统治并不只依靠它的庞大军团，也仰赖古罗马文化的吸引力。柏林墙不是被迫击炮击垮的，而是由失去共产主义信仰的人民用锤子和推土机推倒的。当一个国家在其他国家眼里拥有合法性的时候，其“软实力”是建立在文化、价值观、政策基础上的。这种“软实力”可以通过一位美国总统阐释其外交政策的话语得到加强。肯尼迪、里根、奥巴马均通过从国内外寻求支持的方式建立外交政策框架。尼克松、特朗普则在从美国以外成功获取支持方面相形见绌。特朗普宣称自己是一个民族主义者，然而，在包容他人的民族爱国主义和排斥他人的本土主义之间是存在道德区别的。

（二）世界主义

共通人性是另一张重要的世界心理地图。尽管它是很弱的一个方面，但某种程度的“国际人性共同体”确实存在。如上所述，我们关于共通人性的直感不断演进，把我们紧紧连接在一起。大多数美国人对饥饿儿童的照片会做出反应，即使并非所有人都能穿越国界去实施赈济，或者直接把受难的孩子带回家（尽管有些美国人确实这样做了）。世界主义者（cosmopolitans）认为，基本人权是普遍性的，他们“不是政治边界的尊重者，而是要求奉行一种普适主义的政治并加以实施，即使这意味着在国家主权的墙壁上凿开豁口”[47]。许多美国人有着多重理念，同时信奉几个共同体，就好比一连串扩大了半径、超出国界的同心圆。一个人可以同时感受城市、国家、地区、职业、跨国种群以及人性的某一部分。但是，同心圆的外圈一般相对薄弱，产生着比世界主义者通常认为的更为薄弱的道德义务。一个人可以兼为强烈的排他性民族主义者和温和的全球主义者。所有的大型共同体都是想象出来的，但在当今世界，想象中的民族共同体通常是最强烈的。哲学家夸梅·阿皮亚（Kwame Appiah）[1]说："世界主义是一种昂贵的道德幻象行为。它视人类为群居性的社会动物：家庭、邻里、身份认同相互重叠的多元种群，重重螺旋向外直至包括全人类。这个结构要求我们具有多重身份，因为我们本身就是多样的。"[48]

我有时会要求我的学生使用以下思想实验方法检测他们对世界主义之存在和局限的道德直觉。假设你是一名优秀的游泳者，正坐在海滩上读书，看到一个女孩正在被海浪吞没。你会扔下手中的书去救她吗？大多数学生回答"会的"。如果那个女孩大喊"救命"，或使用外语发出这样的叫喊，这要紧吗？大多数学生说使用什么语言无关紧要。如果她溺水的位置离你更远，且你的泳技不那么好，你愿承担多少风险呢？面对这个问题，学生们的回答开始不一样了，既有审慎的，也有英雄式的。如果溺水的是两个小孩，而你只能救两个小孩中的一个，你会在意其中之一是不是你自己的孩子吗？大多数学生回答"会的"。

换言之，作为家长，你的角色赋予你居于普通人道拯救责任之上的额外道德权利和义务。边界是任性的，有时是不公平的，但国家是产生额外权利和责任的共同体。正如斯坦利·霍夫曼写道："国家不过是个人的集合，边界也许是纯粹的事实，但道德意义附着其上。"[49]一个忽视边界的道德、法律和制度重要性的世界主义者，不能像把一切都当作国家利益攸关的狭隘现实主义者一样，完成平衡国际范畴内各项权利的艰巨工作。自由主义者认同超越国界的道德意义，认为人道拯救义务可以与保护本国国民的优先考量并行不悖。[50]魔鬼隐藏在细节里，这种细节关乎范围和程度。因为要求在国内义务和国际义务之间实现调和，外交政策操作起来就更加困难。

1　美国政治哲学家、文学理论家，身兼劳伦斯·洛克菲勒大学、普林斯顿大学哲学教授，美国国家人文奖章获得者。著有《荣誉法则：道德革命是如何发生的》《世界主义：陌生人世界里的道德规范》《在我父亲的房子里：文化哲学里的非洲》《文化政治学，伦理政治学》等作品，主张重新思考世界主义的道德原则，抵制民族主义，促进人类融合。

推行温和外交政策但不能在国内为其赢得支持的领导人是失败者。同时，只关心国内意见的美国总统，回避困难的道德和政治选择，包括他们所在选区的道德话语。

（三）自由主义

如上所述，国际政治经常被说成是“无政府状态的”，但无政府状态只不过是“没有政府管理”，并不必然等同于警长或市长到任前的“蛮荒西部”的混乱不堪。自由主义者认为，诸如均势、国际法、行为准则和国际组织等初级实践和制度，可以建立起一种在大多数情形下能够做出有意义的道德选择的秩序框架。

即使是在战争极端环境下，法律和道德也可以发挥作用。正义战争理论起源于早期的基督教会，圣奥古斯丁（Saint Augustine）[1]等受困于一种悖论：如果良善不反击，就会灭亡，邪恶就会主宰大地。17 世纪以后，正义自卫的理论变得世俗化，如今它提供了一个考虑所有三个道德维度的宽泛规范结构：正义事业所代表的善意；与局势严重程度成正比、对军事和民用目标加以区别对待的强力手段；对成功可能性的审慎考虑所产生的良好后果。正义战争理论并不仅仅是理论性的。它在国际人道主义法（《日内瓦公约》）和《美国统一军法典》（The American Uniform Code of Military Justice）中得到反映。违反此武装冲突法所规定的道德准则的士兵在包括美国在内的很多国家会被判入狱。

不同的世界心理地图不同程度地描绘了无政府状态，也就影响了领导人框定其道德选择的方式。在导致国王[2]被砍头的血腥英国内战结束后，作为现实主义者的托马斯·霍布斯（Thomas Hobbes）于 1651 年在一部著作中设想了一种没有政府存在的自然状态，在那种状态下，有的只是“一切人对一切人的战争”，生灵涂炭，野蛮丛生。相反，在几十年后一段相对和平的时期里，作为自由主义者的约翰·洛克（John Locke）设想了另一种自然状态，在那里存在社

1　古罗马时期的天主教思想家。

2　查理一世。

会契约，允许人们追求生存的权利，享有自由和繁荣。* 今天，自由主义者们宣称，尽管尚不存在世界政府，却拥有一定程度的世界治理，无政府状态并非绝对。自由主义者们强调制度——无论是国内的还是国际的——在当今世界上促进主权国家间合作的作用。他们声称：“对自由主义者来说，最重要的变量是相互依存。历史上第一次，全球制度对实现人类的基本利益是如此必要。”[51]

世界主义者比自由主义者更怀疑国家主权的意义，他们强调不同个人的普遍人性。然而，这些简单的心理地图在实践中不是排他性的，美国总统在形成外交政策时，实际上以不同情况下并不连贯和一致的方式，把世界政治的所有三张心理地图混合在一起。我们即将在以下事例中看到，大多数美国总统都是“略带世界主义色彩的自由现实主义者”。

二战后人权法的兴起，特别是针对恐怖屠杀做出的反应，使美国总统的选择变得更加复杂化。美国公众要求做出反应，但到底应做出多大程度的反应，意见是分化的。回顾历史，比尔·克林顿本人承认他对 1994 年发生的卢旺达种族大屠杀的应对是一次失败。[52] 克林顿任内试图把美国军队派往海外的努力也在其政府内部、国会和公众层面遭遇强烈阻挠。特别是当 1993 年美国士兵在对索马里的早期干预中丧生，美国公众并未做好接受又一场海外干预的准备。克林顿完全知道他本可以为阻止更多人在卢旺达丧生而向联合国和其他国家提供更多帮助，但今天的优秀领导人往往在他们的世界主义倾向和对自己选民的更传统义务之间进退维谷。

在大多数美国总统为他们的外交政策确定方向的心理地图上，现实主义是默认立场，并且由于世界是由主权国家组成的，现实主义是最佳出发点。问题是，许多现实主义者尚未出发就止步不前，他们并没有意识到世界主义和自由主义经常对精准道德地图做出重要贡献。当生存受到威胁，现实主义是道德外交政策的必要基础，

---

* 托马斯·杰斐逊将这一理念写入《美国独立宣言》，是为“生命权、自由权和追求幸福的权利”。

当然并非充分条件。程度的问题被再次提了出来。从来就不存在“完美的安全”，在其他价值（比如社会福利、身份认同、民权等）成为美国总统外交政策的组成部分之前，外交政策的道德问题就是何种程度的安全必须得到保证。绝大多数的外交政策选择都涉及向威权体制盟友出售武器或谴责另一国家（侵犯）人权行为等问题。一些现实主义者视此种交易类同于丘吉尔当年做出的攻击法国舰队的决定，他们都只是在简单回避棘手的道德问题。说安全优先，或者正义的前提是某种程度的秩序，都是片面的。美国总统必须权衡他们所面对的形势在多大程度上贴合霍布斯主义者（Hobbesian）或洛克主义者（Lockean）的心理地图，或者更可能在安全和其他重要价值之间形成一个谱系，进而在此基础上采取行动。

（四）干预的问题

以干预为例。美国跨越主权界限时应该采取什么样的行动？自从 1945 年以来，自由主义的《联合国宪章》将武力使用限制在自卫或经安理会授权的行动上（美国和其他四个常任理事国对此拥有否决权）。现实主义者认为，如果能够阻止秩序赖以存在的均势瓦解，干预可以被证明是合理的。自由主义者强调国家是由拥有决定自己命运的主权权利的民族组成的，这种权利在《联合国宪章》中得到反映。只有对先前干预行为进行反干预或阻止蔑视自决权的屠杀发生时，干预才是合理的。[53] 世界主义者优先强调公正和个人基本权利，以证明人道干预的合理性。

在实践中，这些原则经常以反常的方式纠缠在一起。在越南，肯尼迪和约翰逊强调美国是在反击越南北方对南方的干预，但南、北方的越南人自视为一个整体，认为他们的国家被出于冷战的现实主义均势目标而蓄意分裂。具有讽刺意味的是，今日美国与作为主权国家存在的越南战争胜利者保持着良好的关系。在第一次海湾战争中，老布什为了保持地区力量均衡，动用武力把伊拉克人从科威特驱逐出去，但他通过联合国的集体安全解决机制和一个旨在加强美国合法性和“软实力”的广泛联盟行事。老布什视自己为现实主义者，拒绝为阻止萨拉热窝平民遭受的炮击而采取干预行动，但当1992年12月反映索马里饥民惨状的照片在美国的电视上播出后，他向摩加迪沙派出了部队，以对那里的局势进行具有世界主义意义的人道干预，而这一行动导致的后果成为他的继任者不得不面对的问题。但是，人道干预并非一个新的或者独特的美国外交政策问题。伍德罗·威尔逊成为美国总统之前很久，维多利亚时代的英国就曾经围绕是否应动用武力结束奴隶制、比利时人在刚果的暴行以及奥斯曼帝国对巴尔干半岛上的少数民族进行的压迫展开辩论。[54]

混杂的心理地图在公共意见中也有类似反映。因为外交政策在优先性上通常要比国内事务低一档，美国公众倾向于基本的现实主义。我们在第一章看到，免受攻击的安全和经济安全通常排在公众关切的最高位置。[55]精英的观点经常比普罗大众的观点更具干预主义色彩，这使得一些批评者认为精英比大众更具自由主义色彩[56]，但“对国际组织、多边协议和行动以及集体国际决定的强有力、广泛公众支持的模式表明，大多美国人……是‘新自由主义者’”，对人道救援的支持则显示出世界主义的特点。[57]如果美国总统的眼光是向内看的，没有一张心理地图能适应所有的情势。由于公众成员大多没有考虑过这些问题，没有什么理由期待公众能形成一致、连贯的态度。更有甚者，我们将要看到，一些美国总统的事业被政治程序高度过滤，因此公众非常了解，而有些美国总统则是外向型的，他们的性格和行动往往令人们很是惊讶。[58]

在第二次海湾战争中，美国的干预动机是混杂的。理论家们就美国在2003年对伊拉克的入侵到底是现实主义的干预还是自由主义的干预争论不休。[59]小布什政府中的一些关键人物，比如理查德·切尼（Richard Cheney）和唐纳德·拉姆斯菲尔德（Donald Rumsfeld），是关切萨达姆·侯赛因拥有大规模杀伤性武器和地区力量均衡的现实主义者，但是那届政府中的“新保守主义分子”（neoconservatives，也是前自由主义者）强调推广民主以及美利坚霸权。在政府以外，一些自由主义者支持那场战争，理由是萨达姆令人憎恶的人权记录，而其他人反对小布什发动战争，理由是他没有像其父亲老布什发动第一次海湾战争时，得到来自联合国安理会的制度性支持。

在最广义的定义中，干预是指影响另一主权国家内部事务的外部行动，具体方式覆盖从低强度胁迫端的对外广播、经济援助、支持反对党，到高强度胁迫端的封锁网络攻击、无人机袭击、军事入侵。从道德的视角看，在限制当地的选择和权利方面，胁迫的程度非常重要，而军事干预是危险的工具。它看似简单，其实不然。审慎态度有助于避免出现意外后果。

斯蒂芬·沃尔特（Stephen Walt）[1]指出："如果现实主义者在过去 20 年间执掌美国的外交政策，一系列代价沉重的溃败就可以避免。"[60]或许他是对的，但是现实中存在很多现实主义和自由主义的变体。现实主义是一种广义的倾向，而不是对他所设想的政策有明确内涵的精准分类。切尼和拉姆斯菲尔德当然自视为现实主义者。在 2016 年总统大选的辩论中，特朗普和希拉里·克林顿都声称美国对阻止叙利亚的巨大伤亡负有责任，但这两个人均没有宣扬军事干预。即使一些评论家声称对民主的推广已经"融入美国对自己作为一个特殊国家的定位"，使用胁迫和非胁迫手段推广民主仍存在巨大差别。[61]第 82 空降师（The 82nd Airborne Division）[2]的行为与超越国家边界的"美国之音"（Voice of America）广播和"美国国家民主基金会"（National Endowment of Democracy）的活动截然不同。就后果而言，手段和目的一样重要。没有一张世界心理地图能向美国总统提供简单易行的答案，并替代他们的良好判断力和情境智力。

1　哈佛大学肯尼迪政府学院教授，著有《联盟的起源》（*The Origins of Alliances*, 1987）、《以色列游说集团与美国对外政策》（*The Israel Lobby and U.S. Foreign Policy*, 2007）等作品。

2　建制于 1902 年，隶属美军第 18 空降军，驻扎在北卡罗来纳州，编制约 12900 人，是美军中唯一可通过伞降进入作战地区的全建制师，机动性强，具有很强的作战能力。

七、情境中的最佳道德选择：计分卡

我们该如何评判美国总统的外交政策中的伦理？美国总统有他们自己的价值观和信念，但他们同时也是生活在马克斯·韦伯笔下的非完美主义伦理现实世界中的领导人。阿诺德·沃尔弗斯（Arnold Wolfers），一位瑞士裔美国现实主义者，在二战后指出：“解释什么构成重要国家利益，以及价值观应在多大程度上附着于斯，是个道德问题。不能用所谓国际政治中内在的非道德必需品加以回答。”同时，领导人不能总是遵循简单的道德准则。沃尔弗斯总结道，评判外交政策中领导人伦理的最好办法是，他们所做的决定“是不是在条件允许情况下的最佳道德选择”[62]。这诚然成立，但并不是全然有益。它是必要但当然并非充分的标准。在无政府世界里，审慎是一种美德，但广泛的审慎原则容易被践踏。

对于美国总统是否确实根据特定情况做出了最佳道德选择，我们又该如何判定？我们可以从确信我们对他们的判断基于三个道德维度开始，同时可以依次从现实主义、自由主义、世界主义这三张道德地图中汲取灵感和智慧。当我们审视美国总统追寻的目标时，我们并不指望他们在国际层面能像在国内政策中渴求的那样寻求正义。1941 年 8 月通过的《大西洋宪章》（Atlantic Charter）是自由主义国际秩序的奠基文献之一，罗斯福和丘吉尔向世界昭告了决心，推动免于匮乏和恐惧的自由（尽管他们在大英帝国的问题上存在分歧）。但是，罗斯福并没有试图把他在国内推行的“新政”（New Deal）向国际层面输出。毕竟，就连约翰·罗尔斯（John Rawls）这样的著名自由主义哲学家都认为，其正义理论赖以存在的条件只适用于美国国内社会。[63]

同时，罗尔斯认为，一个自由主义社会拥有超越边界的责任，责任清单应该包括对权利和可以保障基本人权的制度的支持和尊重，允许生活在多样性世界里的人民尽可能自行决定他们的事务。[64] 这样，我们就可以询问美国总统的目标是否包括在国内外广泛表达富有吸引力的价值观愿景。同时，他们是否对这些价值观，以及其可能导致的风险，进行了审慎的评估和权衡，以对成功实现目标的前景有合理的预期。这意味着，我们在对一位美国总统做出道德判断时，不仅要看他的性格和意图，也要看他在推广价值观过程中展现的情境智力。

关于道德手段，我们可以依据美国法律中业已确立的限定使用武力程度和对象的“正义战争”标准，以及罗尔斯实施最低限度对外干预的自由主义关切——为了尊重其他国家的权利和制度，对美国总统做出判断。在道德后果方面，我们可以追问一位美国总统，他是否成功促进了长远的国家利益，是否通过避免极端狭隘和对平民的不必要伤害尊重了世界主义的价值观念，是否通过推广那些拓宽了道德话语的真理和信任来对他的选民进行教育。这些标准是温和的，来源于现实主义、自由主义和世界主义的洞察。由此形成的计分卡绝非面面俱到，但它可以向我们提供一些超越一般性审慎的基本指南。

这个三维计分卡无法解决所有问题，但鼓励我们多角度观察美国总统的行为并相互加以比较。仅以罗纳德·里根和两位布什总统做一比较。人们有时呼吁“里根主义的外交政策”，他们指的是道德明晰和里根把复杂的事情简单化的做法，以及他那种表达价值观的有效说辞。由于前面解释的原因，仅从一个维度进行道德推理是不够的，这种做法也误解了里根道德领导力的成功，包括他在自己政策中追求的讨价还价并做出妥协的能力。但是，清晰明确宣示的目标可以教育、动员公众。关键问题是，里根在平衡他的抱负和目标带来的风险方面是否取向审慎。一些人已经提出，里根在其第一任期里发表的说辞在美国与苏联的关系中制造了一种紧张和互不信任的危险气氛，增加了发生误判或意外事件导致战争的可能性，同时也制造出谈判的动机，后来里根在戈尔巴乔夫上台时成功将其转化为自己的优势条件，当时里根已经进入总统第二任期。在后果方面，里根毫无疑问推进了美国国家利益，尽管终结冷战和苏联的“积分”都记在了戈尔巴乔夫头上。无论如何，里根都以不简单受制于狭隘美国利益的方式抓住并利用了机会。

表 2.1　什么是道德外交政策的领导人？三个维度标准清单

目标和动机（意图）	道德愿景	领导人是否表达了具有吸引力的价值观？那些价值观是否决定着他或她的动机？他或她是否拥有能避免仅因个人需要便违背那些价值观的情商？
	审慎	领导人是否拥有情境智力，在其所追求的价值观和施加于他国的风险之间明智地把握平衡？
手段	武力	领导人在动用武力时是否对必要、不伤及平民原则以及受益与损害比例有足够重视？
	自由主义	领导人是否试图在国内外尊重和运用制度手段？其他国家的权益得到何种程度的考虑？
后果	信誉	领导人是否是一个良好的受托人？在他任内，本国的长远利益是否得到推进？
	世界主义	领导人是否也考虑了其他国家人民的利益，并且最大限度减少他们蒙受的不必要损失？
	公众教育	领导人是否尊重真理、营建可信性？事实是否得到尊重？领导人是否试图在国内外创造和拓展道德话语？

按照自己的说法，老布什并没有转型愿景，只是想在冷战末期急剧变化的世界里避免发生灾难。他提出了“世界新秩序”，却没有就此做出详细说明。他和他的团队对那些远超其控制的力量做出回应，他以审慎方式确定了在机会和现实主义之间求取平衡的目标。在所有情况下，老布什都为追求长期稳定而对他的短期目标进行限制。批评者抱怨说老布什未能确定更为变革性的目标。[65] 从伦理的角度看，尽管老布什没有强烈表达过他的道德愿景，很难证明他本该不那么审慎和可以冒更多风险。从后果的角度看，老布什是一个在实现国家目标方面值得委托的受托人，他不以过于狭隘自私的方式追求国家利益，也不会因追求美国国家利益而过度损害美国以外

人民的利益。他小心翼翼地不去羞辱戈尔巴乔夫，促成了（权力）向俄罗斯的叶利钦手中过渡。但另一方面，不是所有的美国以外的人民都受到了充足的保护，比如老布什只给予伊拉克北部的库尔德人、在前南斯拉夫内战中受困的波黑人次一级的关注。从这个意义上讲，老布什的现实主义为他的世界主义理念设了限。如果拥有更好的沟通技巧，老布什本可以在教育美国公众如何认识冷战后世界变化的实质方面有更大作为，但如果把历史的不确定性和潜在的灾难也考虑进去，老布什的外交政策仍是过去一个世纪以来美国最好的外交政策之一。他的外交技巧让美国在潮起时获益，遇风暴时免于翻沉。

相比之下，他的儿子小布什在刚上任时是一个有限的现实主义者，对外交政策没什么兴趣，但在2001年9月11日的恐怖袭击发生后，他的目标具备了变革性。像威尔逊、罗斯福、杜鲁门一样，小布什高度关注国家安全，但为了在危机时期号召选民却转向了民主话语。小布什政府的2002年《美国国家安全战略》报告——后被称作"布什主义"（Bush Doctrine）——宣称美国将"识别和消除恐怖分子，连同保护他们的体制一道，不管他们在哪里"。在这场新游戏里，规则是不存在的。解决恐怖主义根源性问题的办法是在世界上四处推广民主，自由议程也成为小布什政府2006年《美国国家安全战略》报告的基础。然而，推翻萨达姆·侯赛因政权并不等于完成了这个任务，对国家战略内涵理解的不足和规划管理的不善削弱了小布什的宏大目标。

尽管拥有相同的基因，小布什的政策却与其父亲老布什大相径庭。更大的政策相似性是在小布什和伍德罗·威尔逊之间。他们都是笃信宗教和道德的人，也都在执政之初聚焦国内问题，缺乏外交政策愿景。他们在应对危机时都很大胆，都倾向于以"非黑即白"而非"深浅不同"的视角看世界，最终也都能坚持到底。他们都试图教育公众，但一个好教师首先得是一个好学生，而小布什缺乏耐心的个性阻碍了他对知识的学习。威尔逊起初在建立国际联盟的问题上成功教育了美国大多数公众，但最终因拒绝同国会参议员达成妥协而遭遇失败。威尔逊终生缺乏实践和操作其愿景所需的领导技巧，尽管其愿景的合理性后来被联合国的创立部分证明了。

外交政策中的一个大问题是情境的复杂性，这也正是为什么情境智力对致力于制定道德外交政策框架的美国总统来说是如此重要的一项技能。情境智力就是理解不断演变的环境并对不同趋势加以利用的能力。[66] 有时，审慎被认为仅仅是与道德信念形成鲜明对照的战略私利。但在伦理的三重维度里，这两者都很重要。正如韦伯所指出的，信念是重要的，但在像外交政策这样复杂的政治环境中，美国总统是受托人，必须遵循他所承担的责任伦理。在这种情况下，孱弱的情境智力往往导致轻率的评估和鲁莽的冒险，最终引发非道德的后果。我们生活在一个多元文化的世界里，对社会工程（social engineering）以及如何缔造国家仍知之甚少。当我们无法确信该怎样使世界变得更美好，审慎便成为责任伦理中的一项重要德性，而狂妄的愿景可能导致严重的破坏。审慎通常对情商有要求，也就是要求美国总统有控制情绪并把他们的情绪转换成建设性追求的能力，而不是被情绪所支配。[67] 我们将会看到，审慎经常要求自控。奥巴马把这种行事的基本原则叫作“不做蠢事”。他因为未能提供充足的愿景而受到批评，但他的审慎却是一个不错的切入点。需要牢记一条原则：“首先，不要伤害”，它对外交政策的重要性相当于“希波克拉底誓言”之于医学。

于是，制度和公共产品的角色以及美国总统该以何种广度界定国家利益的问题被再次提了出来。对他们做出全面评估，并不仅是看他们的具体行动，也要看他们塑造世界政治环境的范式。一位美国总统可以拥有广阔和长远的愿景，却不能以此说服公众，就像伍德罗·威尔逊在1919年遭遇的那样。20世纪30年代是灾难性的十年，美国取代英国成为最大的全球大国，却未能在提供全球公共产品方面接替英国的角色。结果，全球体系坍塌，世界步入大萧条、大屠杀、大战争。在国内政治中，政府创造公共治安、清洁环境之类的公共产品，所有公民都能从中受益，没人被排斥在外。在全球层面，不存在一个世界政府，对气候变化的应对、金融稳定、海洋自由等公共产品是由最大的大国领导的联盟提供的。小国没有什么动力去支付这些全球公共产品，因为它们的贡献力区区，能否从那些公共产品中获益并无所谓，所以让它们免费搭车也没有什么不合理。但是，最大的大国看得到它们所做贡献的效果，感受得到这些贡献带来的收效，因而对它们来说，发挥领导作用是合情合理且符合长远国家利益的。这与“美国优先”原则一致，但建立在对美国现实情境更为宽广的历史认知基础之上，而非特朗普在使用“美国优先”术语时所表现出的。

人是故事的讲述者，美国总统解释其外交政策的话语在国内界定了国家身份，也可以为了更开明地界定国家利益拓展国内政治空间。这种话语也能在海外转化成富有吸引力的“软实力”，为美国提供更有所作为的外部环境。但是，那些对其他文化和宗教缺乏敬意的总统们的话语，不仅在美国国内窄化了他们的道德话语，也在海外削弱了美国的“软实力”，也就损害了我们的国家利益。这就是为什么在评估美国总统的外交政策时，拓宽的道德话语是一个重要方面。讲述这样的故事，里根拥有天赋。

里根时期的国务卿乔治·舒尔茨（George Shultz）有一次把外交政策比作园艺——“对一系列复杂角色、利益和目标的不断培育”。曾在奥巴马政府供职的德里克·柯雷（Derek Chollet）[1]指出，舒尔茨的继任者康多利扎·赖斯（Condoleezza Rice）主张一种更具变革性的外交，“对世界不是照单全收，而是试图改变它。赖斯的野心可不是只当一名园丁——她要做一名景观设计师”[68]。在不同的情况下，这两种面目各有其作用，但我们应避免一个常见的错误，即自动认为致力于推动变革的“景观设计师”比小心翼翼的“园丁”更堪当好的外交政策领导人——在效能和伦理方面都是如此。正如亨利·基辛格所说：“在构成世界秩序的两方面（权力和合法性）

1　克林顿时期的资深外交、国防官员，希拉里·克林顿担任国务卿时的政策顾问之一，也曾担任奥巴马政府的首任白宫国家安全理事会战略规划主任，2012 至 2015 年任助理国防部长，现为无党派背景的哥伦比亚大学萨兹曼战争与和平研究中心研究员。

之间求取平衡是政治韬略之本。不考虑道德因素的权力算计会将每一种分歧变成实力的较量……另外，不考虑均衡的道德惩戒也容易导致使用武力解决问题，或推出容易受到挑战的虚弱政策。以上两种极端风险，都容易危及国际秩序本身的凝聚力。”[69] 出于善意的干预，如果缺乏现实主义考量，也可以把数百万人的命运变得更糟。莎士比亚发出了“吹响屠戮号角，放出战争之犬”的正确警告。[1]

对美国总统来说，审慎是推行好的外交政策所必需的品德，但仅有这一点是不够的。当世界需要他们拥有更为广阔的制度愿景时，在两次世界大战之间执政的美国总统却是审慎的。威尔逊拥有这样的愿景，却不够现实主义。富兰克林·罗斯福上台时没有外交政策愿景，但随着其任期的推进，具备了这样的愿景。在一个技术和社会变革快速发展的世界上，仅仅照料好自家花园是不够的。对美国总统来说，具备一定的愿景和战略，能正确理解和应对世界的新变化，至关重要。要想评判美国总统在推行道德外交政策方面的得分，看他们是否不仅维护了美国国家安全，也使世界变得更美好，重要的是对他们的领导技巧进行全面审视——既看行动和制度，也看作为和不作为的情况，并且进行三个维度的道德评判。即使如此，我们也会经常得出混杂的判断，而那正是外交政策的本质，我们在接下来的例子中将会看到。

1　语出《恺撒大帝》第三幕第一场。莎士比亚原话是：“Cry 'Havoc!', and let slip the dogs of war.”（“屠杀的号令吹响，让战争之犬四处蹂躏！”）“战争之犬”意指战争中的亡命之徒。

〖注释〗

[1] Thucydides, *The Peloponnesian War*, translated by Rex Warner (London: Penguin Classics, 1954).

[2] Owen Harries, "Power and Morals," *Prospect*, April 2005, 26.

[3] James Q. Wilson, *The Moral Sense* (New York: Free Press, 1997), 15.

[4] Jonathan Haidt, *The Righteous Mind: Why Good People Are Divided by Politics and Religion* (New York: Random House, 2012), xx.

[5] "Philosophy and Neuroscience: Posing the Right Question," *The Economist*, March 24, 2007, 92.

[6] Kenneth Winston, *Ethics in Public Life: Good Practitioners in a Rising Asia* (London: Palgrave, 2015), chapter 1.

[7] Garry Wills, "The Pious Presidency of Jimmy Carter," *New York Times Book Review*, April 26, 2018.

[8] Ari Fleisher, "What I Will Miss About President Bush," *New York Times*, November 4, 2008.

[9] Joseph Nye Jr., *Soft Power* (New York: Public Affairs, 2004).

[10] General James Mattis, "Hearing to Receive Testimony on U.S. Central Command and U.S. Special Operations Command in Review of the Defense Authorization Request for Fiscal Year 2014 and the Future Years Defense Program," March 5, 2013, 16.

[11] On the importance and dimensions of contextual intelligence, see Joseph S. Nye Jr., *The Powers to Lead* (New York: Oxford University Press, 2008), chapter 4. See also Anthony J. Mayo and Nitin Nohria, *In Their Time: The Greatest Business Leaders of the Twentieth Century* (Boston: Harvard Business School Press, 2005).

[12] Egil Krogh, "The Break-In That History Forgot," *New York Times*, June 30, 2007, 17.

[13] Donald J. Trump, "As has been stated by numerous legal scholars, I have the absolute right to PARDON myself, but why would I do that when I have done nothing wrong? In the meantime, the never ending Witch Hunt, led by 13 very Angry and Conflicted Democrats (& others) continues into the mid-terms!" Tweet, June 4, 2018.

[14] Interview with Dan Amira, *New York Times Magazine*, April 29, 2018, 54.

[15] Michael Walzer, "Political Action: The Problem of Dirty Hands,"

Philosophy & Public Affairs 2, no. 2 (1973), 160–80. See also Gerald F. Gaus, "Dirty Hands," in *A Companion to Applied Ethics*, ed. R. G. Frey and Christopher Heath Wellman (Malden, MA: Blackwell, 2003), 167–79.

[16] Max Weber, "Politics as a Vocation," in *Max Weber: Essays in Sociology*, ed. H. R. Gerth and C. Wright Mills (New York: Oxford University Press, 1958), 126.

[17] Alexander Betts and Paul Collier, *Refuge: Rethinking Refugee Policy in a Changing World* (Oxford: Oxford University Press, 2017), 125.

[18] Stuart Hampshire, quoted in Joseph L. Badaracco Jr., *Defining Moments: When Managers Must Choose Between Right and Right* (Boston: Harvard Business School Press, 1997), 52.

[19] Tom Beauchamp, *Philosophical Ethics: An Introduction to Moral Philosophy* (New York: McGraw Hill, 1982), 179.

[20] Walzer, *Arguing About War*, 35–36.

[21] With hindsight, historians believe these estimated casualties were too high. J. Samuel Walker, "Recent Literature on Truman's Atomic Bomb Decision: A Search for Middle Ground," *Diplomatic History*, 29, no. 2 (April 2005), 311–34.

[22] Nina Tannenwald, *The Nuclear Taboo: The United States and the Non-Use of Nuclear Weapons Since 1945* (Cambridge: Cambridge University Press, 2007), 88. See also, Alex Wellerstein, "Nagasaki: the Last Bomb," The New Yorker, August 7, 2015.

[23] Joseph S. Nye Jr., *Nuclear Ethics* (New York: Free Press, 1986), for a fuller description.

[24] Charles Guthrie and Michael Quinlan, *Just War: The Just War Tradition: Ethics in Modern Warfare* (New York: Bloomsbury, 2007), 1.

[25] Kenneth Winston, "Necessity and Choice in Political Ethics: Varieties of Dirty Hands," in *Political Ethics and Social Responsibility*, ed. Daniel E. Wueste (Lanham, MD: Rowman and Littlefield, 1994), 37–66.

[26] Isaiah Berlin, *Liberty: Incorporating Four Essays on Liberty* (New York: Oxford University Press, 2002), 214.

[27] Winston Lord, *Kissinger on Kissinger: Reflections on Diplomacy, Grand Strategy and Leadership* (New York: St. Martins Press, 2019), 2.

[28] John Rawls, "Distributive Justice," ed. Peter Laslett and W. G. Runciman, *Philosophy, Politics, and Society* (London: Blackwell, 1967), 58–82.

[29] Amartya Sen, *The Idea of Justice* (Cambridge, MA: The Belknap Press of Harvard University Press, 2011), 12–13.

[30] Robert Axelrod, *The Evolution of Cooperation* (New York: Basic

Books, 1984), 128.

[31] Graham T. Allison and Lance M. Liebman, "Lying in Office," in *Ethics and Politics: Cases and Comments*, 2nd ed., ed. Amy Gutman and Dennis Thompson (Chicago: Nelson-Hall, 1990), 40–45.

[32] Cathal J. Nolan, " 'Bodyguard of Lies' : Franklin D. Roosevelt and Defensible Deceit in World War II," in *Ethics and Statecraft: The Moral Dimensions of International Affairs*, 2nd ed., ed. Cathal J. Nolan (Westport, CT: Praeger, 2004), 35–58.

[33] John Mearsheimer, *Why Leaders Lie* (Oxford: Oxford University Press, 2011), viii.

[34] Tommy Koh, "Can Any Country Afford a Moral Foreign Policy?" in *The Quest for World Order: Perspectives of a Pragmatic Idealist*, edited with an introduction by Amitav Acharya (Singapore: Times Academic Press, 1997), 2. I am indebted to Amitav Acharya for bringing this quote to my attention.

[35] Allison and Liebman, "Lying in Office," 40.

[36] Sisella Bok, *Lying: Moral Choice in Public and Private Life* (New York: Vintage Books, 1999).

[37] Zbigniew Brzezinski, *Second Chance: Three Presidents and the Crisis of American Superpower* (New York: Basic Books, 2007), 45.

[38] Niccolo Machiavelli, *The Prince*, 142, cited in Badaracco, *Defining Moments*, 110.

[39] Caroline Daniel, "Hard Man Who Sits at the Heart of US Foreign Policy," *Financial Times*, December 19, 2002, 14.

[40] Hans J. Morgenthau, *Politics Among Nations* (New York: Knopf, 1955), 9.

[41] John Mearsheimer, *The Great Delusion: Liberal Dreams and International Realities* (New Haven, CT: Yale University Press, 2018), 216.

[42] Robert D. Kaplan, *The Return of Marco Polo's World* (New York: Random House, 2018), 146.

[43] Walzer, *Arguing About War*, 33–34.

[44] Stephen A. Garrett, "Political Leadership and Dirty Hands: Winston Churchill and the City Bombing of Germany," *Ethics and Statecraft*.

[45] The White House, "Statement From President Donald J. Trump on Standing With Saudi Arabia," November 20, 2018.

[46] Randy Schweller, "Three Cheers for Trump's Foreign Policy," *Foreign Affairs* 97, no. 5 (September/ October 2018), 134.

[47] David Luban, "The Romance of the Nation State," *Philosophy and Public Affairs* 9 (Summer 1980), 392.

[48] Kwame Anthony Appiah, "The Importance of Elsewhere," *Foreign Affairs* 98, no. 2 (March/ April 2019), 20.

[49] Stanley Hoffmann, *Duties Beyond Borders* (Syracuse, NY: Syracuse University Press, 1981), 155.

[50] Betts and Collier, *Refuge*, chapter 8.

[51] Daniel Deudney and G. John Ikenberry, "Liberal World: The Resilient Order," *Foreign Affairs* 97, no. 4 (July/ August 2018), 16.

[52] Barbara Kellerman, *Bad Leadership* (Boston: Harvard Business School Press, 2004), chapter 9.

[53] Michael Walzer, *Just and Unjust Wars* (New York: Basic Books, 1977), 101.

[54] Gary J. Bass, *Freedom's Battle: The Origins of Humanitarian Intervention* (New York: Random House, 2008), 4.

[55] Daniel Drezner, "The Realist Tradition in American Public Opinion," *Perspectives on Politics* 6 (March 2008), 63.

[56] Stephen Walt, *The Hell of Good Intentions: America's Foreign Policy Elite and the Decline of US Primacy* (New York: FSG, 2018).

[57] Page and Bouton, *The Foreign Policy Dis-Connect*, 241.

[58] Gautam Makunda, *Indispensable: When Leaders Really Matter* (Boston: Harvard Business School Press, 2012).

[59] Daniel Deudney and John Ikenberry, "Realism, Liberalism and the Iraq War," *Survival* 59, no. 4 (August–September 2017), 7–26.

[60] Stephen Walt, "What Would a Realist World Have Looked Like?" *Foreign Policy*, January 8, 2016.

[61] Max Fisher, "Syrian War Magnifies Tension in America's Global Mission," *New York Times*, October 9, 2016, 16. See also Sean Lynn-Jones, "Why the United States Should Spread Democracy," Discussion Paper 98-07, Center for Science and International Affairs, Harvard University, March 1998.

[62] Arnold Wolfers, *Discord and Collaboration: Essays on International Politics* (Baltimore: Johns Hopkins University Press, 1962), 47–65.

[63] John Rawls, *A Theory of Justice* (Cambridge, MA: Harvard University Press, 1971).

[64] John Rawls, *The Law of Peoples* (Cambridge, MA: Harvard University Press, 1999).

[65] Brzezinski, *Second Chance*.

[66] Anthony J. Mayo and Nitin Nohria, *In Their Time: The Greatest Business Leaders of the Twentieth Century* (Boston: Harvard Business School Press, 2005). See also Nye, The Powers to Lead, chapter 4.

[67] For a more detailed discussion of emotional intelligence, see Nye, *The Powers to Lead*, 69–71.

[68] Derek Chollet, "Altered State: Rice Aims to Put Foggy Bottom Back on the Map," *Washington Post*, April 7, 2005.

[69] Henry Kissinger, *World Order* (New York: Penguin, 2014), 367.

第三章　自由主义国际秩序创立者

在二战后缔造了美利坚秩序的美国总统，并不是带着一套为美国或自由主义国际秩序量身打造的大战略进入白宫的。富兰克林·罗斯福在大萧条中就任美国总统，外交政策是他脑海中排位最靠后的事情。1933 年，英国邀请罗斯福出席一个旨在稳定货币体系的国际会议，他置若罔闻。当时，罗斯福的国务卿科德尔·赫尔（Cordell Hull）支持更为开放的贸易，而美国经济——就像世界很多其他地方一样——因为高关税壁垒处于孤立状态。1938 年以后，罗斯福开始聚焦希特勒带来的安全威胁，他领导的政府也开始在战争的硝烟中思考战后国际制度问题。他们的首要关切是如何避免又一次大萧条。1944 年 7 月，44 个同盟国成员在新罕布什尔州的布雷顿森林举行会晤，创立了国际货币基金组织（International Monetary Fund，简称 IMF）和国际复兴开发银行[1]（International Bank for Reconstruction and Development，简称 IBRD）。在安全范畴里，罗斯福要求建立联合国——作为威尔逊所倡导的国际联盟加强版存在，并在这个旨在以集体安全手段对付侵略者、挑战者的新的国际组织里设立了由四个“国际警察”（后来增加到五个）组成的安全理事会。他的宏大设计是以美国同苏联的战时合作可以继续进行为前提假设的，并没有为后来这种合作破裂、苏联不断投否决票导致安理会实际瘫痪提供替代方案。罗斯福关于战后秩序的宏大设计缺失了一些环节，特别是在一个由多极均衡转变为两极均势的世界。不过，重要的是，罗斯福晚年在就自己与孤立主义进行斗争做出解释时说：“我们学

1　即世界银行。

到了该如何去做一名世界公民，如何当好人类共同体的一员。”[1]

1945 年，哈里·杜鲁门从罗斯福手中继承了部分已获实现的国际经济制度和基于与苏联持续合作的联合国计划，但杜鲁门对一个美苏关系破裂的冷战世界并无规划。一战期间杜鲁门在法国服役，当时他并没有什么外交政策经验，即使后来当了几个月的罗斯福政府的副总统，也没有从罗斯福那里得到多少面授机宜。而且，“1945 年秋季的民意调查显示，大多数美国人希望自己的国家采取行动，削弱那些令美国人憎恶、制造绝望与贫瘠的意识形态”，但也有大量美国人要求尽快把派往海外的部队撤回国内，并且相信政府应集中精力改善美国国内民众的生活条件。[2] 二战在加强了美国经济的同时，重创了其他大国，使得美国的经济总量一度占到全球近一半。但是，美国对世界霸权没有清晰的战略或规划。杜鲁门总统任期的最初几年，外交政策充满了不确定性。直到 1947 年以后，为了应对一系列危机，美利坚秩序下的国际制度——比如“马歇尔计划”和北大西洋公约组织——才得以建立，而即使在那个时候，所谓的美国霸权也未能覆盖世界人口的一半。[3]

德怀特·艾森豪威尔在二战期间曾担任欧洲战场盟军最高指挥官，1951 年杜鲁门任命他为北约首任总司令，但在 1952 年的大选中，艾森豪威尔批评杜鲁门的外交政策只是为了遏制而非击败苏联。他所在的共和党的一些人仍然憧憬孤立主义，其他人则以驱逐共产主义的影响为竞选主题。然而，艾森豪威尔担任总统后，坚定地执行了前任总统的政策。1953 年，艾森豪威尔在白宫日光浴厅召集了一次沙盘推演，对在欧洲冲销共产主义影响的战略和两种现行的遏制苏联战略的变体进行比较。鉴于苏联在 1949 年掌握核武器以后的核战争风险和代价，艾森豪威尔拒绝了冲销战略，仍然以遏制为美国对苏战略的基本内容。艾森豪威尔在 1954 年强调：“要避免世界性的毁灭，必须与苏联人达成妥协（modus vivendi）——一种共存的手段……作为对号召的回应，华盛顿的政客们开始讨论‘共存’（coexistence）这个词。苏联能在多大程度上接受‘共存’？这个词到底是什么意思？”[4]

以上三位美国总统的外交政策都是由他们在二战期间身居高位时取得的经验和对20世纪30年代大萧条的切肤记忆塑造而成的。这三个人也都把孤立主义视为严重的错误。罗斯福担任过伍德罗·威尔逊政府的助理海军部长，试图在创立联合国的进程中吸收威尔逊的集体安全思想。杜鲁门也自视为“威尔逊主义者”，努力推进罗斯福建立一个以联合国为中心的世界的计划，但在现实面前还是选择了遏制苏联强权和在海外永久驻军的政策。在1952年的大选中，艾森豪威尔与其他共和党人一道，指责遏制战略是一项“懦弱的战略”，起初也认为美国在海外驻军只是临时性措施，但当政后迅速接受了杜鲁门的政策。简言之，在创立“美国时代”或者自由主义国际秩序方面，三位创立者不曾有过什么宏大的设计，但都从30年代的溃败中汲取了教训。

一、富兰克林·罗斯福

当拉什莫尔山（Mount Rushmore）上的巨型头像在20世纪20年代被雕刻完成时，华盛顿、林肯、杰斐逊和西奥多·罗斯福的历史评价就算盖棺定论了。如果我们今天在拉什莫尔山上重新雕刻，几乎可以肯定会增加富兰克林·罗斯福的头像。在过去若干年间历史学家们对美国历任总统的评价排行榜上，富兰克林·罗斯福通常会排到第三位（仅次于华盛顿和林肯），即使在那些保守派历史学家们眼中也是如此。[5] 当民主政体在许多欧洲国家坍塌之时，他却通常被视为挽救了美国的自由主义民主政治的人。当然，他把整个国家带入了第二次世界大战，这场战争深刻地改变了美国在世界上的角色。

富兰克林·罗斯福当政之初，在外交政策方面是非常审慎的。由于当时在美国公众当中弥漫着非常强烈的孤立主义情绪，他“从来没有忽略过这样一个命题，即民主国家的外交政策，特别是需要做出痛苦牺牲的政策，在无法获得全民共识的情况下是很难推行的”[6]。最初，他秉持了西半球的传统，美国国务院把主要精力投入到贸易和对拉美国家的睦邻政策（Good Neighbor policy）中。直到30年代末期，他才看到了推行全球性外交政策的必要性。

希特勒和富兰克林·罗斯福都是在1932年当选的，而罗斯福后来才逐渐意识到希特勒构成的威胁。1937年，在西班牙内战期间，罗斯福小心翼翼地建议交战双方军事隔离，但当看到美国国内政治难以接受对西班牙事务的介入时，又迅速退了回来。罗斯福的政策是减缓美国参与欧洲战事的步速，以免当战争全面爆发时，美国不得不深度卷入。[7] 然而，在1938年底，《慕尼黑协定》和德国针对犹太人的“水晶之夜”暴力行动改变了罗斯福的个人观感。他一方面公开支持致使捷克斯洛伐克被肢解的《慕尼黑协定》，一方面私底下做出美国不可能以任何有意义的方式与希特勒进行合作的论断。

富兰克林·罗斯福要求国会废除《中立法案》（The Neutrality Acts），并批准向英国和法国提供援助，但美国公众不愿这样做。1936年和1937年进行的盖洛普民调显示，70%的美国人相信当年卷入第一次世界大战是个错误。1940年，认为美国应向海外派出部队的受访者比例不到10%。1941年，支持卷入第二次世界大战的受访者比例增加到23%，然而大多数公众对此仍持反对态度。[8] 在纳粹德国对美国构成威胁这个问题上，美国人并不认同富兰克林·罗斯福的看法。正如1938年罗斯福亲口对他的演讲撰稿人所说：“当你试图发挥领导作用，回头一看却发现身后没有人，这真是一件可怕的事情。”[9] 罗斯福的情境智力要比美国公众超前得多，但作为一名民主制度中有技巧的政治家，他既要追随，也得引导民意。

富兰克林·罗斯福一面在公开场合宣称奉行不干涉政策，一面静悄悄地采取支持盟国、准备战争的行动。为了在不违反《中立法案》的前提下向英国提供帮助，他向英国在加勒比海的军事基地出售驱逐舰，但只是宣称这对美国是一笔“好交易”。1940年富兰克林·罗斯福利用《租借法案》（“lend-lease”）[1] 向英国提供援助，他轻

1　《贷款和出租武器法案》，是美国保证向英国和所有被轴心势力侵略的国家提供战时援助的法案，1941年1月由罗斯福政府提交国会审议通过，3月

描淡写地把这比作“借给邻居一条浇花的橡皮水管”，尽管他自己很清楚这一类比具有误导性，因为英国根本就没多少可能把收到的援助还回来。尽管冰岛在地理上更靠近欧洲大陆，他却向那里派出了部队，理由是“要他们去保卫西半球”。

罗斯福试图去教育美国公众和国会，而且口舌之功了得，但他仍未能说服他们对《中立法案》做出改变。当他看到演说和游说活动无法改变那些人的死脑筋时，他亲手制造了意在说服公众的一连串危机。他编造了海上事故的数据，甚至直截了当地谎称德国潜艇攻击了美国海军“格里尔”号（Greer）驱逐舰，不过，即使这样也无济于事。1940 年，他为了谋求连任，在竞选活动中打出“你们的孩子不会走向战场”的欺骗性口号。尽管罗斯福享有“伟大的沟通者”声誉，但直到日本偷袭珍珠港、希特勒为支持轴心国盟友向美国错误宣战，他才最终得以走出困境。

阴谋论者认为，“珍珠港事件”是罗斯福一手制造的危机之一，但绝大多数历史学家对此不以为然。[10] 当时，罗斯福实际上主要关注来自欧洲方向的对美威胁，他对美日关系的处理无论在战略设计还是具体实施方面都相当无为。他把美国对日本的石油禁运形容为“套在日本脖子上的时不时可以收紧一点的绳索”，但未能监督官僚机构的执行尺度，以至于这项禁运后来被东京视为“扼杀政策”[11]。他的这项政策看起来也不像蓄意引诱日本对美国发起进攻。1947 年 7 月，罗斯福亲口告诉他的内政部长哈罗德·伊克斯（Harold Ickes），“控制住大西洋对于我们维护太平洋和平的努力来说实在是太重要了”[12]。相比他对欧洲的了解程度，罗斯福在亚洲问题上的情境智力并不那么强有力，但具有讽刺意味的是，亚洲帮助他解决了如何参与反击希特勒的战争的问题。从这个意义上讲，尽管发生了众多人员丧生的惨剧，珍珠港对罗斯福来说仍是一块“福地”，是珍珠港帮助他完成了美国外交政策的转变，并且使这一重大转变

（接上页）11 日由罗斯福总统签署，规定任何国家只要美国总统认为其防务对美国国防至关重要，就有资格通过美国的出售、转让、交换或租借方式取得任何防御物资。

赢得了美国公众的支持。

作为一个富裕而专横的女人的宠溺之子，罗斯福从小便学会了如何通过闪烁其词维护自己的独立性。在他的从政生涯里，罗斯福严重依赖欺骗手段，对妻子、对朋友、对公众皆是如此。他是个天才表演家，1921 年，39 岁时因患脊髓灰质炎变瘸后，反而变本加厉。加里·威尔斯写道："脊髓灰质炎使他变得异常在乎别人对他的看法，也使他更加下定决心要左右别人对他的看法。他自己不自在，别人也会不自在。但他也会去分散别人的注意力，把他们的注意力转移到他看重的事情上去。逗他们开心，给他们留下印象，让他们感受到愉悦。这就意味着他必须善于在极度的痛苦中摆出十分放松的假象，在严重的紧张中表现得轻松自如。于是，他成了完美的演员。"他精心使用各种道具——比如夹鼻眼镜、烟斗——进行"舞台管理"，把人们的视线从他不能自如行走的下半身转移开来。"对这套欺骗手段的运用在 1944 年大选中达到巅峰，病入膏肓的罗斯福冒着瓢泼大雨，乘着敞篷车在纽约招摇过市，向民众展现他的坚强。"[13] 另一位历史学家写道："罗斯福是个能把自己轻易伪装起来的高手，他不喜欢大声说出令人讨厌的事实。'珍珠港事件'后，无论是对敌人还是对盟友，罗斯福从来都没有如实透露过他的宏大外交政策目标。"[14]

富兰克林·罗斯福也是个善于妥协的人，他经常变换立场，令选民和观察家对他究竟相信什么猜测不已。他因为总把下属置于自己的阴影中而声名狼藉，还把领导技巧比作用那种两手交替接住空中好几个球的"杂耍"。同艾森豪威尔、老布什等组织力很强的美国总统相比，罗斯福要求身边的幕僚们相互竞争，这样他可以同时拥有多条信息渠道，由此牢牢掌握最终的控制权。我们可以从肯尼迪和特朗普管理白宫的风格中看到罗斯福的影子。

富兰克林·罗斯福刻意追求靠近民意，但也绝不会让自己走得过于超前。有人把他对民意的"怯懦"视为一种道义失败。例如，假若他能够更勇敢地采取行动抵制美国公众中的反犹主义情绪并在战前就放松移民政策，就可以从希特勒控制的欧洲解救出更多犹太人。在二战开始后的初期阶段，美国社会同样的情绪导致了对日裔美国公民基本人权的侵犯，他们被送进集中营。即使在游说公众同意介入战争以支持盟友这一主要政策目标的过程中，当所释放的试探气球被刺破，富兰克林·罗斯福也迅速退却了。取而代之的是，他希望用孤立的危机和事件教育公众，推动他们向其所希望的方向靠拢。但是，教育公众和以非道德手段操弄民意之间的界限在哪里？在民主政体中，多大程度的欺骗在道德上是被允许的？

我们在第二章中看到，服务于个人目标的欺骗和服务于群体目标的欺骗，有明显的区别。富兰克林·罗斯福并没有超然于服务于其个人目标的谎言之上，他甚至有时会为这种骗术沾沾自喜。这就是他“性格中的东西”。但是，他仍然认为其绝大多数欺骗行为都是为了美国公众好。一种合理的测试办法是去问赞同其目标的中立观察家怎样判断他的行为，并看这种行为给信任和制度造成了怎样的破坏。富兰克林·罗斯福有时走得太远。他在 1940 年大选中做出了“不要战争”的承诺，给向盟国提供的援助披上“基地换驱逐舰”和《租借法案》之类的伪装，这是一回事。他在 1941 年故意编造美军“格里尔”号驱逐舰遭到德国潜艇攻击的故事欺骗美国公众——事实上是“格里尔”号自己发动了进攻，则是另一回事。

为了对罗斯福的外交政策做出客观的道德评判，人们必须依靠后果论者的观点，他们认为，“在危机的情况下，为了挽救法治，有时有必要破坏一些法律条文”。希特勒已经对美国构成了致命的威胁，富兰克林·罗斯福除了欺骗公众别无选择。历史学家卡瑟·诺兰（Cathal Nolan）认为，罗斯福在二战初期的谎言是可以原谅的，但也对罗斯福后来继续使用谎言骗取公众对其战时和战后计划的支持持批评态度，声称罗斯福为证明有关计划的必要性而编造的借口是站不住脚的。战争末期，罗斯福向美国公众灌输了关于苏联内部特点的虚假信息。而对罗斯福最恰当的批评并非关于他的谎言：“真正的问题是，他全力以赴押上总统声誉说服那些反对苏联的美国人，向苏联人提供大规模物资援助符合美国的直接、重要利益，而在此之前，他编织了非必要的谎言。”[15] 一些历史学家认为，罗斯福在评价斯大林行为动机方面向美国公众发出的谎言最终演变成自我欺骗。[16] 后果之一便是，战争结束时，美国人在如何处理与苏联的关系问题上准备不足。

在第二章建立的计分卡上，富兰克林·罗斯福在第一维度（目标和动机）方面的得分很高。罗斯福谈起价值观来头头是道，富有吸引力，拥有将个人动机与价值观有机结合起来所必需的情商和天赋。奥利弗·温德尔·霍姆斯[1]（Oliver Wendell Holmes Jr.）大法官说过这样一句名言：罗斯福拥有“二流的智商、一流的性情”。[17] 罗斯福从来不会被虚妄、不安或者自恋情绪带偏。在罗斯福的外交政策中，他也始终把自己置于风险与现实主义之间的理性平衡者位置，尽管他对亚洲的情境智力要比对欧洲的模糊。但是，他的伦理目标又受限于自己的狭隘——如果他能采取更大胆的立场，会有更多的犹太人得到拯救，更少的日裔美国人的权利受到伤害。

在第二个维度，即手段方面，鉴于第二次世界大战的性质在他介入时已经发生了变化，罗斯福对武力的使用是有必要的，尽管对不同城市进行了无差别轰炸。他在美国国内为参战赢取支持的做法是符合宪法的，但他行使欺骗术的程度却有点过火，从长期角度看损害了制度的严肃性。同时，他关于在战后建立联合国和布雷顿森林体系的计划，以及他就非殖民化向英国施加的压力，反映出对权力和制度建设的自由主义关切。回溯到 1941 年，当他和丘吉尔共同宣布《大西洋宪章》时，就已表明支持这些构想。

在第三个维度，即后果方面，罗斯福的外交政策最具道德意义。他没有屈从于美国民意中的孤立主义取向，而是视希特勒为威胁，带领美国做好参战的准备，这是一个重大的道德抉择，在美国国家安全和世界秩序创设方面都产生了巨大后果。日本人的进攻和希特勒的宣战对罗斯福来说是时来运转，但他为了用好这个运气，仍然不得不在参战前的和平时期里进行艰苦的政治准备，包括向英国提供援助，起草《大西洋宪章》草案，以及重建美国海军。当他在

1 美国联邦最高法院大法官。可参阅［美］爱德华·怀特：《奥利弗·温德尔·霍姆斯：法律与本我》，孟纯才、陈琳译，法律出版社，2009 年。

1940 年史无前例地决定谋求第三届总统任期时，同样也是幸运的。当时，共和党选择温德尔·威尔基（Wendell Willkie）这样一位温和的国际主义者，而非查尔斯·林德伯格（Charles Lindbergh）这样主张“美国优先”式孤立主义的人作为总统候选人。[18]

同样重要的是，在“珍珠港事件”后，富兰克林·罗斯福开启了教育美国公众接受美国在世界上扮演可持续角色的进程。他很明白制度的道德重要性，这一点我们在第二章里已经探讨过。他看到了美国在 20 世纪 30 年代免费搭便车[1]的不道德后果（他本人也参与了搭便车的决策），意识到一个更好的世界需要建立国际制度，最强大的那个国家必须在创设和维持这样的制度方面发挥领导作用。可以看出，富兰克林·罗斯福的道德视野沿袭了伍德罗·威尔逊的自由主义传统，但他往威尔逊的国际制度观里注入了现实主义因素。不像威尔逊创设的国际联盟，罗斯福在他创设的联合国中设立了安全理事会，四个“国际警察”（后来增加到五个）在其中拥有否决权、惩罚侵略者。

为了使这个宏大设计能够奏效，美国和苏联不得不维持他们在战时的合作，罗斯福对此可谓殚精竭虑。在维系美苏合作的努力中，罗斯福并不总是向美国民众实言相告。但在 1945 年的雅尔塔会晤中——这也是罗斯福与斯大林最后一次见面，罗斯福很清楚厌战的美国公众要求立即从欧洲撤军，他“不得不依靠个人魅力而非武器去劝说斯大林允许东方真正的政治独立”，而那个时候，远东处在苏联军队的控制之下。[19] 在帮助搭建战后自由主义国际秩序基本框架的过程中，罗斯福拓宽了美国外交的道德话语。然而，事实上，他的一些谎言——并非全部——只能由它们所引起的长期后果来做

1　这里应是指美国搭乘欧洲复苏与繁荣的便车。1929 年全球经济大萧条发生后，世界上没有一个国家有意愿、有能力充当“最后的贷款人”，也就没有国家有意愿、有能力担负起管控危机的领导责任，各国开始互相指责，“以邻为壑”。当时的美国处于胡佛执政时期，经济总量已经跃居世界第一，坚持自由放任的经济政策，拒绝救市，并且批评其他国家为“免费搭车者”，欧洲国家则反驳说美国才是欺凌欧洲的“不讲理的搭便车者”，“硬挤上车并且欺凌欧洲”，指责美国利用美元的国际地位榨取铸币税。

出裁决。他最终未能成功教育公众，他的继任者也完全没有做好准备。1945 年 4 月，“伟大的演员”罗斯福病逝后，哈里·杜鲁门继任总统。以下这张计分卡对那些历史判断做了归纳。

富兰克林·罗斯福的道德计分卡

目标和动机	道德愿景：富有吸引力的价值观、良好的动机	良好
	审慎：价值与风险的平衡	良好
手段	武力：程度、区别对待、必要性	混杂
	自由主义：对权利和制度的尊重	混杂
后果	信誉：成功促进美国的长期利益	良好
	世界主义：对他人造成最低限度损失	混杂
	公众教育：事实基础、更宽广的道德话语	混杂

二、哈里·杜鲁门

哈里·杜鲁门是个“戴眼镜的小个子”，来自密苏里州，从没上过大学，在他的父亲的农场里干过十年的农活。33 岁时，他还是个事必躬亲的农民。同富有的、受过哈佛大学教育的前任总统相比，他是个截然不同的人。但历史学家们普遍把杜鲁门列入美国十大总统之列。在出任美国总统前，杜鲁门的国际经历仅限于一战期间作为一名炮兵部队军官在法国短暂服役，以及 1935 至 1945 年担任国会参议员。他在罗斯福政府里当了两个半月的副总统，在原子弹、雅尔塔会议这样的重大问题上——可能包括其他更广泛的问题，罗斯福从来不会征求他的意见。传记作家戴维·麦卡洛克（David McCulloch）写道，杜鲁门虽“是个活在 19 世纪的人”[20]，但做出了一系列 20 世纪最重要的外交政策决定。如果说威尔逊和罗斯福通过向海外大规模派兵打破了美国的“西半球传统”，杜鲁门则通过让美国军队长驻海外坐实了向战后秩序的转变。乔治·华盛顿曾经告诫后人，“不要陷入其他国家的联盟之中”，而杜鲁门推动建立的北约已经持续了70年。

在1945年，美国国内发挥主导性作用的政治关切并非创设新的国际秩序，而是国内就业率，以及战后经济是否会重陷衰退。杜鲁门迅速将大约300万美国军队从欧洲撤回本土。1945年进行的一项盖洛普民调询问美国人，今后一年美国面临的最重要问题是什么，就业和罢工在答卷里位居榜首。[21]那时，美国的公众意识已经不再像30年代时那样被孤立主义所主导。1945年10月，71%的民调受访者认为，通过在国际事务中积极发挥作用，美国的明天会更好[22]，而持续调查显示，在1945至1956年的时间段里，相信美国理应在世界上扮演积极角色的受访者比例从未低于70%。[23]

杜鲁门并不是带着一套清晰的外交政策议程走进白宫的。他敬佩威尔逊，希望落实罗斯福对战后秩序的宏大设计，那套基于自由主义集体安全理念的设计支持成立几个大国拥有否决权的联合国安理会。1950年6月，在朝鲜战争爆发后，苏联犯下了决定抵制安理会的策略失误，集体安全制度得以发挥作用。杜鲁门做出的反应，被历史学家欧内斯特·梅（Ernest May）解读为其内心最深处基本信仰的“不言而喻的”反映。[24]听闻朝鲜战争爆发的消息后，杜鲁门在紧急赶回华盛顿的路上告诉其顾问们，他一直在研究墨索里尼和希特勒，现在轮到苏联了：“我向上帝发誓，我不会让他们得逞。”[25]他吸取了20世纪30年代的教训，誓言不会允许人们面对侵略行为再次无动于衷。威尔逊主义就是他的默认道德选项。

1945年4月，苏联外交部长维亚切斯拉夫·莫洛托夫（Vyacheslav Molotov）在杜鲁门就任总统后不久访问美国，杜鲁门因苏联在东欧等问题上的失信向他当面发出责问。一些批评者把这次交锋当作杜鲁门有发动冷战倾向的证据，但将此事件视为美国对苏联谎言的幼稚反应而非冷战计划可能更为准确。如果说杜鲁门确像罗斯福那样在什么事情上低估了斯大林的意图，那就是有一次把他错误地同堪萨斯城的政治“老板”汤姆·潘德格斯特（Tom Prendergast）[1]相提并论。[26]1946年初，美国外交官乔治·凯南从莫斯科发回著名的长电报，就苏联的意图向华盛顿发出警报，但杜鲁门试图维持罗斯福的对苏合作政策。1946年夏，杜鲁门指示其顾问克拉克·克利福德（Clark Clifford）对政府官员的意见进行一次抽样调查。克利福德后来报告称，大多数专家赞同凯南的意见，杜鲁门于是命令他把报告限制在十份，并锁进文件柜。[27]杜鲁门不想自缚手脚，也没有什么替代方案。

从战争结束到众所周知的“杜鲁门主义”出台有一年半的时间，是“美国外交史上最困难和令人困惑的时期之一……（因为）美国人在和平合作与全面斗争之间犹豫不决”[28]。正如俄罗斯问题专家奇普·波伦（Chip Bohlen）所说：“美国在世界上面临着一种与假设性政策预测直接相悖的形势，而不是主要大国团结一致……实际情况是完全不团结。”[29]最后，到了1947年2月，面对苏联和南斯拉夫在希腊和土耳其问题上的压力，英国从东地中海地区撤军，杜鲁门同意对“杜鲁门主义”做出重大调整，几个月后“马歇尔计划”出台，1949年北约建立。

杜鲁门既不是一位有感召力的领导人，也不是伟大的沟通者。他熟读史书，崇拜那些富有英雄气概的领袖，担心自己达不到那样的标准。但是，他被一群强有力的顾问包围着。[30]副国务卿迪安·艾奇逊（Dean Acheson）和密歇根州的共和党籍联邦参议员阿瑟·范登堡（Arthur Vandenberg）在1947年的白宫关键会议中发挥了界

1　20世纪20年代杜鲁门曾任堪萨斯城首席法官，他的政治生涯与当地声名狼藉、绰号“老板”的政治骗子汤姆·潘德格斯特紧密相连。在两次世界大战之间，潘德格斯特控制着堪萨斯城的商界与密苏里州的选举办公室，以复杂精密的舞弊和黑箱手段操纵当地政治。他把禁酒令、卖淫和赌博变成了欣欣向荣的事业，将赚取的利润投入到合法领域。杜鲁门从政后不接受现金捐赠，但他不择手段地依靠潘德格斯特的竞选机器，把大量民众变成自己的选民。虽然是政治上的权宜之计，但杜鲁门一直忠于潘德格斯特，甚至在潘德格斯特因逃税被捕时，还为其辩护。可参阅［英］维克多·塞巴斯蒂安：《1946：现代世界的形成》，李斯、易丙兰译，山西人民出版社，2015年。

定议题的作用。乔治·马歇尔（Geroge Marshall）[1]在哈佛大学毕业典礼上的著名演说，后来发展成为以其名字命名的欧洲救援计划，马歇尔也因此受到杜鲁门的尊崇。但是，最著名的谋士还是迪安·艾奇逊、埃弗里尔·哈里曼（Averell Harriman）[2]、罗伯特·洛维特（Robert Lovett）[3]、约翰·麦克洛伊（John McCloy）[4]、乔治·凯南[5]和查尔斯·波伦（Charles Bohlen）[6]。他们每个人都有盲区和弱点，“没有谁能够独自引领美国作为一个世界性力量发挥新作用”。但把他们放到一起，“便形成远见与实干、进取与耐心的完美结合，确保美国完成艰巨的任务”[31]。

一些批评者把杜鲁门描绘成一个所谓“智者”的中转站。但这样一种个人形象描绘忽略了他遴选助手和调度其令人印象深刻的团队的能力，低估了他在总统职位上不断学习和发展情境智力的能力，也忽略了杜鲁门做出艰难决定的意志力。当他那具有标志性意义的国务卿乔治·马歇尔反对以色列建国时，杜鲁门旗帜鲜明地表明了自己的态度。当专横跋扈的战争英雄道格拉斯·麦克阿瑟（Douglas MacArthur）将军想要扩大朝鲜战争时，杜鲁门毫不犹豫地将其解职，并且在战争陷入僵持状态后坚决拒绝动用核武器。[32]在二战末期，杜鲁门批准向日本投掷原子弹，他本人并没有因为这项决定而寝食难安（用他自己的话讲）。1950 年 10 月，中国人民志愿军赴朝作战之后，杜鲁门付出了沉重的国内政治代价，但他的性格使他对进一步使用核武器仍极为犹豫。杜鲁门固然因为不够审慎、没有重视中国就美国人一旦进入朝鲜并直抵鸭绿江发出的警告，而在国内遭受严厉批评，但他此前做出的乐观评估的确得到了情报机构和主要顾问们的支持，特别是当时在战场担任总指挥并且日益难以控制

1 1947 至 1949 年任国务卿，1950 至 1951 年任国防部长。

2 又译夏利文，时任美国驻苏联大使。

3 杜鲁门政府的国防部长。

4 时任世界银行行长。

5 1952 年任驻苏联大使。

6 职业外交官、苏联问题专家，曾任驻苏联大使。

局面的麦克阿瑟将军。[33]

任何把杜鲁门描绘成“傀儡”的评价都忽略了他对美国在世界上应发挥作用的道德视野。杜鲁门拥有威尔逊一般的美国例外主义视角，这种视角在对苏遏制路线的形成过程中发挥了重要作用。[34]杜鲁门采纳了艾奇逊和范登堡的建议，决定建立一套遏制框架，以保护“全世界的自由人”，“吓退恐吓美国人民的魔鬼”，而不是仅将之视为“东地中海地区的力量均衡问题”。乔治·凯南看到他最初提出的遏制概念被军事化和意识形态化，感到十分沮丧。一些分析家抱怨说，杜鲁门的“开放式普遍承诺”实际上导致了灾难式的越南战争，但是这种看法过于简单化了。铁托与斯大林决裂后，杜鲁门向铁托领导的南斯拉夫共产主义联盟提供了援助（尽管南共盟是活跃于希腊的共产党人的主要支持者之一）。而在亚洲，杜鲁门听取了马歇尔的建议，克服了来自国会共和党人与媒体的压力，避免陷入对蒋介石及国民党政权的保护，这种保护在当时不可能取得成果。

更进一步讲，杜鲁门把对价值观的强调注入了他的“主义”，并且通过实施“马歇尔计划”推进了跨大西洋联盟的机制化建设。德国的民主化是至关重要的，美国在欧洲首要地位的自由主义特性使其较之传统意义上的军事同盟更具开放性和稳定性。一位挪威学者就认为，美国成功地保持了战后欧洲的忠诚，因为美国是“受到邀请的帝国”[35]。在“杜鲁门主义”“马歇尔计划”和北约之外，杜鲁门还实施了向发展中国家现代化进程提供技术援助的“第四点计划”。[1]

不管怎样，杜鲁门都把指导当时美国外交政策的遏制目标解释

1　美国在20世纪50年代为同苏联争夺第三世界国家而实施的对外援助计划，一开始是作为“马歇尔计划”的补充提出来的。1949年1月20日，杜鲁门在其第二任期的就职演说中提出了美国外交的“四点行动计划”。其中第四点是“技术援助和开发落后地区”。1950年6月5日，美国国会通过《对外经济援助法案》，其第四节反映了“第四点行动计划”。法案规定，美国将“援助”经济不发达地区交换技术、知识和技能，输出资本，鼓励进行生产性投资。

为美国对二战后两极化地缘政治新架构的形成做出的反应。遏制是一种现实主义的均势政策，但在杜鲁门的指引下，成为自由主义国际秩序的一部分。他的道德观起了作用。同时，他又相当务实，愿意为了国家安全利益拿自由主义价值观做交换。富兰克林·罗斯福的夫人埃莉诺·罗斯福（Eleanor Roosevelt）曾写信给杜鲁门，说她不相信他能“以民主之名接过丘吉尔的近东政策”。一位历史学家则指出：“希腊和土耳其的体制也许有着坚定的反共基因，但那并不意味着它们就生而自由或民主。”[36] 同样的逻辑，也适用于南朝鲜“总统”李承晚（Syngman Rhee）。

杜鲁门，一位“意外总统”（accidental president）[1]，性格与罗斯福迥然不同。“他没有什么个人魅力，一直在与一个比大多数观察家所理解的更脆弱的自我做斗争，并且极其厌恶操纵他人。但他同时又是一名杰出的‘经理人’，在那些重要的事情上富有判断力，而这在相当程度上要归因于他了解自己的弱点。杜鲁门常被同时代的人嘲笑为‘小矮人’，因为他的缺陷比他的强项更显眼，但他确实是20世纪所有美国总统当中比较重要和成功的一位。”[37]

在另一位传记作家眼中，杜鲁门“故意用那些人精把自己包围起来，他们受过更良好的教育，都是高个子的英俊男人，行为举止彬彬有礼，并且游走于大公司之间，但这些并没有使他感到不安，因为他知道自己是谁”[38]。这种明显的落差表明杜鲁门的自信可以分成好几层。表层之下是敏感和不安全感，促使他不停地给自己的批评者写信。再往下又是一种自我感，促使他把那些写好的信锁进抽屉而不寄出。更深处则是意志和勇气，他凭着它们将麦克阿瑟这样趾高气扬的战争英雄解除职务。杜鲁门得益于自己的高情商，这种情商使他对个人需求和欲望有很强的自控力，他也知道自己在国际关系方面知识有限。不像罗斯福，杜鲁门依靠团队行事，通过创

1　现在美国历史上的另一位“意外总统”是小杰拉尔德·福特，1974年他因理查德·尼克松受“水门事件”影响辞职而意外入主白宫。此前，他是尼克松政府的副总统。

建中央情报局、国防部、国家安全理事会[1]推行机制化的外交政策。

在我们提出的三个道德维度方面，杜鲁门在目标和动机这个第一维度上得分很高。他入主白宫时承诺实施罗斯福的宏伟规划，但也有自己的强烈道德观。“他是一名威尔逊理想主义者，对美国的国际领导地位深信不疑。在他眼里，美国外交政策的责任和义务是创造更多人类福祉。他能以田纳西河流域管理局（Tennessee Valley Authority，简称 TVA）[2]式的雄辩替世界偏远地区说话，为人类事业将到来的进步而欢呼。在讨论理论上的极权主义时，他本该词不达意。但是，……他对纳粹所带来的挑战的认识要比大多数同时代人都深刻。”[39] 杜鲁门是众所周知的美国中西部基本价值观的讲述者，他的高情商使得他成功地将自己的个人动机和需求同他宣称的目标有机结合起来。他懂得自控，坚持以手下马歇尔将军而不是自己的名字命名援助欧洲的计划，因为这样做可以使它“在国会卖个好价钱”[40]。

杜鲁门审慎地在风险与目标现实主义之间保持平衡，并且做得不错。在二战爆发后的初期阶段，他行事相当审慎，只有在学习历史经验的基础上，征求身边专业顾问们的意见之后，才对推动国际制度转型的目标加以发展和改进。即使在那个时候，他也是以审慎而著称的。在 1949 年的就职演说中，杜鲁门列举了自己即将在军事和经济方面采取的遏制苏联扩张的措施，然后以谦卑的口气说：“我们绝不能授予自己随心所欲的权利。”[41] 他在以普世主义方式阐述自己的路线时，并没有忘记美国权力的有限性，顶住了美国国内那些主张介入中国内战以扭转战局的人的压力。正如艾奇逊所说，自

1　二战后，杜鲁门一度解散罗斯福总统建立的战略情报局，但随即发现自己无法应对从各个部门呈报上来的情报资料，便设立了中央情报局，并在 1947 年通过新签署的《国家安全法》中明确了其职能。此后，根据 1949 年《国家安全法修正案》，杜鲁门政府撤销国家战争部，设立国防部。美国国家安全理事会也是根据 1947 年《国家安全法》设立的。

2　美国唯一的国营公用事业机构，1933 年起通过水电供应、防洪、化肥生产、农民教育、环保等具有浓厚理想主义色彩的公益促进区域经济发展，为赢得公众理解而积极开展公关攻势，现只提供发电服务。

由主义说辞必须“比事实更清醒”，才能说服公众和国会，然而有限的国会预算仍只分配给了希腊和土耳其。直到朝鲜战争爆发，杜鲁门都对五角大楼的预算扩张持审慎态度。

有人认为美国可以利用核垄断发起预防性战争，杜鲁门拒绝了这样的建议。用杜鲁门的话讲：“这样的战争是独裁者才会使用的武器，而不是美国这样的自由民主国家所应做出的选择。”[42]杜鲁门强调核武器不是一般的武器，拒绝让军方掌握监管权，而是把这项权力放入原子能委员会（Atomic Energy Commission）。“尽管美国掌握着核垄断，他也从未质疑过向日本投掷原子弹的决定，但这个人现在却面临美国可能不得不再次使用它的困扰。”[43]为了应对苏联将美国驻军挤出被围困的德国首都的企图，杜鲁门亲自安排了柏林空运计划（Berlin Airlift）。这是平衡风险与现实主义的典范，杰克·肯尼迪在处理1962年古巴导弹危机时仿而效之。

法国著名思想家雷蒙·阿隆（Raymond Aron）把20世纪称作“总体战世纪”（the century of total war）[44]。事实上，在核武器的威慑之下，20世纪变成了“有限战争的世纪”。但是，历史要求富有批判精神的人类代理人（human agents）做出道德转变，杜鲁门就是这一进程中的关键人物。亲自批准了广岛核行动的他，在柏林空运计划中要求慎重考虑核选项，并且拒绝了呈交给他的报告。[45]在1948年实施“马歇尔计划”的过程中，他本可以向苏联主宰波兰和捷克斯洛伐克的企图施加更强硬的压力，但最终选择了审慎而不是战争的风险。

在朝鲜，1950年10月，中国人民志愿军跨过鸭绿江，将美国军队击退，杜鲁门坚持控制战争规模，拒绝了麦克阿瑟将军对中国境内目标进行轰炸并动用蒋介石部队的请求，蒋介石刚刚在中国内战中战败。[46]但是，杜鲁门在1950年6月却不那么审慎，因为艾奇逊把朝鲜半岛排除在了美国的防御线之外，美军也没有做好准备。杜鲁门希望实施威尔逊向《联合国宪章》注入的集体安全理念，但一名现实主义者理应对这种模式蕴含的风险持更审慎态度，如艾奇逊后来所说，是朝鲜问题最终“摧毁了杜鲁门政府”[47]。对杜鲁门来说，

30 年代的“道德教训”是站出来对抗侵略，他做到了——为此付出了代价。同时，他看出了核武器在道德上的不对称性，拒绝了动用它们的诱惑，也就保住了自己的历史地位，挽回了自己的历史声望。

不像富兰克林·罗斯福，杜鲁门几乎从不撒谎。尽管他就朝鲜干预行动做出的解释不足以说服公众接受这场战争，但总的来说，杜鲁门尊重事实，致力于在海内外制度中培养信任。他也高度关注自主和权利的问题，在 1948 年见证了《世界人权宣言》的签署。杜鲁门遭受诟病之处关乎达到目标的手段，他参与了为终结在日本的战争而使用原子弹无差别杀害平民的决策。由于“曼哈顿计划”已形成的势头，新上任的总统中止它是个大胆举动，而杜鲁门认为没有理由这么做，特别是在人们对核武器的认知仍很有限的情况下。美国在日本的两座城市投下原子弹的行为极大地违背了差别性和适当性的原则，但当时美国公众急迫希望终结日本发动的战争。杜鲁门就任总统的时候，火车已经驶离了站台，他只能随大流，但仍做出了反对第三次使用原子弹的决定。当对柏林和朝鲜动用核武器的问题被提出来时，杜鲁门对原子弹有了更多的了解，拒绝将其视为常规武器。在 1953 年的卸任演说中，杜鲁门警告说：“发动核战争对一个理性之人来说是完全不可想象的。”[48] 他坚持住了原则，促成了核禁忌。

在道德后果层面，杜鲁门就美国的海外存在以及建立强大联盟机制做出的决定对美利坚秩序的确立至关重要。一些共和党的孤立主义者对接触和介入带来的风险抱怨不休，但鹰派又斥责他抛弃蒋介石集团，并任由共产主义主宰东欧是多么有违道义。就像麦克阿瑟一样，这群人认为本应向斯大林施加更大压力的杜鲁门有不作为之过。也许杜鲁门没有利用美国的核垄断地位，失去了一些东西，但那样做有很高的风险，而总的来说，他是个审慎的受托人，考虑的是美国的长期利益。他把更多的注意力放在外界的需求上，向美国的盟友提供了“马歇尔计划”和技术援助之类的支持。

尽管杜鲁门不是个伟大的演说家，他和他的内阁仍试图让美国公众理解在战后世界重建和稳定的过程中保持美国领导地位的重要性。一些人批评杜鲁门改变了乔治·凯南的现实主义遏制路线，转奉到处捍卫民众自由的过度自由主义政策，最终为越南战争埋下了伏笔。但因越南问题而怪罪杜鲁门是牵强的，因为正如参议员范登堡警告的那样，没有杜鲁门的普世主义，求得美国人民对当时对外战略的理解会变得更加困难。杜鲁门沉溺于美国道德主义，他竭力推行的道德外交政策有力地促成了战后自由主义国际秩序的建立，这是一个事实。这些判断在以下计分卡中得到归纳。

哈里·杜鲁门的道德计分卡

目标和动机	道德愿景：富有吸引力的价值观、良好的动机	良好
	审慎：价值与风险的平衡	良好
手段	武力：程度、区别对待、必要性	混杂
	自由主义：对权利和制度的尊重	良好
后果	信誉：成功促进美国的长期利益	良好
	世界主义：对他人造成最低限度损失	混杂
	公众教育：事实基础、更宽广的道德话语	良好

三、德怀特·艾森豪威尔

尽管历史学家们目前把杜鲁门列入美国历史上六位最伟大的总统，仍掩盖不了1953年他以非常低的支持率离开白宫的事实，他的外交政策在政治上也是存在争议的。自由派民主党人亨利·华莱士（Henry Wallace）[1]认为，杜鲁门的对苏政策太过不懂妥协。共和党在对外政策上则分裂为进攻性一派和以罗伯特·塔夫托（Robert

1　富兰克林·罗斯福政府的农业部长、副总统，杜鲁门上台后改任商务部长，认为美国与苏联对抗是危险的，后被杜鲁门解职，因而与民主党决裂。

Taft）[1]为代表的孤立主义一派，前者猛烈谴责“遏制政策里的懦弱分子”，后者要求减少美国对海外的承诺。当时，德怀特·艾森豪威尔刚刚以五星上将身份从武装部队退役，当了一阵哥伦比亚大学校长之后又重返军队，出任北约首任总司令。他本无意竞选总统，但由于担忧塔夫托有可能获得1952年的共和党提名而改变了主意。

和杜鲁门一样，艾森豪威尔出身于中西部地区的普通家庭，但他得到了进入西点军校深造的机会（1915年从那里毕业），二战期间在军中表现杰出，并借此培养出对于国际事务的高超情境智力，禀赋优于此前任何一位美国总统。和杜鲁门不同的是，艾森豪威尔并不需要“岗位培训”。1953年他的总统任期刚开始时，他亲自组织了著名的“白宫日光浴厅演习”，推演外交政策的基本选项，但这与其说是教育艾森豪威尔本人，不如说是对他的内阁成员和贴身顾问进行操演。他顶住其所在的共和党内两派力量——孤立主义者和鼓吹冲销战略者——的干扰，并且丝毫不令人惊讶地选择了一条中间道路。共和党人把乔治·凯南逐出了国务院，但艾森豪威尔再度启用了他，请他详细阐述自己对遏制战略的构想，尽管凯南的政策被一些共和党人斥为不道德和怯懦，那些人只想以激烈手段冲销共产主义的影响。

约翰·福斯特·杜勒斯（John Foster Dulles）国务卿拒绝给凯南一个新的任命，但艾森豪威尔并不受限于杜勒斯。历史学家约翰·加迪斯（John Gaddis）写道，杜勒斯的咄咄逼人令艾森豪威尔很不高兴，但在仍被孤立主义者和麦卡锡主义分子主导的共和党内，让杜勒斯主持国务院有政治好处。更进一步讲，艾森豪威尔尽管有军方背景，但并不习惯于对下属有过度的纪律要求。他对“软实力”有自己的理解。用他的话来讲：“你不能靠敲打人们的脑壳来领导他们。那是攻击性，不是领导力。”[49]他转而试图劝说杜勒斯和在自己政府里工作的其他人认识到，他们所持的进攻性战略主张可能

1　美国第27任总统威廉·霍华德·塔夫托的长子，曾任联邦参议员、共和党领袖，因立场保守并在罗斯福执政期间强硬反对“新政”中的社会政策而著称，绰号“共和先生”。

产生的风险、代价和后果。如加迪斯所说，艾森豪威尔启用凯南是为了“把自己从杜勒斯在 1952 年大选中试图强加给他的‘解放’战略中解脱出来”[50]。

艾森豪威尔是带着温和的目标入主白宫的，他的执政风格是交易型而非魅力型。他通过一系列审慎的判断巩固了遏制战略，使之更可持续，比如避免在朝鲜和越南展开陆上作战，可惜他的继任者没有遵循此道，最终陷了进去。他为了支持国内经济削减了海外开支，为此加强了与欧洲和日本的新同盟关系。他愿意同苏联展开谈判，在应对 1956 年苏联干预匈牙利事件的过程中保持了极大的克制，没有接受中央情报局提出的向匈牙利人空投武器的建议。[51] 他的外交政策继续基于大规模核报复能力的核威慑，以抵消苏联在欧洲的常规优势和节省陆上驻军的庞大开支，同时小心翼翼地拒绝针对朝鲜和中国动用核武器。

艾森豪威尔成功维护了美国公众对外交政策的广泛共识。公共意见专家奥利·霍尔斯蒂（Ole R. Holsti）认为：“如果‘国际主义的外交政策共识’一词曾经是对美国外交政策所应具备的国内基础的有效描述，那么它似乎只适用于朝鲜战争和越南战争这两段创伤记忆之间的阶段。”1956 年，59% 的共和党人、58% 的民主党人、58% 的无党派人士支持美国为了阻止共产主义的扩张而对外提供援助。[52]1954 年进行的一项盖洛普民调显示，有 62% 的受访者自视为国际主义者，只有 17% 的受访者认为自己是孤立主义者。大多数人（76%）支持联合国。[53]

艾森豪威尔经常使用温和的劝说而非严厉的命令进行“幕后领导”。总统政治学专家弗雷德·格林斯坦（Fred Greenstein）把艾森豪威尔称作“幕后总统”，因为他把有形的君主做派和不那么有形的首相风格结合到了一起。当杜勒斯振振有词地发出警报时，艾森豪威尔却始终掌控着外交政策。艾森豪威尔拥有高超的组织能力，牢牢地掌控着他的政府。[54] 他推进了杜鲁门的制度创新，比如国家安全理事会，既用它掌握信息流、政策流，也用它来训练自己身边的高官们。但是，他的低调风格也使他付出了代价：他未能在民权、莫须有的“导弹差距”（missile gap）[1]等问题上成功地教育公众，而在这些问题上，民主党对他的指责深入人心。

艾森豪威尔对美国权力的有限性有着自己的理解，妥善化解了一系列危机。尽管他在处理东南亚事务时，使用了“倒下的多米诺骨牌”这样的误导性隐喻，却仍避免了美国被这一隐喻拖入对越南问题的大规模介入，因为用他的话来讲，它会“把我们的部队成建制地吞没”。然而，艾森豪威尔明确宣称必须保住印度支那[2]，他也就因此押上了信誉，做出了艰难的决定。[55]他曾经考虑过动用空军、地面部队甚至核武器等不同的介入方式，但最终排除了采取单边行动的选项。[56]他把自己的理性分析和个人情感需求严格区分开来，避免掉入陷阱，而这一切后来被林登·约翰逊破坏殆尽。约翰逊缺乏艾森豪威尔的情商和情境智力。艾森豪威尔的审慎给美国带来了八年的和平与繁荣。

传记作家斯蒂芬·安布罗斯（Stephen Ambrose）注意到，艾森豪威尔的领导力“坚定、公平、客观、冠冕堂皇，他几乎符合美国人对自己总统的所有期待”。如果用一个词形容别人对他的印象，那就是“可信”。[57]理查德·尼克松曾说，当一件事到了决策关头，艾森豪威尔就是“世界上最不情绪化、最具分析力的那个人”。弗雷德·格林斯坦（Fred Greenstein）则称，艾森豪威尔最令人惊讶的领导力品质“并非他不感情用事，而是他在公开场合的行为举止，从不受外来情绪影响”[58]。他拥有管理自己动机的情商，精于马基雅维利权谋，对约瑟夫·麦卡锡（Joseph McCarthy）这样的对手（甚至其政治盟友，比如尼克松副总统）只间接行事，但总体来说还是尊重事实的。同时，他拥有强烈的道德信念。他是一名自由派共和党人，坚定反共，致力于推进美国在世界上扮演的角色。

1　20世纪50年代后期，随着苏联核能力的进展和发射世界第一颗地球人造卫星，其战略威慑力的巨大提升在美国和西方引起巨大恐慌，出现了所谓“导弹差距”的争论。美国大力开发洲际弹道导弹，核威慑力迅速压倒苏联，美苏军备竞赛步步升级。

2　通常指中南半岛的越南、老挝和柬埔寨三国。

艾森豪威尔把自己的战争回忆录定名为《远征欧洲》（*Crusade in Europe*），但他自己并非一名道德远征者。1952年他接受共和党的总统候选人提名时，呼吁共和党与他一道开展一场“把华盛顿打扫干净的远征”，但这不过是一种平庸乏味的政治辞令。人们后来批评说：“找不到这场远征的目标何在。不存在振奋人心的号召，不存在伟大的道德远征，不存在对一些压倒性国家目标的理想主义追求。”1953年，艾森豪威尔要求“提供某种既可利用也能彰显美国相对于苏联乃至整个世界的精神优越性的道德领导力”[59]。但是，在民权和（反）麦卡锡主义等当时具有伟大意义并能塑造美国“软实力”的国内道德议题上，他未能发挥强有力的公众引领作用。

对于第三世界，艾森豪威尔在遏制苏联影响力扩张的过程中并没有显示出多少对他国民主或人权的尊重。在推翻民选政权之时，美国也没有显示出基于自由主义的克制。[60]他的确曾经否决向越南出兵的建议，“因为在亚洲人眼中，（美国）只会以美利坚殖民主义取代法兰西殖民主义”[61]。在1956年的苏伊士运河危机中，当英国、法国和以色列入侵埃及时，他使用经济压力迫使英国撤军，因为他说过他不会纵容武装侵略——不管谁是主动发起进攻的一方，也不管谁是真正的受害者。尽管艾森豪威尔使用自由主义的言辞谈论自由世界，也希望以此号召更多国家与西方民主制度站在一起，但他推翻了以多数票当选上台的伊朗政权、危地马拉政权，并对纳赛尔、卡斯特罗和刚果的帕特里斯·卢蒙巴（Patrice Lumumba）持敌视态度，使美国在第三世界不受信任。即使在冷战两极格局之下，也没见艾森豪威尔采取过多少适度和必要的秘密干预行动，以至于一位对他持同情态度的传记作家得出结论：“不幸的是，艾森豪威尔执政时期的中央情报局做了更多有损于而非有利于美国国家利益的事情。”[62]他对秘密行动应保持隐蔽的期待，甚至也是错误的。[63]

艾森豪威尔最擅长处理危机，他经历了1953年朝鲜战争、1954年奠边府事件、1955年金门马祖炮击事件、1956年匈牙利事件和苏伊士运河危机、1957年苏联发射“斯普特尼克”号人造卫星事件、1959年柏林危机和1960年苏联击落美军U-2高空侦察机事件。“艾森豪威尔成功处理了这一系列事件，没有过度反应，没有引发战争，没有增加国防开支，没有把公众吓得半死。他对每一起事件都做了降调处理，坚称会找到办法，然后真的找到了办法。他的表现真是杰出。”[64] 艾森豪威尔的战争经历和情绪自控能力赋予他足够的情境智力和情商，避免了国家被带入灾难。

在伦理方面，艾森豪威尔的目标和愿景是温和与平衡的，他的情商使其个人动机与公众价值观契合。在平衡价值观与风险性方面，他态度审慎，但为之采取的手段是混杂的。无论是推翻危地马拉经民选上台的阿本斯·古斯曼（Arbenz Guzmán）政权，还是与伊朗的穆罕默德·摩萨台（Mohammad Mosaddegh）政府对抗，美国的秘密行动都侵犯了别国的主权，艾森豪威尔自己也承认：“对中美洲和加勒比事务的干预极大地损害了美国在整个拉丁美洲的立足基础。”[65] 他批准中央情报局局长艾伦·杜勒斯（Allan Dulles）开展秘密行动，包括在一些国家的暗杀计划，只是因为他觉得有必要在冷战两极格局中预先出击阻止共产主义的扩张。[66] 但是人们质疑，这些左翼国家主义体制真会蜕变成共产党国家吗？这样做的长期记忆和恶果对美国或当地人民也并非有利。而且，艾森豪威尔给他的继任者留下了应介入老挝和越南事务的坏主意。他曾密谋入侵古巴，这在 1961 年演化成灾难性的“猪湾事件”。传记作家威廉·希契科克（William Hitchock）追问：“为什么艾森豪威尔要发出如此残暴和极具破坏力的指令？”他把这归结为“道德想象力的崩坏”[67]。

尽管在任内采取了隐蔽干预之类的不靠谱手段，艾森豪威尔仍配得上一大堆道德嘉许，因为他也拒绝了一大堆建议，诸如对朝鲜动用核武器、在奠边府阻止法国被越南打败、保护中国金门—马祖列岛上的国民党武装，等等。他拒绝了美军参谋长联席会议提出的在越南使用核武器的建议，并就此评论说：“你们这些家伙简直是疯了。我们不能在不到十年的短短时间里第二次对亚洲人使用那些可怕的东西。我的上帝啊！”在 1954 年另一个紧要关头，他转身对参谋长联席会议主席阿瑟·拉德福德（Arthur Radford）上将说：“假设我们可以摧毁苏联。我希望你把这个问题带回家想一想：为了取得这样的胜利，你需要做些什么？从易北河到符拉迪沃斯托克（海参崴）之间有那么广阔的土地，摧而毁之，不再有政府，不再有交通，只剩下饥饿与灾患之地。我问你，文明世界该拿它怎么办？我再说一遍，胜利只存在于我们的想象中。”[68] 艾森豪威尔以审慎的态度超越了狭隘的美国国家利益，在其不能使用核武器的道德推理中包含了世界主义的元素。

具有讽刺意味的是，这些个人化的道德决定与他在核武器问题上的公开宣示严重地相互矛盾。一国的核威慑建立在使对手相信该国有可能使用核武器的基础上。艾森豪威尔是一个财政保守主义者。他在离任前的告别演说中就“军工复合体”（military-industrial complex）发出警告。到 1958 年，他把五角大楼的防务开支占美国国内生产总值之比压低到 10% 以下，而他入主白宫时这一比例是 14%。核威慑战略使美国的防务政策拥有了“更高的性价比”[69]。与杜鲁门不同，艾森豪威尔要求把核武器视为武器库的正常组成部分——“就像子弹一样”——并且担心核禁忌的建立会使它们失去合法性进而被移出武器库。他的防守姿态是为了通过拥有旨在应对大规模报复威胁的战术核武器来节省常规部队的开支。与此同时，他要求把核按钮的控制权保持在美国总统手中。

艾森豪威尔虽然拒绝使用核武器，但这并不妨碍他为了威慑和胁迫目的而威胁使用核武器。他曾为在陷入僵局的朝鲜战争中实现停火而暗示核选项的存在，也曾在 1954 年和 1958 年的台海危机中玩弄核模糊。艾森豪威尔是否本可以使用核武器？他的亲密顾问安德鲁·古德帕斯特（Andrew Goodpaster）将军予以否认，但其他人持不同看法，而艾森豪威尔本人从不回答这样的假设性提问。他的目标是威慑，用传记作家伊万·托马斯（Evan Thomas）的话讲，艾森豪威尔实现了这一目标，“以聪明、间接、微妙和彻头彻尾的狡猾方式——也通过拥抱他从不会使用的特殊武器——来保卫他的国家乃至全人类免于毁灭”[70]。

没有人确信艾森豪威尔一定不会动用核武器，而他在每一个关键节点上的个人决断都是“不使用”，同时用公开姿态缔造了一台巨大的“核风险装置”。[71]那些个人选择增强了核禁忌，他担心这些禁忌压缩他的公共选择空间，他的继任者们又担心那些精心设计的“大规模报复装置”无法给美国总统留下多少真正的选项。同时，艾森豪威尔试图推进与苏联的军备控制谈判。但从他口中虚张声势的核威慑力来看，艾森豪威尔可能从来没有与美国人民就其真正的核武器观念坦诚沟通过。有一次，他对其新闻秘书说：“别担心，吉姆。如果那个问题真的提了出来，我会把他们绕晕。”[72]

艾森豪威尔的核政策与他的执政风格一致：总是公开摆出一副和蔼可亲的君王姿态，退到幕后又像首相一样小心翼翼地控制一切。正如弗雷德·格林斯坦所说：“他不是马基雅维利主义者。他承认诚实和思路清晰在私下商议中的重要性，但也认同一个不言而喻的公理，即在公众面前的话语应与当下环境相适应，并且尽可能达到最好的效果。”[73]艾森豪威尔的这种欺骗话术与罗斯福面向公众的谎言或特朗普的推特（Twitter）不可同日而语。然而，总的来讲，通过对危机的审慎回避和处理，艾森豪威尔在外交政策方面的领导力为美国民众和世界上许多其他国家的人民创造了八年的和平与繁荣，其道德后果令人印象深刻。艾森豪威尔的计分卡如下所示：

德怀特·艾森豪威尔的道德计分卡

目标和动机	道德愿景：富有吸引力的价值观、良好的动机	良好
	审慎：价值与风险的平衡	良好
手段	武力：程度、区别对待、必要性	良好
	自由主义：对权利和制度的尊重	较差
后果	信誉：成功促进美国的长期利益	良好
	世界主义：对他人造成最低限度损失	混杂
	公众教育：事实基础、更宽广的道德话语	混杂

围绕道德伦理在外交政策决策过程中的作用，我们对缔造了美利坚自由主义国际秩序的三位美国总统进行了调查研究，几件事情突显起来。这三位总统都是自由现实主义者，在构建关于世界的心理地图的过程中都仰赖传统。他们在国际制度和集体安全观方面都是威尔逊主义的，但也都信奉美国例外主义，不是意识形态家或者斗士。他们当中没有人推行民族与民粹主义的政策，这种政策在他们所属的时代由路易斯安那州州长休伊·朗（Huey Long）[1]或威斯康星州联邦参议员约瑟夫·麦卡锡（Joseph McCarthy）所代表。这三位美国总统在平衡风险与价值观方面都表现得相当审慎。他们都展现出良好的动机情商，也都在构建关于世界的心理地图过程中展现出良好的情境智力。当杜鲁门在其“主义”中提及“全世界自由的人民”时，他并没有将其适用于中国。当艾森豪威尔时期的共和党批评遏制政策的“非道德性”并大谈在欧洲冲销共产主义的影响时，他本人则在1956年的事变中抛弃了匈牙利人。

与此同时，美国例外主义的话语和价值观对外交政策有着重要的塑造作用。奇普·波伦对其好友乔治·凯南所提将欧洲按势力范围进行简单划分的建议做出如下观察：“从抽象的视角看，那也许是

1　美国历史上富有争议的政治人物。民主党人。1928年当选路易斯安那州州长，当时的竞选口号是“每个人都是国王”（Every Man A King）。1931至1935年任联邦参议员。任州长期间越过州议会行使权力，实施了对富人增加税收、针对穷人扩大福利支出、促进社会保健和教育事业、大兴基建等政策，其政治对手攻击他为取得政绩架空州议会，操控州法院，破坏民主制度。任参议员期间试图将其在州长任上的做法，作为应对大萧条之道推广至联邦层面，并为此支持富兰克林·罗斯福竞选总统，但在罗斯福当选后转而成为其批评者，因认为其“新政”不能提供足够的社会救济。随后，自行推动“分享财富”（Share Our Wealth Society）计划并四处造势，拥趸甚众，也迫使罗斯福追加了一系列社会改革措施。1935年8月休伊·朗宣布竞选总统，同年9月10日遇刺身亡。死前说的最后一句话成为美国名言：“上帝，不要让我死。我有很多事要做。”（God, don’t let me die. I have so much to do.）在美国历史学家眼中，他的死被认为改变了美国的历史，否则美国会出现一名希特勒一样的独裁者。罗伯特·佩恩·沃伦（Robert Penn Warren）著、1946年获普利策奖小说《总统班底》（*All the King’s Man*）及2006年上映并获七项奥斯卡奖提名的同名美国电影即以休伊·朗为原型。

最佳方案。但从实际操作角度看，则是完全不可行的。民主政治无法制定那样的对外政策。”[74] 而在现实中，欧洲确实分裂了。杜鲁门和艾奇逊很快就看到，密歇根州联邦参议员阿瑟·范登堡摇身一变，从一个前孤立主义者成为共和党主要的国际主义者，并且“正确地”推动国会拨款支持“杜鲁门主义”，因为此时他们需要用它来强调价值观，并“让事情比事实更清楚”。为了给某种政策争取支持，对道德的呼吁至关重要。

另一个值得关注的点是作为与不作为的巨大的道德重要性。二战末期，美国生产了全球几乎一半的产品，并垄断了核武器。一些政策制定者于是受到“预防性战争”（preventive war）和“进攻性和平”（aggression for peace）概念的诱惑。以“不道德”为由，杜鲁门拒绝了这样的想法。进而，在 1948 年（柏林）至 1958 年（台海）的“危机十年”里，杜鲁门和艾森豪威尔拒绝了军方关于动用核武器的建议。那时，核武器仍是新型的、不被公众了解的武器，如果杜鲁门和艾森豪威尔决定动用它们，今天的世界将大不一样，会有更多拥核国家存在，也会有更多使用核武器的例子。诺贝尔经济学奖获得者托马斯·谢林（Thomas Schelling）指出，核禁忌的发展是过去 70 年人类规则规范发展的最重要内容之一。好狗不叫——或者不咬人。但是，艾森豪威尔抵触正式的核禁忌——因为那会削弱其基于大规模报复能力的核威慑战略。在一些关键时刻，他也拒绝了战术使用核武器的建议。某种程度上讲，像杜鲁门一样，艾森豪威尔的推理建立在战略审慎基础之上，但这两个人也曾私下表达过基于直觉道德关切的观点。核禁忌的持久力量在今天得到讨论，在公众、精英和总统层面存在不同的道德认知，但核禁忌与相关辩论的存在可以追溯到 20 世纪 50 年代美国历任总统的决策。[75]

最后，在国际制度方面，这三位美国总统均重视联合国的作用，但也很快意识到其面对苏联否决权时的局限性。他们都是制度主义者，但也均不愿做制度的囚徒。他们理解“软实力”和国际制度在塑造愿景方面的作用。“马歇尔计划”重点强调促进欧洲经济融合，三位总统则为处理美国与争吵不休的欧洲盟友的关系而承受了巨大的挫败感。他们也承认美国可以为欧洲经济一体化的发展提供必要的安全架构，这导致了北约的诞生。（自由主义国际秩序的）创立者们明白“硬实力”和“软实力”可以相辅相成。他们的大战略并非完美，在实施过程中，也经常存在不确定性，但对美国国内外的很多人来说，创立者们毕竟缔造了一个导向更美好世界的框架。

〖注释〗

［1］FDR quoted in Gideon Rose, “The Fourth Founding,” *Foreign Affairs* 98 (January/ February 2019), 21.

［2］Arne Westad, *The Cold War: A World History* (New York: Basic Books, 2017), 65.

［3］On the limits of the concept of American hegemony and why I call it “half-hegemony,” see my book *Is the American Century Over?* (Cambridge: Polity, 2015), chapter 1.

［4］“On This Day in History: A Memorable Headline from The New York Times. President Insists US-Soviet Amity Is Key to Peace,” *New York Times*, November 17, 2018, A2.

［5］C-SPAN 2017 Survey of Presidential Leadership, February 14, 2017, https:// static.c-span.org/ assets/ documents/ presidentSurvey/ 2017%20 C-SPAN%20Presidential%20Survey%20Scores%20and%20Ranks%20FINAL. PDF.See also, Brian Lamb, Susan Swain, Douglas Brinkley, and Richard Norton Smith, *The Presidents: Noted Historians Rank America's Best-and Worst-Chief Executives* (New York, Public Affairs, 2019).

［6］Robert Dallek, *Franklin Roosevelt and American Foreign Policy, 1932–1945* (Oxford: Oxford University Press, 1995), 548.

［7］Barbara Farnham, *Roosevelt and the Munich Crisis: A Study of Political Decision-Making* (Princeton, NJ: Princeton University Press, 1997), 49.

［8］David K. Adams, “The Concept of Parallel Action: FDR's Internationalism in a Decade of Isolationism,” in From *Theodore Roosevelt to FDR: Internationalism and Isolationism in American Foreign Policy* (Staffordshire, UK: Keele University Press, 1995), 115; Steven Casey, *Cautious Crusade: Franklin D. Roosevelt, American Public Opinion, and the War Against Nazi Germany* (New York: Oxford University Press, 2001), 23; Adam J. Berinksy, *In a Time of War* (Chicago: University of Chicago Press, 2009), 46.

［9］Michael Fullilove, *Rendezvous With Destiny: How Franklin D. Roosevelt and Five Extraordinary Men Took America Into the War and Into the World* (New York: Penguin, 2013), 23.

［10］Dallek, *Franklin Roosevelt*, 540.

［11］Marc Trachtenberg, *The Craft of International History: A Guide to Method* (Princeton, NJ: Princeton University Press, 2006), chapter 4.

［12］Christopher Darnton, “Archives and Inference: Documentary in

Evidence in Case Study Research and the Debate Over US Entry Into World War II," *International Security* 42, no. 3 (Winter 2017/ 2018), 120.

[13] Garry Wills, *Certain Trumpets: The Call of Leaders* (New York: Simon & Schuster, 1994), 27–30.

[14] Nolan, "'Bodyguard of Lies,'" 37.

[15] Nolan, "'Bodyguard of Lies,'" 37, 50, 53.

[16] William Taubman, *Stalin's America Policy: From Entente to Detente to Cold War* (New York: Norton, 1982).

[17] On this example and the general importance of emotional intelligence, see Nye, *The Powers to Lead*, 69–71.

[18] Philip Roth, *The Plot Against America* (New York: Houghton Mifflin, 2004), for a novelist's counterfactual exploration of the scenario.

[19] Benn Steil, *The Marshall Plan: Dawn of the Cold War* (New York: Simon & Schuster, 2018), 3.

[20] David McCullough, *Truman* (New York: Simon & Schuster, 1992), 141.

[21] George H. Gallup, *The Gallup Poll: Public Opinion 1935–1971* (New York: Random House, 1972), 534–35.

[22] Gallup, *The Gallup Poll*, 534.

[23] Robert Shapiro, "The Legacy of the Marshall Plan: American Public Support for Foreign Aid," in *The Marshall Plan: Fifty Years After*, ed. Martin A. Schain (New York: Palgrave, 2001), 270.

[24] Ernest May, "The Nature of Foreign Policy: The Calculated Versus the Axiomatic," *Daedalus* 91, no. 4 (1962): 653–57.

[25] Walter Isaacson and Evan Thomas, *The Wise Men* (New York: Simon & Schuster, 1986), 508.

[26] Taubman, *Stalin's America Policy*.

[27] Issacson and Thomas, *The Wise Men*, 376.

[28] Robert Dallek, *The American Style of Foreign Policy* (New York: Knopf, 1983), 157.

[29] Benn Steil, "How to Win a Great Power Competition," *Foreign Affairs* 97 (February 9, 2018).

[30] Alonzo Hamby, "Harry S. Truman: Insecurity and Responsibility," in Fred I. Greenstein, ed., *Leadership in the Modern Presidency* (Cambridge, MA: Harvard University Press, 1988).

[31] Isaacson and Thomas, *The Wise Men*, 407.

[32] Michael Beschloss, *Presidential Courage* (New York: Simon & Schuster, 2007), 196–234.

[33] H. W. Brands, *The General vs. the President: MacArthur and Truman at the Brink of Nuclear War* (New York: Doubleday, 2016).

[34] Hamby, "Harry S. Truman," 35–36. See also John Lewis Gaddis, *Strategies of Containment* (New York: Oxford University Press, 1982).

[35] Geir Lundstadt, "Empire by Invitation? The United States and Western Europe, 1945–1952," *Journal of Peace Research* 23, no. 3 (September 1986), 263–77.

[36] Martin H. Folly, "Harry S. Truman," in *US Foreign Policy and Democracy Promotion*, ed. Michael Cox, Timothy Lynch, and Nicolas Bouchet (London: Routledge, 2013), 91.

[37] Hamby, "Harry S. Truman," 42.

[38] "Timeless Leadership: A Conversation With David McCullough," *Harvard Business Review*, March 2008, 3.

[39] Hamby, "Harry S. Truman," 64.

[40] Isaacson and Thomas, *The Wise Men*, 410.

[41] Anne Pierce, *Woodrow Wilson and Harry Truman: Mission and Power in American Foreign Policy* (Westport, CT: Praeger, 2003), 126.

[42] Nina Tannenwald, *The Nuclear Taboo: The United States and the Non-Use of Nuclear Weapons Since 1945* (Cambridge: Cambridge University Press, 2007), 107.

[43] Tannenwald, *The Nuclear Taboo*, 110.

[44] Raymond Aron, *The Century of Total War* (Garden City, NY: Doubleday, 1954); see also Morton Halperin, *Limited War in the Nuclear Age* (New York: Wiley, 1963).

[45] Steil, *The Marshall Plan*, 291.

[46] Brands, *The General vs. the President*, chapter 13.

[47] Dean Acheson, *Present at the Creation: My Years in the State Department* (New York: Norton, 1969), 526–28.

[48] Truman quoted in Jonathan Schell, *The Unconquerable World: Power, Nonviolence, and the Will of the People* (New York: Metropolitan Books, 2003), 47.

[49] Alan Axelrod, *Eisenhower on Leadership* (San Francisco: Jossey-Bass, 2006), 283.

[50] John Lewis Gaddis, *George F. Kennan: An American Life* (New York: Penguin, 2012), 495.

[51] Jean Edward Smith, *Eisenhower: In War and Peace* (New York: Random House, 2012), 701.

[52] Ole R. Holsti, *Public Opinion and American Foreign Policy* (Ann

Arbor: University of Michigan Press, 1996), 31, 132.

［53］Gallup, *The Gallup Poll*, 1262, 1259.

［54］William I. Hitchcock, *The Age of Eisenhower: America and the World in the 1950s* (New York: Simon & Schuster, 2018), xv.

［55］Fredrik Logevall, *Embers of War: The Fall of an Empire and the Making of America's Vietnam* (New York: Random House, 2012), 508–9.

［56］Fredrik Logevall, "We Might Give Them a Few: Did the US Offer to Drop Atom Bombs at Dien Bien Phu?" *Bulletin of the Atomic Scientists*, February 21, 2016. I am also indebted to Marc Trachtenberg on this point.

［57］Stephen Ambrose, *Eisenhower: The President*, vol. II (New York: Simon & Schuster, 1984), 11, 17.

［58］Fred I. Greenstein, *The Presidential Difference: Leadership Style from FDR to George W. Bush*, 2nd ed. (Princeton, NJ: Princeton University Press, 2004), 57.

［59］Stephen Ambrose, *Eisenhower: Soldier and President* (New York: Simon & Schuster, 1991), 547, 542.

［60］Stephen Kinzer, *The Brothers: John Foster Dulles, Allen Dulles, and Their Secret World War* (New York: Henry Holt, 2013).

［61］Smith, *Eisenhower*, 614.

［62］Hitchcock, *The Age of Eisenhower*, 433.

［63］Lindsey A. O'Rourke, *Covert Regime Change: America's Secret Cold War* (Ithaca, NY: Cornell University Press, 2018).

［64］Ambrose, *Eisenhower: The President*, 626.

［65］Dwight Eisenhower, *Mandate for Change, 1953–1956* (New York: New American Library, 1963), 510.

［66］Kinzer, *The Brothers*.

［67］Hitchcock, *The Age of Eisenhower*, 434.

［68］Ambrose, *Eisenhower: The President*, 206.

［69］Sestanovich, *Maximalist*, 79.

［70］Evan Thomas, *Ike's Bluff: President Eisenhower' s Secret Battle to Save the World* (New York: Little Brown, 2012), 15.

［71］H. W. Brands, "Gambling With the Fate of the World," *National Interest* (November/ December 2012), 88–96.

［72］Fred Greenstein, *The Hidden-Hand Presidency* (New York: Basic Books, 1982), 69.

［73］Greenstein, *The Hidden-Hand Presidency*.

［74］Isaacson and Thomas, *The Wise Men*, 246.

［75］Nina Tannenwald, "How Strong Is the Nuclear Taboo Today?"

Washington Quarterly 41, no. 3 (Fall 2018), 89–109; Scott Sagan and Benjamin Valentino, "Revisiting Hiroshima in Iran: What Americans Really Think About Using Nuclear Weapons and Killing Noncombatants," *International Security* 42, no. 1 (Summer 2017), 41–79; Reid B. C. Pauly, "Would U.S. Leaders Push the Button? Wargames and the Sources of Nuclear Restraint," *International Security* 43, no. 2 (Fall 2018), 151–92.

第四章　越南战争时期

20 世纪 60 年代初，冷战焦虑达到顶峰状态。苏联击落了美国的 U-2 高空侦察机后，艾森豪威尔与赫鲁晓夫之间的峰会取消。美国对苏联核武库的发展及其在非洲和拉丁美洲影响力的扩大深感焦虑不安，特别是在菲德尔·卡斯特罗掌握了古巴的最高权力之后。在欧洲，为了改变柏林处在民主德国包围之中的西部飞地的现状，苏联施加了强大的压力。在亚洲，共产党领导的起义威胁到美国支持下的南越政权，越南问题由此成为横跨整个十年的主导性问题。

然而，外交政策中的情绪与现实有着本质区别。苏联在 1957 年 10 月发射的“斯普特尼克”号地球人造卫星[1]，震惊了美国的精英和公众，撼动了他们的技术优越感。情报系统的各种报道夸大了苏联的能力，包括肯尼迪在内的民主党人批评艾森豪威尔坐视“导弹差距”不断扩大。艾森豪威尔虽然很清楚美国仍是遥遥领先于苏联的，但由于担心影响到 U-2 高空侦察机的飞行计划（关于苏联导弹部署的关键情报信息主要源于 U-2 的高空侦察），他极少就此公开表态。“导弹差距”确实存在，但与民主党的鼓噪完全相反，美国相对于苏联的数量优势近乎 6 比 1。美国在 60 年代初展现出来的民

1　1957 年 10 月 4 日，苏联用 R7 火箭从位于现哈萨克斯坦境内的拜科努尔航天基地将人类首颗人造地球卫星“斯普特尼克”号成功发射升空。这震惊了美国精英阶层，点燃了美国的忧患意识。在此后不到一个月的时间里，艾森豪威尔总统任命麻省理工学院院长担任白宫科学顾问，全国开始强调数学和科学教育，并成立了国家航天局，负责美国航天事业开发。这些措施都成为美国航天科技后来居上的重要因素。接着，美国有了阿波罗登月的成功，有了航天飞机等航空航天技术对苏联的全面超越，也因此十分庆幸苏联给了美国一个“斯普特尼克时刻”（Sputnik Moment）。

族情绪在一定程度上与代际变迁有关。肯尼迪声称美国已经被全球大势甩在后面，指责艾森豪威尔允许“共产党人在这场世界革命中把美国从自己的合法领地上驱逐出去”，同时给发展中国家（比如越南）一个“更多和平、更多民主、更多自主的”未来。[1]

但是，与之相反，60 年代对美国的外交政策来说却充满了创伤。超过 5.8 万名美国人和上百万越南人死于越南战争。这场战争还导致遍布美国各城市和大学校园的示威和骚乱，以及一位总统提前下野、另一位总统险遭弹劾。战争以美国的失败告终，精神和政治上的创伤延续了几十年。美国对越南事务的卷入始于杜鲁门和艾森豪威尔时代，但最深卷入其中的美国总统则是约翰·肯尼迪、林登·约翰逊和理查德·尼克松。这三位美国总统都经历过 50 年代初期“麦卡锡主义”盛行的那段时间，彼时的美国像是患上了妄想症，同时围绕“谁失去了中国”话题进行了激烈的政治辩论。他们当上总统以后，也都害怕背上“失去了越南”的政治责任，却不愿去真正了解一下那个国家。

当时，美国国内关于越南问题的主导隐喻——艾森豪威尔创造但最终避开了的“多米诺骨牌”理论——成了他的继任者们的陷阱。华盛顿的主流看法是，如果越南北方的共产党人攻陷南方，会在两极化的世界引发一连串猛烈后果，导致其他亚洲国家一个接一个地落入苏联集团的势力范围。即使当时的领导人私下里意识到了这种隐喻的局限性，他们也继续在公开场合重复这样的意象，而这种话语陷阱又反过来约束了他们的选择。与这种隐喻紧密关联的更大关切是，美国在冷战中所做的全球承诺的可靠性。1965 年 3 月，美国助理国防部长约翰·麦克诺顿（John McNaughton）曾经做过一个非常著名的评估，认为美国之所以要留在越南，原因有 70% 是要“避免美国全球担保人声誉的可耻失败，20% 是避免越南南方及其毗邻土地落入中国之手，剩下 10% 是让越南南方人民享受更好、更自由的生活方式”[2]。

事后看来，如果美国总统在言辞中更多地关注民族主义而不是共产主义，他们可能会用到一个更好的比喻——红方格和黑方格交错的跳棋游戏。[1]“多米诺骨牌”是一种意识形态比喻，最后所有的牌面都会翻红。跳棋则是一种现实主义的隐喻，游戏中“敌人的敌人就是朋友”。当时，中国已经开始同其“老大哥”苏联发生摩擦，民族主义者也在越南同法国殖民者之间展开了战斗。法国战败后，1954 年举行的日内瓦会议，在越南北方、南方之间划下了临时性质的分割线，随后南北双方均没有履行在 1956 年举行选举的计划，历时 20 年的战争接踵而至。许多越南人坚持追寻国家统一，而不是接受美国设想的南北分治。1975 年，美国军队撤出越南，越南北方的共产党人实现全国统一。在之后的岁月里，中国与越南、越南与柬埔寨之间爆发了武装冲突和战争。跳棋盘上基于民族主义的现实主义隐喻被事实证明，比“多米诺骨牌”理论更好地预测了政治结盟与冲突。

一、约翰·肯尼迪

1961 年就任总统时，肯尼迪只有 43 岁。他不仅是美国历史上首位信奉天主教的总统，也是有美国历史记录以来最年轻的总统，他的竞选语言里充满了年轻与革新的气息。他不仅比艾森豪威尔年轻了 27 岁，在风格上更截然不同。肯尼迪在竞选中斥责艾森豪威尔的任期是“为期八年的自我陶醉和昏昏欲睡”，向选民承诺开拓能“让整个国家重新运转起来”的“新边疆”（new frontier）。他发出了富有超凡魅力的号召——“问问你能为国家做些什么”，激发了年轻一代当中相当多人的激情，向海外派出“和平部队”（Peace Corps）的任务和把宇航员送上月球的工程也起到了这样的作用。1963 年 11 月，当他已持续千日的任期突然被暗杀的枪声终止时，整

1　这里指西洋跳棋，又称国际跳棋，起源于古埃及、古希腊、古罗马一带，12 世纪定型。棋盘是由深浅两色间隔排列的一百个小方格组成的正方形，有黑白棋子各 20 枚，分“兵”和“王”两种，走法十分复杂。对局时，当一方把对方的棋全部歼灭或完全封住活动不得时，即告获胜。

个世界都震惊了。

肯尼迪短暂的任期和悲剧式的结局给了神秘论者与反神秘论者们遐想的空间：如果他活下来，还会发生什么？到他遇刺 50 周年时，已经出版了 4 万多部关于他的作品，使得他比任何一位历史人物都更具明星效应和神秘感。[3] 他的外交政策议程被从老挝、柏林到古巴、越南的冷战危机应对占满。在这些危机中，有的处理得很好，有的相当失败。他处理 1962 年古巴导弹危机时展现的技巧将被人们永远记住，当时整个世界濒临核战争的边缘。英国前首相哈罗德·麦克米伦（Harold Macmillan）说："仅凭这一次的表现，他就赢得了自己的历史地位。"[4]

受了一番惊吓之后，肯尼迪于步入 1963 年之际开始对冷战竞争话语进行调整。肯尼迪在位于华盛顿的美利坚大学（American University）发表了一个以缓和为基调的演讲，随后用一个旨在部分禁止核试验的条约开启了核军控进程。[1] 与此同时，我们不应忘记，正是肯尼迪与赫鲁晓夫处理柏林危机的方式和美国在古巴秘密行动的失败［"猪湾事件"的恶劣影响从艾森豪威尔时期延续到了肯尼迪时期，另一项秘密计划"猫鼬行动"（Operation Mongoose）[2] 则是肯尼迪政府一手策划的］，为古巴导弹危机的发生埋下了伏笔。在越南问题上，肯尼迪将派往那里的军事顾问数量从 685 人增加到 1.6 万多人，还发动了一场针对吴庭艳（Ngo Dinh Diem）政权的整

1　20 世纪 60 年代是美苏冷战最激烈的时期，双方为了赢得冷战的胜利加紧扩充军备，尤其在核领域展开了激烈的竞赛。在国际舆论压力下，美苏从 1958 年起进行核禁试谈判。肯尼迪上台后一面积极加强美国核力量，一面努力促成与苏联达成核禁试协议。经过两年多的艰苦谈判，双方最终于 1963 年 7 月签署《部分核禁试条约》。

2　1961 年 11 月，肯尼迪批准了一项新的反对古巴的秘密计划"猫鼬行动"，由国防部负责实施。第一阶段主要是情报搜集、颁布禁运法令、开展心理战等，效果并不明显。第二阶段是针对古巴实施一系列破坏活动，包括向圣地亚哥、波多黎各等港口货船上装载的古巴食糖投毒，损坏开往古巴货轮上的机器设备，派遣古巴流亡分子组成突击队攻击古巴境内的道路桥梁，还多次试图刺杀卡斯特罗。1962 年 10 月，美国国家安全委员会叫停了"猫鼬行动"。

脚政变。[1]历史学家艾伦·布林克利（Alan Brinkley）总结道："很难称他为'伟大的总统'，但也不算失败。"[5]

1917年，肯尼迪出生在波士顿一个信奉天主教的爱尔兰裔富裕人家，从哈佛大学毕业前一直就读于私立学校。肯尼迪的早期从政经历得益于其父亲的金钱资助和人脉关系。他有着太平洋战争英雄般的毅力，长期与病痛做斗争——并向公众隐瞒了自己的病情。[2]他坚定反共，但也并非彻头彻尾的意识形态分子。艾森豪威尔卸任时告诉肯尼迪，新总统应该介入老挝事务以阻止其落入共产党之手，肯尼迪却巧妙地绕开危机，同意老挝"中立化"。1963年6月10日，当时世界处于冷战尖峰时刻，肯尼迪在美利坚大学发表演讲时宣称，美国人意识到"践踏个人自由和尊严不得人心"，同时他也表示自己相信"没有哪一个政府或是社会制度会在本质上是邪恶的，以至于它的人民都缺乏美德"[6]。在这篇演讲中，肯尼迪也对自己于1961年在西雅图发表的另一次演讲做了呼应，呼吁更为广阔的世界主义视野："即使我们现在解决不了彼此分歧，也至少可以以多样化的名义让世界变得安全。归根结底，连接我们的基本共同纽带是，我们都生活在这小小的星球之上。"

约翰·肯尼迪很清楚民族主义和反殖民主义力量在世界范围内的增长。通过支持南越政权和在拉丁美洲推进"争取进步联盟"（Alliance for Progress）等计划，肯尼迪希望把第三世界的民族主义同共产主义剥离开来，将其导向西方民主制度。他对麻省理工学

1　1955年10月，在美国的扶植下，越南南方的"内阁总理"吴庭艳发动政变，废黜法国人支持的"保大帝"，建立"越南共和国"，俗称"南越"。1956年，吴庭艳成为南越"总统"，依靠美国，开始腐败统治。随着越南战争的打响和美国的陷入，吴庭艳在越南南方的统治每况愈下，对北方的进攻反击乏力，内部矛盾日益突出，与美国政府的分歧也越来越严重。1963年6月起，美国开始实施换掉吴庭艳的计划，其中就包括收买吴庭艳的亲信孙室亭，并拉拢越南南方军队中的军官。1963年11月1日，南越政变集团发动军事政变，经过激烈枪战，于次日将吴庭艳和他的弟弟吴庭儒击毙。

2　多部关于肯尼迪的传记披露，肯尼迪患有腰脊椎错位、艾迪生氏症（肾上腺皮质功能减退）等痼疾，平时大量服用止痛兴奋剂、抗焦虑药、巴比妥类安眠药和甲状腺激素等药物，并对公众做了隐瞒。

院经济学家沃尔特·罗斯托（Walt Rostow）的理论很感兴趣（后来他把罗斯托招募进了其政府），此人认为可以在第三世界通过“国家缔造”（nation-building）与“叛乱镇压”相结合的办法抗击本土游击运动，促进民主。然而，英国政府这样评估美国的民主促进行动：“支撑肯尼迪政府（在第三世界）反叛乱政策的核心谬论……与那种正在颠覆国家缔造者们通过提供战略经济援助和投资促进民主之努力的谬论是何其相似。发展中国家通常缺少可以培植民主制度的政治文化。”[7]美国缺乏改变越南政治文化的力量。通过支持推翻吴庭艳的政变来实现政权更迭，事后被证明只会起到反作用。战后德国和日本的民主化对自由主义国际秩序构建具有深刻重要性，而这些都是发生在两国于二战中被彻底打败进而被全面占领期间。肯尼迪的“国家缔造”和“叛乱镇压”是廉价的民主化努力。

肯尼迪的个人风格富有魅力，言谈也鼓舞人心。他在与公众沟通方面也具有创新意识。如果说西奥多·罗斯福把公开演讲当作“天字第一号讲坛”（bully pulpit），富兰克林·罗斯福通过广播电台发表“炉边谈话”（fireside chats），唐纳德·特朗普使用推特与民众直接沟通，那么肯尼迪就是利用电视直播发表谈话的先锋人物。1960年总统大选期间，他与理查德·尼克松辩论时，成功运用了这一平台，当选后更是把自己的新闻发布会从白宫直播出去，大量观众坐在电视机前收看并赞赏有加。

肯尼迪的言谈富于变化，他的外交政策在大多数情况下却是渐进式的。尽管他的公共举止冒了一些风险，但他总体来说还是比较审慎的。据说，他评估认为古巴导弹危机演化成核战争的风险是三分之一，人们可以质疑他是否有权把这种风险强加给美国人民，但他推测，如果美国默认赫鲁晓夫在古巴的冒险行动，将意味着日后美苏在柏林问题上爆发战争的风险更高。

肯尼迪的私生活则正好相反。他曾与一名黑帮头目的情妇有染，还沾上了一名据信是民主德国间谍的女人。这些事对其亲密助手们和联邦调查局局长埃德加·胡佛（J. Edgar Hoover）来说尽人皆知，胡佛直接参与了对第二起案件的调查。无论别人怎么评价肯尼迪在军事问题上的口是心非，他把不同的女人带进白宫的做法及承担的政治风险模糊了一名美国总统私人行为和公共举止之间的应有界限。

肯尼迪的团队管理风格更像富兰克林·罗斯福，而不是艾森豪威尔。他解散了艾森豪威尔的顾问团队，也无视艾森豪威尔的外交政策制定程序，重新倚重国家安全理事会，搭建非正式决策小圈子。肯尼迪执政初期，艾森豪威尔曾重回白宫拜访新总统，回来后向一位老朋友抱怨说：“那帮该死的浑小子到处瞎指挥。”[8] 结果是一些重要的球被漏掉了。肯尼迪自己也承认，他未能中止从艾森豪威尔手中继承下来的入侵古巴的秘密计划，最初对1963年推翻吴庭艳政权的政变计划也批准得很随意，没有深思熟虑。用肯尼迪的话来讲：“我觉得我们必须为之承担很多责任。”[9] 我们并不清楚肯尼迪是否批准了中央情报局“猫鼬行动”中的细节，以及暗杀菲德尔·卡斯特罗的计划，但中央情报局局长理查德·赫尔姆斯（Richard Helms）后来作证说，他受到了压力，被要求必须对卡斯特罗做点什么，事实的证据是确凿的。[10]

“猪湾事件”失败后，肯尼迪很快学乖了，在处理古巴导弹危机的过程中表现出令人印象深刻的组织技巧和情绪控制能力。他拒绝了军方提出的发起预防性打击的建议，这一建议如果实施有可能导致危机升级为核战。[11] 随后，他为了争取时间，下令对古巴实施封锁，把挑起冲突的责任成功转嫁给苏联。听那个时候留下来的录音档案是一件非常有意思的事，你能听出，相比副总统林登·约翰逊（Lyndon Johnson）的讲话，肯尼迪是何等克制。约翰逊“在谈判寻求妥协与使用军事手段之间摇摆不定”[12]。这是一个美国总统的不同道德性格给外交政策带来不同后果的典型例子。*

古巴距离佛罗里达海岸线只有90英里（约144.8公里）之遥，所以古巴导弹危机和柏林危机一样严重。杜鲁门执政时期发生了苏联封锁柏林的事件，美国不得不向那里空投物资。自那以后，苏联

* 有人质疑这还是不是一个关乎道德和审慎的问题，但正如我们在第二章已经讨论过的，对于那些可能导致不可预知后果的复杂外交政策议题而言，审慎成为三个伦理维度中的合理美德。

不断试图把西方力量挤出他们在德国前首都柏林的控制区，以巩固自己在东欧的地位。在依靠核威慑力方面，肯尼迪和他的顾问们比艾森豪威尔团队更审慎。他们试图通过加强常规力量部署和发展“灵活反应”（flexible response）战略[1]增加总统在欧洲的选项。与此同时，在1960至1963年间，美国核武库中的核弹头数量从20000枚增加到29000枚（同期苏联核武库中的核弹头数量从1600枚增加到4200枚）。[13]肯尼迪也试图鼓励西欧国家开展防务合作，并且与艾森豪威尔时期削减开支的做法相反，在执政的三年里，他将国防预算提高了17%。

因民主德国政治难民穿过西柏林涌入，欧洲的形势恶化了。1961年6月，肯尼迪在维也纳与赫鲁晓夫举行会晤，柏林问题是核心议题。赫鲁晓夫无视肯尼迪的警告，还以危言相恐吓，最终带着“这个人非常缺乏经验，甚至不成熟”的印象离开会场。[14]肯尼迪对峰会持非常现实的态度，告诉一位随行记者，赫鲁晓夫“像疯狗一样”对他咆哮。几个月后，苏联人筑起柏林墙以阻挡更多难民逃离民主德国，肯尼迪平静地接受了这一结果。

由于担心赫鲁晓夫低估美国的核力量，肯尼迪让五角大楼就美国所享有的巨大战略优势发表了公开声明。赫鲁晓夫在古巴部署导弹的行为，也许是为了保护卡斯特罗政权，但更是为了矫正战略平衡，并就柏林问题向美国施加压力。在最终解决古巴导弹危机的安排中，肯尼迪让其弟弟罗伯特·肯尼迪向苏方承诺，在苏联导弹撤出古巴后，美国将会以静悄悄的方式移除艾森豪威尔时期部署在土耳其的中程弹道导弹。与其“向他们开火”（shoot’em out），肯尼迪选择悄悄地“同他们做交易”（bought’em out）。肯尼迪是个

1　1963年美军参谋长联席会议主席泰勒上将在其著作《不明确的军号声》中提出“灵活反应战略”。该战略是在60年代国际形势发生重大变化的背景下，对前任艾森豪威尔政府的“大规模报复战略”的修正，后被肯尼迪政府采用，主要内容是加强核武器、增强常规兵力、扩充陆军，同时认为常规力量是“剑”、核力量是“盾”，以确保美国有能力同时在欧洲和亚洲打两个大战，在其他地方打“半个战争”，即小规模战争，总称“两个半战争”。

审慎的领导人，对后果伦理中妥协的美德有着自己的理解。

对肯尼迪外交政策的主要未知领域是，他如果没有遭受那次暗杀，会如何处理越南问题？1963 年 10 月，肯尼迪签发了第 263 号国家安全行动备忘录（National Security Action Memorandum 263），要在 1965 年底前从越南撤出大部分美国军事人员。一些支持者拍着胸脯说肯尼迪本打算在 1964 年成功连任后完成撤军，参议员威廉·富布赖特（William Fulbright）[1]发表过的一系列谈话也指向这个方向。90 年代，曾担任国防部长的罗伯特·麦克纳马拉（Robert McNamara）、曾担任总统国家安全事务助理的麦克乔治·邦迪（McGeorge Bundy）说，他们相信肯尼迪（如果仍在世）肯定会实现撤军，但和其他美国总统一样，肯尼迪及其顾问在推进这一进程时也要考虑他们的历史定位。[15]回忆录并非正史，而是塑造历史的一种努力。批评者注意到，肯尼迪从未与他的弟弟、亲密顾问罗伯特·肯尼迪讨论过这一计划，后者在约翰逊政府早期继续支持在越南的战争行动。历史学家们仍在辩论，至今没有得出清晰的结论。[16]

肯尼迪在越南问题上总是自相矛盾。历史学家弗雷迪克·洛格维尔（Fredik Logevall）相信："肯尼迪比同时代大多数国家政治人物更倾向于撤军，他很可能逆流而动下令全面重审越南政策。"[17] 1951 年肯尼迪曾到访越南，后来法国在奠边府遭遇挫败，他公开表示过反对美国介入越南事务，但 1956 年他在一次演讲中宣称，越南应该成为"自由世界在东南亚的基石、支柱和守备者"。作为美国总统，他明智地拒绝了艾森豪威尔介入老挝事务的建议，也持续不断地拒绝着自己的顾问们发出的增派战斗部队的呼吁，尽管他在任内把派往越南的军事顾问数量增加到 1.6 万人。

1　威廉·富布赖特曾担任美国国会参议院外交委员会主席长达十几年，是迄今美国历史上担任这一职务时间最长的参议员，对 20 世纪 60 年代美国对外政策的制定和实施产生过重要影响。他是一个世界主义者，在肯尼迪、约翰逊执政时期力倡对苏缓和，要求美国政府改变僵硬的对华政策，反对越南战争升级，并为越南战争的结束做出了积极努力。著有《权力的傲慢》（*The Arrogance of Power*, 1966）等作品。

在传记作家罗伯特·德雷克（Robert Dallek）看来，肯尼迪拒绝在军事顾问以外向越南派出更多人的做法，“这种立场有可能是完全撤军的序曲”。德雷克认为，1963 年 11 月推翻吴庭艳的政变促使肯尼迪加速朝着自越南撤军方向调整，“很难想象，肯尼迪会把成千上万的美国人继续派往越南这样一个充满敌意的地方”[18]。另一方面，由于在言辞中使用了“多米诺骨牌”理论，他也陷入两难困境，如何解决这一困境永远成谜。洛格维尔估计：“肯尼迪意外死亡时，他在越南问题上的选项是开放式的，美国在待机而动。”但是，“更合理的推测是，肯尼迪很可能不会把战争‘美国化’，而是选择某种形式的脱离接触”[19]。

我们到底该如何评价肯尼迪短暂又事件连连的外交政策？在我的计分卡上，目标和动机这一项里，他的表现位列前茅。他的道德观不乏促进民主和自由、核军控、经济发展（肯尼迪在拉美推动建立的“争取进步联盟”充分反映了这一点）这样的广义且富吸引力的价值表述。肯尼迪的情商足够确保自己的目标与所表达的价值观基本吻合，尽管他逃脱国内政治惩罚的动机与亲口宣称的在越南维护自由的目标相抵触。正如他在 1963 年 5 月告诉参议员迈克·曼斯菲尔德（Mike Mansfield）[1]，如果他在 1964 年取得连任后仍不能实现自越南撤军，“人们就会以为他是为了谋求连任而放任美国年轻人在越南牺牲生命。似乎更可信的是，肯尼迪从未忘记政治和政策制定是‘一切皆有可能的艺术’”[20]。美国的军事顾问在越南的土地上杀戮和被杀戮，但通过拒派地面作战部队，肯尼迪把美国在越南伤亡人数压到了最低。截至肯尼迪遇刺身亡，仅有 108 名美军人员死在越南。[21] 而在更广义的目标层面，肯尼迪也能够用话语激

1　来自蒙大拿州的民主党籍联邦参议员，1957 至 1961 年任第 85、86 届国会参议院多数党领袖，明确反对美国持续陷入越南战争。曾任美国驻日本大使。他也是 2013 年 12 月经奥巴马总统任命出任驻华大使的参议员马克斯·鲍卡斯（Max Baucus）的政治导师。曼斯菲尔德的两句名言是：“记住，别人并不总是错的，你也不总是对的”；“美国和日本组成了世界上最重要的双边关系，没有之一”。

励别人，他在就职演说里不仅呼吁美国同胞服务国家，也呼吁“全世界的公民们”为“全人类的自由”而共同努力。

同样重要的是，肯尼迪还是明白美国权力在实践中的有限性，虽然从他的公开话语来看，并非总是如此。他审慎地在风险与价值观之间保持平衡。早期处理古巴问题失误后，他面对导弹危机显示出寻求妥协的意愿，这对避免危机升级为战争发挥了至关重要的作用。1963 年，肯尼迪在美利坚大学发表的演讲为冷战竞争确定了有别于以往的基调。他说和平是“理性之人所必需的理性终局”。他始终反共，但又接受了世界主义的人道视角，发起了核军控进程。他不是像威尔逊那样呼吁一个“给民主以安全”的世界，而是呼吁一个“给多样性以安全”的世界（尽管这一主张与他在越南问题上的行为并不相符）。

在第二个道德维度上，即手段方面，肯尼迪得到的评价比前任总统更加混杂。在对别国进行海上封锁时，肯尼迪不吝恫吓使用武力，但真要使用起来又是审慎和适度的，就像他在处理核问题以及拒绝对古巴和越南动用地面部队时所表现的那样。但他未能尊重其他国家的权利和制度，并为此受到诟病。肯尼迪一方面呼吁世界的多样性安全，另一方面批准在古巴执行秘密行动（包括暗杀）、在越南对吴庭艳政权发动政变，两者很难统一起来。据他的助理迈克尔·福雷斯特（Michael Forrestal）说，吴庭艳在政变中的意外身亡“作为一个道德和宗教问题困扰着肯尼迪”[22]。持自由主义立场的切斯特·鲍尔斯（Chester Bowles）曾担任副国务卿，肯尼迪在 1961 年将其解职。鲍尔斯说：“我对这届新政府的最大关切是，它是否真正明白什么是对的、什么是错的。”[23] 肯尼迪授权美军在越南战争中喷洒橙色除叶剂，在当地制造了巨大的生态和健康损害。历史学家尼尔·弗格森（Niall Ferguson）[1]将肯尼迪政府对古巴发动的未遂入侵、对卡斯特罗的暗杀企图和在越南策动的血腥政变，斥为“无

1　英国著名历史学家。哈佛大学历史系教授，牛津大学耶稣学院高级研究员，斯坦福大学胡佛研究所高级研究员。著有《帝国》《巨人》《罗斯柴尔德家族》等作品。

情”和“鲁莽”。[24]

对第三个道德维度（后果）进行评估，肯尼迪得到的评价同样是“混杂”。对美国国家利益而言，他是一个好的守护者吗？哈罗德·麦克米伦（Harold Macmillan）的判断是，肯尼迪通过成功处置古巴导弹危机在美国历史上获得了永久性的伟大地位，这一点没有错。听了他的讲话录音，我们可以认为如果换成约翰逊处理这场危机，他会表现得比肯尼迪差很多。但与这些夸赞格格不入的是，质疑者认为，恰是肯尼迪执政早期的一些行为——从“猪湾事件”到维也纳峰会，再到“猫鼬行动”——把他带到了 1962 年 10 月的危机时刻。* 能使肯尼迪免于历史问责的是，他随后改变了冷战的基调，并于 1963 年同苏联达成了第一项核军控协议。在越南问题上，肯尼迪把自己扔进了“多米诺骨牌”理论的话语陷阱，显著加深了美国的卷入程度，但是我们永远无法知晓他会不会在 1964 年大选以后进行“自我救赎”。我们只知道林登·约翰逊向前一步跳进了深渊。

在伦理后果的其他方面，肯尼迪的表现还不错。他的审慎远达不到完美状态，他的秘密行动给美国带来了损害，但他时常又能把对其他国家造成的伤害压到最低。也许他的最长项是其政治遗产给后人带来的教育效果。尽管他时常撒谎，但他的醒世恒言拓宽了美国在海内外的道德话语，他向海外派出“和平队”、把人送上月球的计划也起到了同样的作用。许多美国年轻人受肯尼迪激发投身公共服务事业。他为提升美国的“软实力”做出了贡献。世界上很多城市都有以他的名字命名的街道，他的理想至今还在激励着被他称作“世界公民”的一些人。

---

* 1987 年 10 月，古巴导弹危机 25 周年之际，我在哈佛大学主持了一场有苏联政策制定者和肯尼迪政府官员参加的讨论会。麦克乔治·邦迪（McGeorge Bundy）和罗伯特·麦克纳马拉（Robert McNamara）在会上信誓旦旦地说，肯尼迪绝无意再次入侵古巴。不过，麦克纳马拉承认：“如果我是你们这边的人，我也这么认为，我会很容易地想象出一场迫在眉睫的入侵。”参见 James G. Blight and Janet M. Lang. *The Fog of War*（《战争迷雾》）. Lanham: Rowman & Littlefield, 2005: 40-41。

约翰·肯尼迪的道德计分卡

目标和动机	道德愿景：富有吸引力的价值观、良好的动机	良好
	审慎：价值与风险的平衡	混杂
手段	武力：程度、区别对待、必要性	良好 / 混杂
	自由主义：对权利和制度的尊重	混杂 / 较差
后果	信誉：成功促进美国的长期利益	混杂
	世界主义：对他人造成最低限度损失	混杂
	公众教育：事实基础、更宽广的道德话语	良好 / 混杂

二、林登·约翰逊

1963 年 11 月，林登·约翰逊在肯尼迪遇刺身亡后接任美国总统。他与肯尼迪并不亲密，肯尼迪选择他当副总统（没有接受自己的弟弟罗伯特·肯尼迪的建议）完全是出于策略考虑。这两个人的成长背景截然不同。当肯尼迪嘴里含着银勺子在波士顿出生时，约翰逊的家人正在得克萨斯州的西南部同贫穷做斗争。肯尼迪毕业于哈佛大学，约翰逊则是位于圣马可的西南得克萨斯州立师范学院的毕业生。约翰逊有一次向一名记者抱怨说："我不认为自己在外交事务方面能得到什么赞誉，无论有多么成功，因为我没上过哈佛。"[25] 约翰逊当过老师，在偏僻的科图拉镇（Cotulla）教过墨西哥裔美国穷人的孩子，这段经历深深影响了他，并在他出任总统后推行的普及投票权政策和反贫困计划中得到反映，他管这些政策叫作"伟大社会"（the Great Society）计划。[1]

1　越南战争期间，约翰逊政府一方面向越南大规模增兵，一方面包括"向约翰逊比肯尼迪大了近十岁，1931年作为国会议员助手到华盛顿工作，在美国首都度过了他一生中的大部分年华。他先是议员助手，后是联邦众议员、参议员，同罗斯福、杜鲁门、艾森豪威尔均有过不同程度的合作。在1948年那次富有争议的参议院选举后，约翰逊一跃成为参议院少数党领袖，后来又成了多数党领袖。肯尼迪在国会众议员、参议员任上没有留下什么显赫的记录，约翰逊却得以运用他的政治技巧促进了制度改革，成为给他作传的罗伯特·卡洛（Robert Caro）[1]笔下的“参议院大师”。[26]

肯尼迪是个伟大的沟通者和“电视表演大师”，林登·约翰逊则严重缺乏镜头感，在电视上表现差劲。但在狭小隐秘的政治场合，他拥有从发出恫吓到施展个人魅力的超凡技能。约翰逊身材高大，有1.94米那么高，气场上就压倒别人，以所谓“约翰逊疗法”笼罩着他们。他经常将手中的权力用于欺骗和羞辱他人并从中自得其乐，甚至对自己的妻子和顾问也是这样。在他身边工作的人用了各种各样的形容词来描述他：“勇敢而残暴，（对自己人）富有同情心，而又（对敌人）残忍，勤奋，暴虐，粗鲁，麻木不仁，小气，有同理心，腼腆，老练，机智，宽宏大量。”专门研究美国总统的历史学家弗雷德·格林斯坦把林登·约翰逊概括为“一位善于藏在幕后的杰出政治家，一个复杂而有瑕疵的人”[27]。在一篇媒体报道里，约翰逊的亲密助手比尔·莫耶斯（Bill Moyers）说：“我对他是既爱又憎。”[28]罗伯特·卡洛指的是约翰逊“可怕的务实一面”和他“似乎毫无底线的欺诈和背叛术”。[29]据当过约翰逊新闻秘书的乔治·里迪（George Reedy）说：“作为一个人，他很可怜——他是那样的暴虐和狂妄自大。”约翰逊对媒体毫无信任可言，说他们谎话连篇，

（接上页）贫困宣战”和“保障民权”在内的广泛社会改革计划，以确保美国如约翰逊所说：“不仅有机会走向富裕和强大，也有机会走向一个伟大的社会。”国会为支持这一计划，通过了相关立法400多项。实施“伟大社会”计划的一个重要手段是大规模赤字财政。

1　这里指的是罗伯特·卡洛撰写的五卷本《林登·约翰逊传》（*The Years of Lyndon Johnson*），目前已于1982年、1990年、2002年、2012年出版了前四卷。风靡一时的美剧《纸牌屋》（*House of Cards*）里的许多情节取材于此。

也把自己的不受欢迎归罪于媒体。他经常同时收看好几个电视频道，但是从来没有看到过有电视台像他所预期的那样报道他。这个“自我中心主义者”也会在凌晨5点突然来到白宫控制室，“了解越南战争中最新的伤亡情况，而战场上的每一条生命都会让他失去一点东西”[30]。

约翰逊是那个时代典型的反共分子，但并不完全受意识形态驱动，否则，他也不会在1954年有勇气站出来反对约瑟夫·麦卡锡参议员。在几十年的时间里，约翰逊从“罗斯福新政”的支持者蜕变为国会参议院里南方保守派的一员，但当他帮助艾森豪威尔政府推动1957年《民权法案》获得通过时，又毫不犹豫地把南方保守派同伙们抛在一边。罗伯特·卡洛形容约翰逊为“不受价值信条或意识形态束缚的人”[31]。他后来对民权事业的投入与其当总统的野心有很大关系，但在野心和务实背后，是他年轻时在得克萨斯州南部直面贫穷、歧视和不公的经历。正如他在推动具有历史里程碑意义的1965年《选举权法案》时所说：“当你看到孩子们充满希望的脸上的伤痕时，你永远无法忘记贫穷和憎恨会制造什么。”[32]

肯尼迪遇刺后，美国民众的同情和悲伤情绪喷薄而出，这在客观上帮了约翰逊的忙，使得他能够也愿意继续推动肯尼迪留下的民权提案获得通过，之后又有所超越，即使他完全承认这样做存在“在今后很长时间内把南方州让给共和党”的风险。[33]许多历史学家认为约翰逊在促进民权方面做得比林肯之后的任何美国总统都要多，仅凭这一点就可以确保他跻身美国十大总统之列。

约翰逊的历史地位却被他的越南政策毁掉了，这一政策是那么不受欢迎，以至于他在1968年直接放弃了总统连任竞选。历史学家多丽斯·基恩斯·古德温（Doris Kearns Goodwin）[1]这样说：“‘如果不是因为越南’——这样的话在人们评估约翰逊的历史地位时被一次又一次地提及。”接着，她回忆了约翰逊在1970年就1965年最初几周发生的事亲口对她讲过的话：“我从一开始就知道自己无

1　著有《动荡时代的领导力》（*Leadership: In Turbulent Times*, 2018）等作品。

论怎么动弹都被牢牢钉死在那里了。如果我为了集中精力处理地球另一边的那场战争而离开自己心爱的女人——‘伟大社会’计划，我就可能在国内失去一切……但如果我放弃了那场战争，让共产党人占领越南南方，我会被视为懦夫，整个美国都会被视为绥靖主义者，我们会发现，美国今后在世界上的任何地方都不再能为任何人完成任何事。”[34]

约翰逊的政治技巧更适合参议院那种小众场合，而不是白宫这样的国家舞台，他的情境智力放在国内政治场景中是很好的，但对外交政策而言就另当别论了。约翰逊外交政策中的某些方面是比较成功的，比如对法国总统戴高乐 1966 年将法国军队退出北约、1968 年朝鲜人民军俘获美军“普韦布洛”号（USS *Pueblo*）[1]事件的审慎应对。对约翰逊来说富有争议的一起事件是，1965 年多米尼加共和国发生了一场政变，美国担心当地新上台的左翼政权与古巴结盟，于是向这个国家派出了 2.2 万人的部队。另一方面，约翰逊延续了肯尼迪的军控倡议，继续与苏联谈判，并且成功说服美国国会参议院批准了 1967 年达成的《外太空条约》，进而于 1968 年谈判达成《不扩散核武器条约》。但以上这些成就的光彩都被越南战争遮蔽了。约翰逊赞同肯尼迪的现代化理论，他对美国政府在海外推广民主目标的支持“是真诚和发自内心的，也是个人化的”[35]。

起初，约翰逊是不愿意将越南战争升级的。他并不想做任何有可能威胁到 11 月份竞选的事情。1964 年 5 月，约翰逊告诉麦克乔治·邦迪（McGeorge Bundy）[2]：“我不认为这是一场值得去打的战争，我也不认为我们能全身而退。没有什么比这场战争更一塌糊涂了。”[36] 然而，到了 8 月，两艘美国海军驱逐舰在不明情况下受

1 隶属美国海军的一艘环境检测研究船，实为间谍船，1968 年 1 月 23 日在朝鲜东岸、元山港外海的日本海（朝鲜东海）海域执行任务时遭朝方拦停扣押，船员在冲突中一死四伤。2 月起美国与朝方开始在板门店谈判。经过 26 轮谈判，1968 年 12 月 17 日，美方同意“有条件道歉”，以换取朝方释放 80 多名美方人员。现该船仍在平壤大同江畔供人参观。

2 1961 至 1966 年任美国总统国家安全事务助理，经历了肯尼迪政府、约翰逊政府时期。

到越南北方巡逻船的“攻击”，约翰逊下令发起报复性打击，并且说服国会通过《北部湾决议》授权“采取各种可能手段”。不久以后，他向一名助理抱怨说：“那些蠢笨的水手只会向飞鱼射击。”但在 8 月 4 日面向全国发表的讲话里，约翰逊“决定撒谎”。他说，美国受到了无端袭击。[37] 他利用这起事件增加了自己从国会索得空白支票的筹码。

1965 年 1 月，麦克乔治·邦迪和罗伯特·麦克纳马拉作为肯尼迪政府的留任官员，向约翰逊发出一份备忘录，建议对越南逐步实施战争升级。2 月 6 日，越共游击队在波莱古（Pleiku）杀掉 9 名美国军事顾问，约翰逊启动了战争升级进程，于 7 月向越南大规模派出地面部队，到他总统任期结束时达到 53.6 万人的顶峰。随着升级行动在每一个旨在解决问题的环节上的失败，约翰逊的困境不断加深。“显然，约翰逊在蓄意歪曲事实和造假方面越来越放纵自己，他希望自己的话能掩盖甚至改变那些既成事实，并阻止民意支持的流失：持续夸耀美国在越南取得的‘进展’，朝着自己心中期待的目标一厢情愿地描述事物。”[38] 与此同时，他缩小了自己的顾问圈子，只允许他们象征性地提出不同意见，还不断恐吓他人，也就沦为“自己宣传攻势的囚徒。林登·约翰逊的个性导致其他选择、事实和思想被屏蔽，像极权社会的意识形态工具那样在美国制造出事实扭曲”[39]。仔细比较艾森豪威尔和约翰逊的顾问咨询体系，可以发现约翰逊的那一套程式太过非正式和个人化，缺乏合理互动。[40] 约翰逊在“多米诺骨牌”理论陷阱里自掘不辍，越陷越深。“当然了，我承认你们关于共产主义多样性的阐述，也赞同你们关于民族主义也很强烈的认知。”他说，“但问题是，哪一个更强烈？……我知道如果（北部共产党）对越南南方的入侵取得了成功，他们会得寸进尺把整个东南亚都收入囊中。”[41]

随着约翰逊把越南问题个人化，形势也变得更加复杂。他缺少情商，把个人需求同公共目标灾难性地混淆在一起。除了经常羞辱别人，他还缺乏安全感，极其惧怕被看成懦夫。“对约翰逊来说，没有什么比一个勇者形象更重要了。”[42] 他痴迷于证明肯尼迪从未打算放弃越南，于 1967 年指示华尔特·罗斯托（Walt Rostow）[1]把肯尼迪曾经发表过的讲话和声明汇编到一起，以显示他是不惜一切代价处理越南问题的。[43]1997 年，经过认真研究，后来成为特朗普政府的总统国家安全事务助理的 H. R. 麦克马斯特（H. R. McMaster）认定："总统对短期政治目标的执着，同其性格以及主要文职和军事顾问的个性相结合，使得政府没有足够能力应对越南的复杂局面。"[44]

约翰逊认为，他的"伟大社会"计划立法对其政治遗产至为关键。但这也促使约翰逊故意隐瞒实情，未能就越南战争问题教育好公众。弗朗西斯·巴托（Francis Bator）曾任约翰逊政府的总统国家安全事务副助理，据他说，约翰逊之所以在 1965 年 7 月同意向越南大幅增兵——同时宣布这并不意味着"对越南政策的改变"，并且拒绝为了支撑战事而增加赋税，是因为担心激起"大炮还是黄油"[2]（guns vs. butter）的讨论可能导致他的"伟大社会"计划立法在国会遭遇挫败。"约翰逊认为，属于鹰派的迪克西党人（Dixiecrats）[3]

1　美国政治经济学家。1940 年开始先后在哥伦比亚大学、牛津大学、剑桥大学、麻省理工学院、得克萨斯大学奥斯汀分校任教授，讲授经济史、经济学与历史。他先后担任过欧洲共同体执行秘书助理、美国总统国家安全事务副助理、国务院政策计划委员会顾问和主席等职。他在学术上最重要的成果是提出经济成长阶段理论，把社会发展分为六个依次必经阶段：传统社会阶段、起飞准备阶段、起飞后自我持续增长阶段、成熟阶段、高额群众消费阶段和追求生活质量阶段（从第五阶段起，开始形成稳定的中产阶级）。

2　"大炮还是黄油"的讨论是经济学中的一个研究假设。假设有一个只生产大炮和黄油这两种物品的经济体，大炮代表军费开支，黄油代表民用开支，在技术条件和资源总量保持不变的情况下，将所有资源投入到民用物品，能生产出 500 万磅黄油；将所有资源用于生产大炮，能生产大炮 15000 门。如果想多拥有一些黄油，则必须放弃一些大炮的生产，反之亦然，二者不可兼得。归根结底是如何配置有限的资源问题，也就成为经济学研究的中心问题。

3　又称"州权民主党人"（States' Rights Democrat）、保守派的南方民主党人。1948 年美国总统选举期间在南方州出现的民主党内右翼分裂团体，反对民权纲领。40 年代，民主党开始支持全国性的民权法案立法，使得南方州保守的民主党人开始与其他地区的民主党人产生冲突。60 年代各种民权法案通过后，保守派的南方民主党人认为只有他们才能防止南部美国免受北方自由派和民权运动的干扰与玷污。

和主张小政府的共和党人最有可能藐视他……如果他表现得像一个面对共产党人的绥靖者一样。”[45]

但是，弗雷德里克·洛格瓦尔（Fredrik Logevall）认为，约翰逊本有更多选项。直到1965年早期，越南问题还不是美国公众十分关注的议题。国会参议院高层对战争的升级充满疑虑，而约翰逊刚刚在1964年大选中以明显优势击败共和党鹰派分子巴里·戈德华特（Barry Goldwater）。1965年5月，约翰逊向他在国会的最亲密盟友、来自佐治亚州的参议员里查德·拉塞尔（Richard Russell）征求意见，拉塞尔建议在越南策动一场政变，“在那边安排什么人出来要我们滚蛋，我们就会得到撤出的绝好借口……除了心理上，越南对我们一点都不重要”[46]。

麦克乔治·邦迪回忆，如果约翰逊当时就决定止损，“他会有充足的创造性办法（实现撤军），根本不会对‘伟大社会’计划造成损害”[47]。那么，为什么约翰逊还是选择了升级战争并将其“美国化”呢？当时，其他了解实际情况的政治家，比如休伯特·汉弗莱（Hubert Hunphrey）副总统，曾就1968年可能爆发的国内政治危机向约翰逊发出过警告。洛格瓦尔认为:“摆在面前的问题是信誉，不仅仅是国家层面上的，也是国内党派政治和个人层面上的，公信力都在急剧下降。”约翰逊的个人动机把问题搞复杂了。“他对自己想象出来的个人羞耻忧惧万分，担心失败不可避免地随之而来。”[48]而在邦迪看来，肯尼迪和约翰逊之间在越南问题上的巨大差异在于，“肯尼迪不想装聋作哑，约翰逊不想当懦夫”[49]。

我们应该如何对约翰逊外交政策中的伦理进行总结？在宣称的目标和动机方面，抽象意义上讲，约翰逊想使越南南方免受共产主义统治的道德愿景与肯尼迪相似，但受约翰逊个人性格影响而更加复杂。鉴于他掺杂着维护勇猛个人形象的动机，其外交政策的道德意图出现了瑕疵。就处理越南问题的审慎度而言，约翰逊在现实主义和乐观主义之间摇摆不定。他在1968年做出的启动谈判的决定是审慎的一步，但是在那之前他对战局的错误估计导致了更多的伤亡。与此同时，在约翰逊外交政策涉及苏联和欧洲的方面，审慎度还是不错的。

在手段方面，很难相信约翰逊是有差别甚或适度使用武力的主张者。消耗战略是残忍的绞肉机，在“胡志明小道”（Ho Chi Minh Trail）[1] 上空喷洒橙色剂产生了非故意却可预见的后果。太多的平民被杀害，以至于杰森·古德温（Jasson Goodwin）认为，“他的手段服从于他的目的”[50]。不过，约翰逊也为控制战争规模以防其扩大到中国或者苏联而付出了巨大的努力，尽管他为此受到了军方和国会鹰派的压力，这些人极力主张扩大轰炸目标。他没有接受艾森豪威尔的无谓建议，拒绝考虑战术上使用核武器。当他惊闻军方暗中制订在越南使用核武器的应急计划时，他立即予以叫停。[51] 作为一个尊重他国权利、制度的自由主义者，约翰逊在外交政策上的各维度表现却是混杂和令人不满意的，无论是在越南问题上，还是 1965 年向多米尼加共和国派出 2.2 万人部队这件事上。

在后果方面，约翰逊的外交政策在很多方面都有力捍卫了美国国家利益，在越南问题上却肯定不是这样。他并没有把我们直接抛进越南，但其在 1965 年全方位升级战争的行为，使美国付出了巨大而长期的代价。至于是否采取了措施尽可能减少对他人的伤害，约翰逊只能得到差评，尽管黎笋（Le Duan）等越南领导人也对几百万越南人的死亡负有责任。他的外交政策话语也没有对美国国内外公众产生什么有益的教育效果。约翰逊不断对美国公众撒谎（他们当中大多数人直到 1968 年还在支持越南战争），推迟了人们对这场冲突的深入了解。

麦克乔治·邦迪曾经注意到，那些为军事报复行为正名的事件一桩接一桩，“就像街上的有轨电车”，你错过了其中一辆，总能

1　1959 年 5 月，根据抗美斗争和统一越南的需要，越南中央军委决定开辟一条向南方运输人员和物资的秘密补给线。北起越南北部广治省西南山区，向南经老挝、柬埔寨进入越南南方。五角大楼曾用计算机分析这条运输线的网状构成，也使用了当时可以使用的各种高科技手段和空投特种部队进行侦察，还大量喷洒橙色剂以使热带雨林脱叶，用重型轰炸机进行密集轰炸，却始终未能阻挡越南北方向南方地区运输补给。

跳上另一辆。具有讽刺意味的是，在 1964 年发生了多起针对美军的袭击事件，约翰逊唯独选择 8 月 4 日的“北部湾事件”大做文章，而那起袭击并不是真的。后来，“北部湾事件”被曝光只不过是一辆“幻影电车”，约翰逊也辜负了美国人民对他的信任，他本人又是“如此需要这种信任”。[52] 对此，罗伯特 · 卡洛总结道，对总统宪政约束的削弱和公众信任鸿沟的加深，“将深刻影响整个国家的历史进程，而这在很大程度上是此人的个性使然”[53]。

杜鲁门拒绝升级朝鲜战争，标志着“总体战世纪”的终结。有限战争（limited war）产生的道德利好之一是，通过升级战争减少损害。但是，这样的战争掺杂着虚张声势的成分。为了保持谈判的可信度，美国总统确有必要保持“坚韧乐观主义”以误导民众。但具体到约翰逊，这种策略被他的个人需求强化了。洛格瓦尔借用莎士比亚的话来评价约翰逊：“悲剧的结局归结于主人公的选择。他的‘麦克白’（Macbeth）不仅仅是受害者：他亲手筑就了自己的失败。林登 · 约翰逊也是如此。”[54]

约翰逊口碑不佳的外交政策计分卡如下：

林登 · 约翰逊的道德计分卡

目标和动机	道德愿景：富有吸引力的价值观、良好的动机	混杂 / 较差
	审慎：价值与风险的平衡	混杂 / 较差
手段	武力：程度、区别对待、必要性	较差
	自由主义：对权利和制度的尊重	较差
后果	信誉：成功促进美国的长期利益	较差
	世界主义：对他人造成最低限度损失	较差
	公众教育：事实基础、更宽广的道德话语	较差

三、理查德·尼克松

“越南战争时期”的三位美国总统都是性情复杂之人，也都在各自计分卡上留下了混杂记录，但理查德·尼克松是他们当中最令人困惑的。他的道德失误导致了他在1974年的主动辞职，而他这样做是为了逃避被弹劾的命运，但他在外交政策方面也是三人当中最具创新和战略思维的。尼克松性格腼腆，有时把自己形容为“从事着外向型职业的内向者”。尽管缺陷很多，但他仍不失为一名成功的政治家。他赢得了两次大选，在1960年大选中仅以微弱劣势输给了肯尼迪，曾经56次登上《时代》杂志封面。尼克松能力超群，但“并非自然而然，而是经过了刻苦而孤独的努力”*。他自视为一个理想主义者，但“并不信任任何人。他认为他们中有坏人……他对‘强硬’这个词推崇有加。他认为正是‘强硬’把他带到了‘伟大的边缘’”[55]。

有一位专门研究美国总统的历史学家写道：“尼克松对他最亲密的伙伴来说都是‘神秘源’。他们的迷惑源于尼克松行事的高度私密性。他的腐蚀性的犬儒主义政治性格，与取得建设性成就的欲望共存。作为长处如此之多的政治人物，后来会采取自毁行动这一悖论。”[56]一些观察家试图用“两个尼克松”来描述和解读他，但传记作家伊凡·托马斯（Evan Thomas）认为：“只有一个尼克松。在尼克松身上，光明面和黑暗面是密不可分、不可剥离的。它们相互滋养。尼克松的长处，也是他的弱点，反之亦然。驱使他前进的动力最终害了他。身为弱势者的敏感使他目光长远，但也最终蒙蔽了他的视线。他之所以迫切希望展示强硬，正是因为自觉软弱；之所以刻意学习如何受欢迎，正是自感受到排斥。”[57]

尼克松的前幕僚戴维·葛根[1]（David Gergen）把他形容为一个

---

* 80年代早期，我有幸当面问过前总统尼克松，他是如何不用讲稿就向一大群听众就苏联行为问题发表了长达一小时的演讲。他回答：“我自己用打字机一个字一个字地敲出来，再背下来，然后进行预演。”这就是他的努力。

1　哈佛大学肯尼迪政府学院教授，曾是尼克松、福特、里根和克林顿这四位美国总统的顾问。著有《见证权力》（*Eyewitness to Power*, 2001）等作品。

刻苦、爱国和在贵格会[1]传统中成长起来的人。“尼克松真诚希望成为一名模范总统。他在白宫期间记下的私人备忘录里有这么一句话：‘我已经下定决心，我的主要角色将是一名道德领袖。’”但葛根接着写道，尽管“尼克松满口道义……他并没有把一套道德框架带进政治。他既没有意识到自己负有教育公众遵循‘宪法精神’的职责，也没有意识到自己应在‘德性和德行’方面以身作则。他太过沉迷于行使权力，把维护民主制度的责任甩给了他人”[58]。

1913 年，尼克松在加利福尼亚州约巴林达（Yorba Linda）出生，他比约翰逊小六岁，比肯尼迪长四岁。他的家庭属于中产阶层，这一点和约翰逊相近，与肯尼迪不同。他毕业于家乡附近的惠提尔学院（Whittier College）。这三位美国总统都是在家乡成长起来的，家里都有一个道德激昂、笃信宗教的母亲和一个不那么富有道德感的父亲，夫妻关系紧张。这三位美国总统都曾在二战期间在海军服役，战后进入国会工作。他们三人都在年纪轻轻之时步入政坛，尼克松在 40 岁时就成了艾森豪威尔政府的副总统。他们三人均是典型的反共分子，但也都不那么意识形态化，身上的务实主义者色彩更浓一些。尼克松在他的早期竞选活动中积累起“红色诱饵”的名声，但后来帮助艾森豪威尔驯服了约瑟夫·麦卡锡。与约翰逊不同，肯尼迪和尼克松更擅长操弄外交政策而非国内政策。不过，尼克松仍在国内政策方面取得了一些显著的政绩，比如推行所得税抵免、创设环境保护署（Environment Protection Agency）。

尼克松喜欢阅读历史类书籍。他的职业偶像在国内政治方面是属于务实保守派的英国首相本杰明·迪斯累里（Benjamin Disraeli），在外交政策方面是法国总统夏尔·戴高乐。尼克松很羡慕戴高乐的超然状态，戴高乐把外交政策当作一项行政特权加以掌控。尼克松的管理风格是把自己关在白宫内，通过少数官员同外界联络。

1　贵格会，又称公谊会，17 世纪中期在英国及其美洲殖民地兴起。其名称“Quaker”在英文里意为“颤抖”。没有成文的经训和教义，号称直接依靠圣灵的启示指导信徒的宗教活动和社会生活，具有神秘主义特色。有基督教的背景和成分，但有很多教徒并不承认自己是基督徒。

在外交政策方面，他信任哈佛大学教授、纳尔逊·洛克菲勒（Nelson Rockefeller）的前顾问亨利·基辛格，鼓动他把外交政策决策权集中到白宫手里，将威廉·罗杰斯（William Rogers）领导的国务院置于一边。他还指使基辛格绕开国务院，与苏联驻美大使阿纳托利·多勃雷宁（Anatoly Dorbrynin）开辟“后门对话”渠道，当然也指使基辛格秘访中国。那些认为基辛格“控制”了尼克松的人可是大错特错。就以中国问题为例，尼克松可比基辛格超前得多，早在1967年便发表过文章，展望中国走出孤立状态的前景。[59]

尼克松可以凭借其在外交政策方面的三大成就被载入史册，它们分别是：向中国打开大门；通过对苏缓和与军控谈判管理冷战；结束越南战争（尽管过程非常缓慢）。尼克松向中国打开大门，不仅利用中苏关系日益紧张的趋势实现了同盟逆转，也把人们的注意力从美国在越南的失败和苏联、古巴在非洲影响力的扩大中转移。对于这些历史荣耀，尼克松当之无愧。他早在1967年就预见了此种可能性，并任内手法娴熟地管理着国内政治和外交事务。这一遗产毫不令人惊讶地催生了“尼克松对华转向”（a Nixon to China maneuver）的外交术语。[60]

尽管这三大成就都是重要的，尼克松的外交政策中仍存在一个经常被人遗忘的“负项”。尼克松对自己的远见引以为傲，但令人惊讶的是，他对经济外交毫无兴趣且目光短浅（基辛格也是如此）。当有人提醒他意大利发生货币动荡时，尼克松做出了那句著名的回应：“我才不在乎什么里拉呢！”[61]1971年，美国在世界经济中的占比跌回到了战前的25%，对美元主导地位的调整势在必行。尼克松本应通过在美国国内加税和抑制需求来缓解美元承受的压力，但他不想在1972年大选中付出国内政治的代价。他反而准许财政部长约翰·康纳利（John Connally）通过单边打破布雷顿森林体系、未经磋商即向盟友加征关税，把美国国内的经济问题转嫁给国外。康纳利在做这些事时还向美国的盟友说了这样一句名言：美元是我们的货币，却是你们的问题。[62]这显然具有重大政策意蕴，但当戴维营会议做出决策时，基辛格和罗杰斯国务卿都没有被安排到场。[63]

后果并非微不足道。尼克松的决策给后人留下了严重的通货膨胀问题，不仅削弱了美国的实力，也让他后面的两任总统杰拉尔德·福特和吉米·卡特头痛不已。

有人批评尼克松没有对海外的人权状况给予足够的关注。一个经常被引用的事例是，对于 1973 年发生在智利的推翻民选总统萨尔瓦多·阿连德（Salvador Allende）的政变，以及奥古斯托·皮诺切特（Augusto Pinochet）军人专制政府的上台，尼克松采取了默认态度。另一个事例是，1971 年，他为了压制现已是独立国家的孟加拉的分离势头，扶持粗暴的巴基斯坦军政府。在处理与中国的关系问题上，尼克松和基辛格需要叶海亚·汗（Yahya Khan）政府的帮助，但他们“并非全受冷酷现实政治驱使”，也出于对印度左翼政权的厌恶，“白宫录像档案把他们的愤怒情绪记录了下来”[64]。他们优先推动对苏缓和政策，而非对苏施压以营救苏联境内的犹太人，受到亨利·杰克逊（Henry Jackson）等参议员的指责，最终在美国国内激起了新保守主义运动（neoconservative movement）。新保守主义分子们还批评尼克松在与苏联谈判时不够强硬，这包括 1972 年签署的两个超级大国之间的首份双边军控协定《削减战略武器条约》[1]（Strategic Arms Limitation Treaty of 1972）。

在越南问题上，尼克松从约翰逊那里继承的是一个困难局面。不过，人们仍指责他鼓动越南南方拖延约翰逊时期开启的巴黎和平谈判进程。[*] 尽管尼克松矢口否认有破坏谈判的行为，但历史学家亨利·法雷尔（Henry Farell）认定尼克松说谎，事实是 1968 年 10 月，他命令其助理赫德曼（H. R. Haldeman）[2]“阻挠”约翰逊当年提出的倡议。[65] 当尼克松在 1969 年入主白宫时，他相信自越南仓促撤军可能会推倒东南亚地区的“多米诺骨牌”，并且损害美国在世界其他地方的信誉。他知道他必须缓缓地、逐渐地熄灭战火，于是通过

1　即《第一阶段削减战略武器条约》（SALT I）。

*　由于越南南方拥有其他信息渠道，这一事件更可能表明尼克松对手段做出了不道德的选择，而不能证明其具有重大的长期因果意义。

2　曾担任尼克松政府的白宫幕僚长。

废弃和谈草案，消除了美国国内在撤军时间表问题上的一些压力。在国际上，为了给“战争越南化”（Vietnamization）铺路，他宣布了“尼克松主义”（Nixon Doctrine），要求地区力量为了自身的安全承担更多责任。

1968 年，61% 的美国人相信美国在越南输掉了地面战争，或者陷入了僵局。[66] 尼克松把民意解读为，要求一场属于美国的胜利，但不能付出长期地面战争的代价。随着时间的推移，他降低了美国人在越南战场上的死亡率。起初，他玩弄他所谓的“疯子理论”（madman theory）[1]，希望通过劝说越南北方相信他有可能采取任何措施，包括使用核武器，来取得速胜，但未能奏效。[67] 他也曾认为，把军控问题同越南问题挂钩，可以促使苏联向越南施加足够的压力，但这种策略同样失败了。当这些愿景被事实证明只是幻觉，尼克松和基辛格只好退而求其次选择逐步使“战争越南化”的策略，并且通过谈判寻找某种解决方案，争取能在美国撤军和西贡阮文绍（Nguyen Van Thieu）政权垮台之间创造出“适当间隔”。

为了找到那个解决方案，尼克松在 1971 年 5 月把战争扩大到柬埔寨，在那里制造了危机，并在美国大学校园引发了骚乱（包括肯特州立大学枪击案[2]）。1971 年底，尼克松批准对越南“圣诞大轰炸”（Christmas bombing），最终促使一个和平协议于 1972 年 1 月初

1　“疯子理论”是尼克松从博弈论发展起来的，即不惜滥用武力以达到遏制对手的目的，本质是核讹诈。尼克松刚上任时，认为如果越南北方相信美国会将军事行动升级甚至使用核武器，就会乖乖做出让步。这种理论旨在增加“心理威慑力”，让苏联和越南北方意识到尼克松政府是“危险且不可预料的”。

2　1970 年 5 月 4 日，美国国民警卫队队员向州立肯特大学校园内举行抗议反对越南战争的学生开枪，打死 2 名女生和 2 名男生，打伤 9 人，枪击事件引起了人们的愤怒。肯特大学一直是个不问政治的学校，但当许多美国大学生已经起来反对越南战争时，肯特大学的学生们加入了抗议行列。校方招来国民警卫队，在驱散示威人群过程中发生了冲突，卫队士兵根据以往如果受到攻击就开枪的命令，向学生开火。事件在全美引发公愤，450 多所大学罢课，十万人在华盛顿游行抗议。事后，尼克松组织的总统特别调查委员会认定，开枪没有必要且不可原谅。受害者家属起诉俄亥俄州州长和国民警卫队，法院判决州政府支付受害人家属 64000 美元赔偿并公开道歉。

在巴黎达成，但这个协议与1971年10月越南北方首肯的那个协议没什么两样——那个协议规定了停火，并允许北方人把他们的军队留在越南南方。当基辛格被私下问及南越政权还能存活多久，他回答："如果他们足够幸运，他们还能撑上一年半。"[68]1972年8月，基辛格告诉尼克松："我们得想个办法，帮那东西维持一两年。"[69]最终，它撑了28个月。

尼克松终结了越南战争，却付出了巨大道德代价。尽管他降低了战争伤亡率，却仍有21194名美国人在他主政下的三年战争期内死在越南，而这个数字在约翰逊任内是36756人，肯尼迪任内是108人。在尼克松任内，美国人在越南战场上的伤亡有60%发生在1969年，不过这些伤亡中的相当一部分要算到约翰逊头上。[70]在国际事务中，信誉是非常重要的资产，但一个"适当间隔"到底需要多少生命来填补？（被这场战争夺去生命的数以百万计的越南人和柬埔寨人又该怎么算呢？）

尼克松并非孤身一人在困境中艰难挣扎。如前所述，约翰逊时期曾出任主管国际安全事务的助理国防部长、哈佛大学法律系教授约翰·麦克诺顿估计，美国之所以在越南持续作战，70%的原因是为了避免一场耻辱的失败给自己作为安全担保人的声誉造成损害。如本书第二章所述，"肮脏的手"之所以出现，并非是一个在对与错之间做选择的问题。"道德抉择"往往是在作恶多寡之间做选择。对越南问题的处理关乎美国在东南亚乃至柏林的信誉。如果尼克松（或他的前任约翰逊）遵从富布赖特、艾肯参议员的建议，在越南战争初期接受战败的现实，美国全球权力所受的冲击会比1975年的失败多出几何？比起让更多生命在越南凋零，有没有更好的建立信誉的方式？从某种程度上讲，尼克松1971年向中国打开大门时已开始回答这些问题。结束战争总是困难重重，尼克松的"战争越南化"政策确实压低了美国在越南战场上的伤亡率。在1969年就接受失败、宣布撤军可能是鲁莽之举，意味着政治上的更大代价。当尼克松抵达中国而非越南访问时，他向世界展示出自己调控战略步骤的能力。他的渐进主义和欺骗政策并没有改变越南战争的最终结果，也在生命和信誉方面付出了高昂的代价。

“适当间隔”的代价只是推迟了美国在越南战场上的失败，其产生的代价是不能仅用美军付出的伤亡来衡量的。葛根认为：“约翰逊政府已经在越南问题上编造了一系列的谎言，但这并不能成为尼克松时代继续欺骗的理由……你可以划一条直线，从越南通向水门。对密室政治和阻止泄密的痴迷先是导致对记者和政府官员的窃听与录音行为，然后，‘水管工’（the Plumbers）[1]出场了。”[71]尼克松用来制造“适当间隔”的手段付出了信誉代价，无论是在美国国内还是国际上。

对尼克松外交政策道德的净评估是什么？尼克松公开阐述的政策目标是好的。据基辛格说，尼克松的现实主义建立在威尔逊主义对美国作为世界道德领袖的认知基础之上。[72]不幸的是，尼克松虽然对国际事务拥有高度的情境智力，但是缺乏情商防止个人报复心和不安全感腐蚀公共目标，正如我们从他开列“仇敌清单”并将记者和身边官员纳入的行为，以及他对阿连德、英迪拉·甘地等国外民选左翼领导人的消极反应中所能看到的。总的来说，尼克松在平衡价值观和风险方面是审慎的，但处理孟加拉问题和轰炸柬埔寨时却并非如此。

至于道德手段，尼克松从比例和程度上限制武力的使用。他严限军队制造生化武器，签署联合国《禁止生化武器公约》[2]。尽管他提出并实施了恐吓性质的“疯子理论”，将越南战争扩大到柬埔寨，但也避免对越南动用核武器，避免将越南战火延烧至中国。然而，他在越南的武力行为显然不能算是“适度”和“有差别”的。他在智利和孟加拉的行为也通不过尊重他国制度和人民权利的检验。

至于道德后果，尼克松在向中国打开大门、管控对苏冷战竞争方面以及中东事务上是美国人民利益的良好维护者、受托人，但其对外经济政策有着明显的疏失，而在结束越南战争的问题上，人们

1　这里指尼克松时期情报机构的堵漏人员。

2　2001 年，小布什就任美国总统后，宣布退出 1972 年签署的联合国《禁止生化武器公约》。

可以质疑他耗费的时间、付出的代价。他试图减少干预损害的世界主义努力在越南战场和孟加拉、智利这样的问题上收效甚微。一些现实主义者之所以给尼克松打出高评分，是因为他们只聚焦于其对中国的开放政策，也就因此原谅了尼克松在其他方面的所作所为。他们对尼克松遗留给美国的通货膨胀或在人权问题上的拙劣表现不感兴趣。其他人则把这些问题看得很重，同时无法原谅他为了制造一个只会给他带来表面声誉的“适当间隔”而宁愿让2.1万名美国人在越南丧生（负伤者更是难以计数）的行为，而这个“间隔”实际上又是那么短促。

在教育公众方面，无论是尊重事实、培养信任，还是扩大道德话语，尼克松的表现都很差。尽管尼克松并不应为美国政府信誉的滑坡负全责，但在葛根眼里，“接连两任政府在越南问题上的谎言和欺骗，再加上‘水门事件’，沉重打击了美国公众对政府的信心，从那以后，所有美国总统都不再健全”[73]。在20世纪60年代初期，75%接受民调的美国公众表示对美国的制度“很有信心”。十年后，这一比重降到25%。造成这种变化的原因是复杂的，并不能只怪60年代的美国总统或者越南战争，但理查德·尼克松负有很大责任。[74]

理查德·尼克松的道德计分卡

目标和动机	道德愿景：富有吸引力的价值观、良好的动机	混杂
	审慎：价值与风险的平衡	混杂
手段	武力：程度、区别对待、必要性	较差
	自由主义：对权利和制度的尊重	较差
后果	信誉：成功促进美国的长期利益	混杂
	世界主义：对他人造成最低限度损失	较差
	公众教育：事实基础、更宽广的道德话语	较差

越南战争时期的三位美国总统像他们的前任总统——美国自由主义国际秩序创立者——一样，在计分卡上获得了不错的成绩。有人或许会说，他们面前的“试题”要难得多，因为他们面对的国际形势变得更加复杂了。这种看法不具有说服力。越南战争时期的美国总统共同拥有一张误导性的世界心理地图，这张地图高估了美国的实力，低估了民族主义和本土文化的力量。他们虽然均对“多米诺骨牌”理论表达了个人的保留意见，但最终通过在公共场合大加宣扬而在其中陷得越来越深。他们误读了试卷上的关键问题，并做出了自欺欺人的回答。

在道德层面上，这三位美国总统均秉持在越南、在全球抵御共产主义扩张的目标，但是也把个人动机掺杂其中，从而使得他们的道德意图复杂化了。他们均惧怕因成为“失去了越南”的美国总统而遭受国内政治惩罚，为了避免个人损失而宁愿让更多生命在越南丧失。在两极世界中维护美国的信誉是一套经过精心设计的误导性话语，为之付出生命和金钱的代价，是一回事。为了国内政治利好，或者如约翰逊、尼克松所做的那样，为了塑造个人刚硬形象，而牺牲如此之多的生命，则是另一回事。阿肯色州的联邦参议员威廉·富布赖特、佛蒙特州的联邦参议员乔治·艾肯等人认为，当时的一些政治选择虽不令人愉快，但也不是那么邪恶。让越战之灾变得不可避免，既不是两极冷战，也非国内政治。悲剧的生成，源自坏的道德选择。

或许肯尼迪本可避免越南战争的“美国化”，然而，我们对此永远无法确信。通过把派往越南的军事人员限制在顾问类别而非地面作战部队，肯尼迪成功避免了其后任扩大为巨大伤亡的行为。但当 1963 年 11 月他意识到美国在越南获胜的概率只有 1%，他还是铺就了战争升级这条路。据麦克乔治·邦迪说，肯尼迪的本意是把越南问题拖成他第二个任期里的一个政治问题，最终“抹平它”。当他的助理们问他准备如何启动自越南撤军时，肯尼迪告诉他们：“容易！在那里扶植一个要求我们离开的政府。”肯尼迪并不认为越南问题对世界权力均衡来说是多么大的挑战，对美国国内的政治观念来说才是。[75]

一些观察家称赞约翰逊和尼克松对武力的大规模使用——包括轰炸、喷洒落叶剂、打消耗战、实施“战略村”计划[1]，以及动用其他战争工具——把东南亚地区从“共产主义威胁”中拯救出来。但实际情况并非如此。在 1965 年约翰逊升级越南战争之前，印度尼西亚这枚最大的“多米诺骨牌”，已经随着推翻苏加诺总统的军事政变的发生，朝着反共方向倒下了。支撑这些观察家论点的另一论据是，这三位美国总统均没有认真考虑过对越南使用核武器，他们也不谋求将冲突的战火延烧至中国或苏联。人们当然应为此感到庆幸，但仅从那些失去的生命和国家付出的代价角度看，越南战争时期的三位美国总统都应该被判定为道德上的失败者。

1　越南战争时期，肯尼迪政府在越南南方农村推行“国家建设”行动，意在引导落后地区的现代化建设来消除共产主义滋生的隐患，以应对贫困导致的“叛乱”问题。越南南方的“战略村”是人口集中的封闭性社区，承担了农村人口的安全、组织、管理、生活、教育、医疗等多方面功能。通过硬件条件的发展和社会组织的建立，越南南方农民生活有所改善。但由于吴庭艳政权的宗教政策的失败，以及越南南方游击队的进攻，该计划最终走向了失败。

〖注释〗

［1］Sestanovich, *Maximalist*, 88–89.

［2］Gordon M. Goldstein, *Lessons in Disaster: McGeorge Bundy and the Path to War in Vietnam* (New York: Henry Holt, 2008), 168.

［3］Jill Abramson, "Kennedy, the Elusive President," *International New York Times*, October 26–27, 2013, 20.

［4］Macmillan quoted in Alan Brinkley, *John F. Kennedy* (New York: Henry Holt, 2012), 124.

［5］Brinkley, *John F. Kennedy*, 3.

［6］Andrew Cohen, *Two Days in June: John F. Kennedy and the 48 Hours That Made History* (Toronto: Signal, McClelland & Stewart, 2014), 41.

［7］Jon Roper, "John F. Kennedy and Lyndon Johnson," in *US Foreign Policy and Democracy Promotion*, ed. Cox, Lynch, and Bouchet, 111.

［8］Sestanovich, *Maximalist*, 88.

［9］Robert Dallek, *An Unfinished Life* (New York: Little Brown, 2003), 683.

［10］Michael O'Brien, *Rethinking Kennedy: An Interpretive Biography* (Chicago: Ivan Dee, 2009), 168.

［11］Michael A. Roberto, *Why Great Leaders Don't Take Yes for an Answer* (Upper Saddle River, NJ: Wharton School Publishing, 2005), 29–33.

［12］Sheldon M. Stern, *The Cuban Missile Crisis in American Memory* (Stanford, CA: Stanford University Press, 2012), 149.

［13］Cohen, *Two Days in June*, 24.

［14］Khrushchev quoted in Brinkley, *John F. Kennedy*, 80.

［15］Goldstein, *Lessons in Disaster*, 245, 248.

［16］James Blight, Janet Lang, and David Welch, *Vietnam If Kennedy Had Lived* (Lanham, MD: Rowman & Littlefield, 2009).

［17］Logevall, *Embers of War*, 703.

［18］Dallek, *An Unfinished Life*, 684; see also Dallek, "What Made Kennedy Great?" *New York Times*, November 22, 2013, 25.

［19］Fredrik Logevall, "Kennedy and What Might Have Been," in *The Vietnam War: An Intimate History*, ed. Geoffrey Ward and Ken Burns (New York: Knopf, 2017), 5–6.

［20］Dallek, *An Unfinished Life*, 668.

［21］Goldstein, *Lessons in Disaster*, 93.

［22］Goldstein, *Lessons in Disaster*, 88.

[23] Bowles quoted in Brinkley, *John F. Kennedy*, 84.

[24] Niall Ferguson, "Kremlin Back Channels Worked Just Fine for JFK," *Sunday Times* (London), July 16, 2017.

[25] Larry Berman, "Lyndon B. Johnson: Paths Chosen and Opportunities Lost," in *Leadership in the Modern Presidency*, ed. Greenstein, 145.

[26] Robert Caro, *Master of the Senate: The Years of Lyndon Johnson* (New York: Vintage Books, 2003).

[27] Greenstein, *The Presidential Difference*, 79.

[28] Moyers quoted in Charles Peters, *Lyndon B. Johnson* (New York: Henry Holt, 2010), 140.

[29] Robert Caro, *The Path to Power: The Years of Lyndon Johnson*, Volume I (New York: Vintage, 1982), 96, 32.

[30] Berman, "Lyndon B. Johnson," 139, 144.

[31] Caro, *The Path to Power*, xvii.

[32] Peters, *Lyndon B. Johnson*, 8.

[33] Peters, *Lyndon B. Johnson*, 82.

[34] Doris Kearns Goodwin, *Lyndon Johnson and the American Dream* (New York: St. Martin's, 1991), 251–52.

[35] Roper, "John F. Kennedy and Lyndon Johnson," 114.

[36] Frederik Logevall, "Why Lyndon Johnson Dropped Out," *New York Times*, March 25, 2018, 7.

[37] Peters, *Lyndon B. Johnson*, 94.

[38] Goodwin, *Lyndon Johnson and the American Dream*, 311.

[39] Goodwin, *Lyndon Johnson and the American Dream*, 322.

[40] John P. Burke and Fred I. Greenstein, *How Presidents Test Reality: Decisions on Vietnam, 1954 and 1965* (New York: Russell Sage, 1989), 275.

[41] Goodwin, *Lyndon Johnson and the American Dream*, 330.

[42] Peters, *Lyndon B. Johnson*, 128.

[43] Berman, "Lyndon B. Johnson," 147.

[44] H. R. McMaster, *Dereliction of Duty: Lyndon Johnson, Robert McNamara, the Joint Chiefs of Staff, and the Lies That Led to Vietnam* (New York: Harper Collins, 1997), 325.

[45] Francis M. Bator, *No Good Choices: LBJ and the Vietnam/ Great Society Connection* (Cambridge, MA: American Academy of Arts and Sciences, 2007), 16.

[46] Michael Beschloss, *Presidents of War*, 503.

[47] "Fredrik Logevall Comment on Francis M. Bator's 'No Good Choices: LBJ and the Vietnam/ Great Society Connection,' " *Diplomatic*

History 32, no. 3 (June 2008), 365.

［48］ Logevall, "Comment on Francis Bator," 366–67.

［49］ Goldstein, *Lessons in Disaster*, 3.

［50］ Goodwin, *Lyndon Johnson and the American Dream*, 392.

［51］ David Sanger, "US Commander Moved to Place Nuclear Arms in South Vietnam," *New York Times*, October 7, 2018, A1. See also Goldstein, *Lessons in Disaster*, 161.

［52］ Edwin E. Moise, *Tonkin Gulf and the Escalation of the Vietnam War* (Chapel Hill: University of North Carolina Press, 1996), 253–55.

［53］ Caro, *The Path to Power*, xvii.

［54］ Logevall, "Why Lyndon Johnson Dropped Out."

［55］ Richard Reeves, *President Nixon* (New York: Simon & Schuster, 2001), 12–13. See also the description by Alexander Butterfield in Bob Woodward, *The Last of the President's Men* (New York: Simon & Schuster, 2015), 94.

［56］ Greenstein, *The Presidential Difference*, 93.

［57］ Evan Thomas, *Being Nixon: A Man Divided* (New York: Random House, 2015), 529.

［58］ David Gergen, *Eyewitness to Power: The Essence of Leadership* (New York: Simon & Schuster 2000), 77, 85.

［59］ Niall Ferguson, *Kissinger: 1923–1968: The Idealist* (New York: Penguin, 2015), 802.

［60］ Margaret McMillan, *Nixon and Mao: The Week That Changed the World* (New York: Random House, 2007).

［61］ Nigel Bowles, *Nixon's Business* (College Station: Texas A&M Press, 2005), 184.

［62］ Niall Ferguson, "Our Currency, Your Problem," *New York Times*, March 13, 2005.

［63］ Bowles, *Nixon's Business*, 179.

［64］ Gary J. Bass, "Nixon and Kissinger's Forgotten Shame," *New York Times*, September 30, 2013. See also his book *The Blood Telegram: Nixon, Kissinger, and a Forgotten Genocide* (New York: Knopf, 2013), 6–7.

［65］ John A. Farrell, "Tricky Dick's Treachery," *New York Times*, January 1, 2017. See also Peter Baker, "Nixon Sought 'Monkey Wrench' in Vietnam Talks," *New York Times*, January 3, 2017, 1.

［66］ Richard Sobel, *The Impact of Public Opinion on U.S. Foreign Policy Since Vietnam* (New York: Oxford University Press, 2001), 37, 81.

［67］ Thomas, *Being Nixon*, 218–19.

［68］ Thomas, *Being Nixon*, 429.

[69] Ken Hughes, *Chasing Shadows: The Nixon Tapes, the Chennault Affair, and the Origins of Watergate* (Charlottesville: University of Virginia Press, 2014), 102.

[70] I am indebted to private communication with Niall Ferguson for this number and his stimulating criticism.

[71] Gergen, *Eyewitness to Power*, 61–62.

[72] Henry Kissinger, *Diplomacy* (New York: Simon & Schuster, 1994), chapter 2.

[73] Gergen, *Eyewitness to Power*, 61.

[74] Joseph Nye, Philip Zelikow, and David King, eds., *Why People Don't Trust Government* (Cambridge, MA: Harvard University Press, 1997), 80.

[75] Goldstein, *Lessons in Disaster*, 231, 238, 239.

第五章　后越战时代的收缩

1974年8月，理查德·尼克松引咎辞职，接替他出任总统的杰拉德·福特向美国宣告："我们漫长的国家梦魇结束了。"但是，消除越南战争和"水门事件"的影响绝非易事。对国家制度的信任严重受损，美国外交政策进入到一个恢复和收缩的阶段。[1]

在1972年的大选中，尼克松以压倒性的优势获胜，1974年的国会中期选举则宣告反对党大获全胜，一群被称作"水门宝宝"（the Watergate babies）的民主党政客进入国会。新闻曝光、官方报告和由爱达荷州联邦参议员弗兰克·丘奇[1]（Frank Church）主持的参议院委员会调查活动都披露出，中央情报局在冷战期间采取了许多秘密行动，包括暗杀计划。美国经济慢了下来，由通货膨胀和增长放缓相结合形成的现象被冠以"滞胀"（stagflation）。这个问题给福特和卡特两位总统造成困扰，起源是约翰逊的"大炮加黄油"政策，根据这一政策，他拒绝在他强力推行的"伟大社会"计划和越南战争之间做出抉择。尼克松在1971年对工资和物价进行限制，使问题变得更加严重了，而这些限制后来被取消，又一下子导致通胀爆发。

从20世纪60年代末到70年代，美国社会和文化的准则开始发生显著变化，涉及族裔、性别、同性权益、堕胎以及环境议题。正如林登·约翰逊签署《民权法案》和《投票权法案》时预言的，族裔问题开启了把"稳固的南方"从坚定的民主党人手中转到坚定的共和党人手中的进程。文化上的变化创造出一个逆反的保守群体，

1　美国律师、政治家，民主党成员，1979至1981年任参议院外交关系委员会主席。

尼克松称之为“沉默的大多数”（the silent majority）[1]。再后来，罗纳德·里根在1976年大选中未能依托他们取得共和党总统候选人提名，但在四年后成功击败卡特当选总统。一位观察家说，70年代对美国政治来说是一个“史诗般的年代”，“在由大滞胀和越南战场上的军事挫败共同构成的破坏性十年的压力作用下，二战后形成的中间共识逐渐瓦解了”。[2]

国际体系的结构仍是两极化的。美国经济产出的全球占比已经从1945年的高点下滑到1970年的约25%，和战前的水平大致持平。美国的经济规模仍比全球其他任何一个经济体都要大得多。苏联尽管经济规模要小一些，但其庞大的军费开支已使其核弹头数量领先于美国。作为古巴导弹危机的后果，美国放缓了核武库建设，苏联却反其道而行之。许多分析家认为，“核滥杀”并非维持相对权力的好办法，但“当前危险委员会”这样的新成立组织宣称，苏联已经拥有核优势，必须重视由此产生的严重焦虑。苏联人还向非洲的革命政权提供更多支持。批评者们把这些现象同在越南的失败放在一起，当作美国衰落的明证，并对美国政府谋求军备控制与对苏缓和的努力吹毛求疵。杰拉德·福特和吉米·卡特通过他们重建信任的外交努力与这些论调激烈碰撞。

一、杰拉德·福特

杰拉德·福特是一位独特的美国总统。他只干了895天，是美国现代史上任期最短的总统，也是唯一一位未经竞选便当上副总统、

1　1969年，美国深陷越南战争泥潭，总统尼克松为应对危局，在国内寻求人民支持，在当年11月3日的一次演讲中提出了“沉默的大多数”的概念。他说，那些站出来游行示威、强烈反对越战甚至攻击警察机关的人，虽然显得声势浩大，但实际上并非多数，绝大多数美国人的声音被那些激进的呼喊所掩盖；绝大多数美国人都是爱国的，不希望国家走入颓势，只是由于种种原因，并未站出来表达自己的意见，而是处于沉默状态。

总统的人。他来自密歇根州，是共和党温和派的国会议员，尼克松选择他取代斯皮罗·阿格纽（Spiro Agnew）出任副总统——阿格纽因其在马里兰州州长任上的腐败丑闻而辞职。1973 年，国会参议院援引宪法第 25 修正案确认了尼克松对福特的副总统任命。

福特与尼克松同岁，两人都曾于二战期间在美国海军服役，战后进入国会。福特毕业于密歇根大学，在校期间是橄榄球明星球员，后进入耶鲁大学法学院深造。他曾 12 次当选并连任国会议员，后来成为众议院少数党领袖。他在国会中人缘很好，“被视为正直、稳重、坚定等德性的化身，与内心复杂的约翰逊和尼克松形成鲜明对照”[3]。

福特出任总统时，被公众广为接纳，支持率高达 71%，但时间只过了一个月，由于他在没有任何先兆、未做任何政治准备便宣布特赦尼克松，支持率迅速跌至 49%。许多批评人士怀疑这其中存在腐败交易，而尼克松的前幕僚戴维·葛根解释，福特虽没能做好必要功课，但他这样做是为了了结旧账、轻装上阵。用葛根的话来讲：“在美国现代史上，不止一位总统生性爱说谎，杰里·福特[1]却生来只讲真话。”[4]福特的理想是做一名好总统，而非做一名伟大的总统。在为白宫内阁会议厅挑选往届总统挂像时，尼克松选择了艾森豪威尔、西奥多·罗斯福、伍德罗·威尔逊，福特则用林肯的画像换下了罗斯福，用杜鲁门换下了威尔逊。[5]

和杜鲁门一样，福特是一位务实的国会立法者，而非出色的沟通者，他的话语没有引起公众的广泛关注。但是，另一方面，福特的情商颇高，其内阁表现一流，也把白宫管理得井井有条，这都鼓励了思想的自由流动。[6]人们非常关切福特能否保持美国外交政策的稳定性。福特请亨利·基辛格当自己的国务卿，让他继续在外交事务中发挥主导作用。但在 1975 年，福特让基辛格把身兼的总统国家安全事务助理一职让给了能力出众的副手布伦特·斯考克罗夫特（Brent Scowcroft）。福特短暂任期内的主要外交议题包括：南越政权的垮台，如何管理与苏联的关系，是否以武力处置“‘马亚圭斯’

1　杰里是福特的昵称。

（Mayaguez）号事件”[1]和“板门店事件”[2]，临近1973年底石油输出国组织（OPEC，俗称欧佩克）让国际油价翻了四番之后日益突出的经济相互依存问题。

1975年初，美国在西贡市（今越南胡志明市）及附近驻扎有6000名军人，但南越政权已在抵御共产党人地面进攻的战斗中溃败。为了帮助阮文绍政权加强尼克松政府在1973年巴黎和谈过程中许诺的防线，福特要求美国国会划拨7.22亿美元的军事援助款项。然而，由于反对者太多，国会最终拒绝拨款。4月21日，阮文绍辞职下野。4月30日，西贡陷落。在美方和越南南方人员撤离过程中，美国只起到了有限的作用。当时，过载的直升机从美国驻南越使馆屋顶上起飞，把慌乱的人们“摆渡”到停在西贡近海的美国海军舰只上。有照片记录了这一着实让人感到耻辱的历史时刻。福特是否本可以为挽回局面做些别的什么事？如果美国履行承诺将援助提供到位，南越政权是否会得到拯救？这些都是令人怀疑的。事实是，美国背弃了承诺这一点永远留在历史记忆中。不过，福特政府成功预见了人道主义救援的到来。1975年《难民援助法案》（Refugee Assistance Act）批准向“印支难民”提供4.55亿美元的援助，仅1975年一年，就有13万越南人抵达美国。在接下来的数年中，成千上万的越南人陆续涌入美国。

福特在处理美国对苏联的关系方面相对比较成功。他沿袭了尼克松的对苏、对华缓和政策，并对这两个国家进行了访问。但他试

1　1975年5月12日，美国运输船“马亚圭斯”号在从香港驶往新加坡途中，在暹罗湾海面上遭柬埔寨红色高棉政权海军的炮击并被扣留，船上人员被送上渔船转移到柬埔寨磅逊港。福特政府经过多轮商议，决定派海军陆战队实施空降救援，行动以美军损失3架直升机、伤亡数十人的惨重代价宣告失败。5月15日，红高方面送回了“马亚圭斯”号上的全部人员并释放船只。

2　即“斧头杀人事件”和“白杨树事件”。1976年8月18日，由于美军欲砍伐板门店共同警备区内一棵白杨树，朝鲜和美国军事人员发生肢体冲突，致美方两名士兵死亡，双方多人受伤，这是1953年共同警备区设立以来发生在该区域内的第一起死亡事件。经会议激烈争论后，福特政府决定在外交上主要和韩国进行协商，军事上放弃报复性打击行动，转而选择通过调遣强大的兵力来炫耀武力。

图与苏联达成贸易协定的努力却在国会遭到阻挠，他任内取得的美苏《第二阶段削减战略武器条约》（SALT II）的谈判成果，也在国会遭到参议员亨利·杰克逊（Henry Jackson）及其他对基辛格缓和政策持批评态度者的拖延。1975 年 7 月，福特与苏联领导人列昂尼德·勃列日涅夫在赫尔辛基欧洲安全与合作会议（The Conference for Security and Cooperation in Europe）期间再次举行会晤。在那次会议上，欧洲国家几乎都赞同维护人权和欧洲主权边界。福特在美国国内因“接受苏联对东欧的主宰”而遭到批评，但从长远角度看，《赫尔辛基宣言》在人权问题上的措辞削弱了苏联在东欧的控制力。具有讽刺意味的是，若干年后，随着一系列后续事件的发生，当年福特的一位助理对那次会晤的情况进行了揭秘。他告诉世人，勃列日涅夫向福特承诺将帮助他在 1976 年的大选中赢得连任，福特当场拒绝了这一提议。[7] 在福特的道德观念中，接受勃列日涅夫的许诺将是一件“太出格”的事。

1975 年和 1976 年，福特因在亚洲发生的两起事件动用了武力，以彰显美国的信誉。第一起事件是，1975 年 5 月，就在西贡陷落后不久，柬埔寨的红色高棉政权在国际水域扣留了美国货船“马亚圭斯”号，随后福特派出海军陆战队援救被扣船员。在那起行动中，共有 41 名美军人员阵亡，超出了获救船员的人数，但整个行动仍具有价值观念上的象征意义。尽管有人劝告福特说，扣押美国商船是红色高棉政权的不成熟行为，美国有必要保持耐心，但他仍选择强硬以对，似乎要洗刷美国狼狈撤离西贡的耻辱。用福特的话来讲，尽管那么多人的丧生让他感觉非常糟糕，但他也感受到“美国的果断行动可以向盟国重申我们的承诺，并向我们的对手发出直言不讳的警告：美国不是一个无可救药的巨人”[8]。这便是为了信誉所要付出的道德代价。

1976 年 8 月，朝鲜军队在板门店分界线的营房附近杀了两名正在那里砍树的美军士兵，福特通过展示军力做出回应——派出大批地面部队进入共同警备区伐树。朝鲜人没有再做反应。第三起与武力相关的事件是，福特政府继续向印度尼西亚提供军事援助，而作为美国越战盟友的国家在苏哈托总统领导下，刚刚吞并了 1975 年才从葡萄牙手中取得独立地位的东帝汶（East Timor）。印尼军队因其侵犯人权的行为在国际上广受谴责，但人权并非福特政府优先关注的问题。福特在自己的回忆录中批评他之后的卡特政府发起人权运动和试图与古巴、越南实现关系“正常化”的行为是“业余主义（amateurism）当道”。[9] 而福特本人在 1975 年的 35 国峰会上签署的《赫尔辛基协定》（The Helsinki Final Act）[1]，则在历史上首次把人权作为一个核心问题注入东西方关系。

福特也重视国际制度。随着日本和欧洲经济的快速增长，以及 1973 年欧佩克将油价上调四倍震惊世界并触发衰退，经济上的相互依存不断增加。福特谋求与伊朗、沙特阿拉伯达成妥协，但谈崩了，于是在石油消费国之间倡议成立一个组织，也就是设在巴黎的国际能源署（International Energy Agency，简称 IEA）。1975 年，在福特的倡导下，在法国朗布依埃（Rambouillet）举行的经济峰会改为每年一度的七大发达经济体（G7）峰会。为了堵截马克思主义者在联合国提出的“国际经济新秩序”主张，福特支持在联合国框架下设立世界粮食计划署（World Food Program，简称 WFP）、加强国际货币基金组织，并增加对非洲的发展援助。[10]

福特的道德计分卡总体来说是良好的，但由于他的任期太短，其外交政策的成效表现平平。他从尼克松手里继承的是一个困难局势，这也成为他得分较高的原因之一。他的目标和道德观是好的，反映了他那个时代的特点。不像他的前任总统们，福特的高情商和良好性格使得他能够做到个人动机同公开宣示目标和价值观相一致。他试图同苏联保持军控磋商，以控制冷战竞争的烈度，尽管有人批

1　又称《赫尔辛基最后协议》，是 1975 年 8 月 1 日美国、加拿大和除阿尔巴尼亚、安道尔外的欧洲国家（包括苏联）共 35 国在芬兰首都赫尔辛基签署的，核心内容是处理国家间关系的十项原则，包括主权平等，尊重主权；不使用或威胁使用武力；互不侵犯国家边界；维护各国领土完整；以和平方式解决争端；不干涉他国内政；承认并尊重人权及人的各项基本权利；尊重民族平等与自决；开展国家间合作；履行国际义务。人权及人权保护是主要内容之一，也是欧洲安全与合作组织（欧安组织）各成员国的相互政治承诺。

评他对苏联“不够强硬”。在平衡价值观和风险方面，他是审慎的，接受了美国在越南遭受失败的严酷现实。

在手段方面，福特处理“‘马亚圭斯’号事件”和“板门店事件”过程中，对军队的调动是适度和有差别的。有人会质疑他为了修复美国的信誉而动用武力，但同尼克松为了在越南创造“适当间隔”而损失的生命相比，那不过是小菜一碟。福特对人权和国际制度的自由主义尊重，通过他对“赫尔辛基进程”的充分参与得到显示，虽然有关努力在共和党内部遭到保守派的抵制。尽管他的助手担心会给大选造成不利影响，福特仍然真心实意地推动签署了《赫尔辛基协定》，这表明他愿意为自己认定的道德正确付出努力。

在后果方面，福特是美国利益的良好维护者，能够把美国带给他国的损害最小化，显示了一个世界主义者的关切，这在他对待越南难民的态度中得到了体现。在对外经济政策问题上，福特为维护和加强全球贸易体系做出了显著而持续的努力，即使在应对从前任总统那里接过的经济衰退时不得不面对保护主义者们的压力。据他的一位主要经济顾问说，这部分是因为他相信加强全球贸易体系是解决通胀问题之道，也是因为他认为一个开放的贸易体系是帮助发展中国家扩大经济规模的有力工具。[11]他认识到国际制度对于不断增加的经济相互依存的重要性。或许，福特的外交政策的最重要遗产正是教育公众恢复对事实的尊重，以及在美国国内外重建广泛的道德话语。

杰拉德·福特的道德计分卡

目标和动机	道德愿景：富有吸引力的价值观、良好的动机	良好
	审慎：价值与风险的平衡	良好
手段	武力：程度、区别对待、必要性	良好 / 混杂
	自由主义：对权利和制度的尊重	混杂

后果	信誉：成功促进美国的长期利益	良好
	世界主义：对他人造成最低限度损失	良好／混杂
	公众教育：事实基础、更宽广的道德话语	良好

二、詹姆斯·厄尔·卡特[1]

1924年，吉米·卡特出生于佐治亚州普兰斯镇附近的一个小村庄，他比战后上台的美国历任总统都要年轻将近十岁。1946年，他毕业于安纳波利斯的美国海军学院（The Naval Academy），在同级820名学员中排名第60位，随后进入海军上将海曼·里科弗（Hyman Rickover）指挥的核动力海军部队服役，这支部队以纪律严明、规则苛刻著称。不像他的前任总统，卡特没有在国会工作的经历，长期是华盛顿政治的“门外汉”。但他在佐治亚州当过一任州长，干得很成功。当1974年宣布竞选总统时，他还不是很有名，也尚未融入国家政治进程。当时的人们会问：“吉米是谁？”他能在民主党初选中脱颖而出，以及在1976年大选中不懈地胜出，在很大程度上要归因于他对改革的承诺。卡特的竞选口号是，“我永远不会对你们说谎”。数年后，研究人员认为卡特兑现了他的口号，他的公开讲话与书面记录高度一致。历史学家道格拉斯·布林克利（Douglas Brinkley）得出结论：卡特带着完好无损的道德度和诚实感从华盛顿返回家乡普兰斯。[12]

卡特是社会意义上的自由主义者、财政意义上的保守主义者，他为了把民主党内和国会不同派系团结到一起费尽心机。他是个天才竞选者，但在推动政治妥协和构建政治联盟方面不那么在行。他表现得更像是一名卫道士，或者是只见树木不见森林的伐木工。在卡特眼里，妥协并非政治之必要，而更像是一件人们在知错之后不

1 即吉米·卡特。

得已而为之的事。[13] 他的一位顶级幕僚说，卡特任内从未培育出一个有效的国家联合体。“一次又一次地，他会说，‘把政治交给我吧’，而事实上，他是鄙视政治的。他认为，只要他一心做自己眼中的‘正确之事’，公众会看在眼中，记在心里，自然会报以桃李，助他连任。然而，政治并非停在白宫椭圆形办公室门口的车，只等他在大选时分才去坐。”[14] 作为一名政治领袖，卡特更像是诚信版的理查德·尼克松，而不是比尔·克林顿那样有天分的政治家，这个年轻的、善于同各种人打交道的南方人后来接替他成为美国总统。

一位传记作家这样形容卡特：“人们一直以为卡特是一名没能清晰表达出令人信服的政治愿景，也没能让其政党团结在一起的美国总统……对他总统任期的这种评价并非不准确。如果富兰克林·罗斯福和罗纳德·里根的总统任期展示的是如何将一个易怒的联盟团结在一起的能力，那么卡特的遗产刚好相反。”[15] 另一位传记作家认为，卡特虽算不上是一名伟大的美国总统，但他的业绩显然也被低估了。他是一名有所作为的好总统，采取综合手段解决棘手问题，同时宁愿承担政治后果也不肯改变原则和放弃个人信念。在历史学家们排列的美国总统排行榜上，卡特的位置处在中游。[16]

以上这些特点使得卡特成为本书中一个非常有意思的例子。卡特是个威尔逊主义者，他相信美国在民族国家关系当中扮演着道德见证人的角色。他对人权尤感兴趣。[17] 卡特曾说，在所有他曾服务过的美国总统中，他最崇拜哈里·杜鲁门，对其职业生涯的研究程度超过其他任何美国总统，因为杜鲁门不仅直率、诚实，还有几分老派。[18]

卡特是个南方浸信会重生信徒，但他厌恶约翰逊、尼克松和葛培理（Billy Graham）牧师的宗教表演，并且认为他们搞的那套形式主义是伪宗教。他坚持用自己的宗教原则来指导自己的生活——即使在担任总统期间，也没有停止在主日学校沉静地讲授《圣经》。但是，好人就能当好总统吗？前演讲撰稿人亨德里克·赫兹伯格（Hendrik Hertzberg）写道：“里根拥有固执的政治意识形态，卡特却没有——至少没那么固执。政治意识形态是种偷懒的捷径，它能节省时间，让你在最短的时间里对自己一无所知的事情形成看法。”卡特是一位“道德工程师”，想给所有政治问题找到正确答案，而不是当一名把解决方案强行付诸实施的“政治推销员”。历史学家贝蒂·格莱德（Betty Glad）形容卡特“孜孜以求地追寻着‘山巅之城’的古老传统，与人们分享着它的美德与缺陷”。但是，他的威尔逊主义道德观从不允许他把自己陷入盲目自大的必胜主义。[19]

卡特拥有一套道德意识形态，这赋予他强烈的对错感。用亨德里克·赫兹伯格的话来讲：“仅仅为了政治利益或政治恐惧就平白无故杀人是错误的，林登·约翰逊和理查德·尼克松就是这样。他们将越南战争升级并使之延绵不休……而且这是在种种迹象已表明美国根本不可能赢得这场战争之后——他们仍然坚持这样做，并非因为他们真的相信他们的行动会使美国变得安全或使越南变得自由，而是因为他们害怕被当成示弱者……在处理‘马亚圭斯’号事件的过程中，即使是相对温和的福特也派出一群美国军人毫无意义地赴死。吉米·卡特从不做这样的事。”[20] 在卡特的总统任期内，没有美国人在战斗中死亡，这是卡特应感自豪的事。尽管在 1979 年伊朗劫持美国外交人员的事件中有人丧生，迫使卡特中止了解救被劫持者的努力。

其他批评者对卡特的道德水准更为挑剔。比如，外交政策研究者罗伯特·卡普兰就认为：“要不是尼克松、福特和基辛格做了那么多艰难的决定，美国恐怕经受不住卡特披着道德外衣的无能之举造成的损害。”[21] 卡普兰举了 1977 年卡特因埃塞俄比亚侵犯人权而对该国实施武器禁运的例子。他说，卡特不在非洲之角玩弄强权政治的决定与随后在埃塞俄比亚发生的大规模死亡事件之间的联系，比尼克松对柬埔寨农村地区的入侵与六年后的红色高棉政权暴行之间的联系更为直接。然而，如果美国在非洲反其道而行之，会产生什么后果，则很难证明。苏联及其代理人古巴在非洲大陆进行了一系列的革命干预，但美国当时能在多大程度上控制埃塞俄比亚事态的发展至今仍没有清晰的结论。人们也不清楚尼克松、福特到底为阻止或煽动安哥拉或莫桑比克的大规模死亡事件发挥了多大作用。

总的来说，20 世纪 70 年代被视为美国外交政策的收缩时期。军事上的挫败损害了美国的信誉和形象；苏联加紧建设其核力量和支持第三世界的左翼革命；1973 年阿拉伯石油禁运导致能源危机和汽油价格飞涨；1945 年后开始的世界经济快速增长慢了下来；在欧洲和日本发生的恐怖袭击加剧了人们对民主制度稳定性的担忧。70 年代末，一场伊斯兰革命推翻了伊朗国王的统治，苏联则入侵了阿富汗。

尽管面对这么多问题，卡特的外交政策还是取得了一些成功，包括：开始和平移交巴拿马运河主权，促进了美国与拉丁美洲国家的关系；在埃及与以色列之间斡旋，谈判并促成戴维营协议；放缓肯尼迪期望大大加速的核扩散步伐；提升了人权在美国外交中的地位；对中国的全面外交承认；与苏联进行军备控制谈判。1979 年底，苏联入侵阿富汗后，卡特扭转了自越南战争结束后美国军费的下降趋势，发展了新的武器系统，形成了“卡特主义”（Carter Doctrine）。“卡特主义”宣告，任何对波斯湾地区的侵犯都将被美国采用包括武力在内的各种必要手段予以击退。

将巴拿马运河归还给巴拿马，是“卡特主义”的重要实践。巴拿马运河是自西奥多·罗斯福时期以来美国权力的象征，同时也是保守政治的一个敏感议题。加利福尼亚州共和党籍联邦参议员塞缪尔·早川（S. I. Hayakawa）说过一句有名的话：“我们光明正大地偷东西。”美国情报机构和国会的独立委员会则发出警告，巴拿马民族主义情绪的上升可能导致（针对美国人的）恐怖活动和游击战，福特曾尝试解决这一问题，但未能取得成功。卡特的政治顾问建议他把巴拿马问题拖延至第二任期去解决，但卡特仍决定马上去做，并且把这一问题列入自己的首份“总统备忘录”[1]。卡特动用了可观的政治资源，最终在国会参议院取得了并不显著的优势，使得《巴

1　美国总统行政指令广义上包括“总统行政令”（Presidential Executive Order）和“总统备忘录”（Presidential Review Memorandum）两种形式，狭义上的行政令就是指以“总统行政令”名义颁布的文件。狭义的行政令在法律效力上高于备忘录，备忘录可以被另一备忘录或狭义的行政令修改或撤销，而狭义的行政令不能被备忘录修改或撤销，所以备忘录的灵活性空间更大一些。

拿马运河条约》于1978年4月获得批准，他的做法改善了美国与包括巴拿马在内的大多数拉美国家的关系。[22] 没有这个条约，反美恐怖分子们有可能在拉美控制更多沃土。

1978年，中东和平进程受阻，埃及与以色列的谈判陷入僵局，卡特邀请埃及总统安瓦尔·萨达特（Anwar Sadat）和以色列总理梅纳赫姆·贝京（Menachem Begin）到戴维营做客，密集斡旋，协调立场。许多观察家认为，如果没有卡特的坚持和对细节的投入，戴维营协议不可能达成。他用了13天的时间深度参与埃以谈判，最终协议在达成前修改了20多稿。又一次，卡特的政治顾问们提醒他注意自己的政治风险，他却仍然力排众议。同样，卡特不顾台湾游说集团强加给他的政治代价，推进了对中华人民共和国的全面外交承认，这种游说成功阻止了上届美国政府与中华人民共和国建交。

卡特对减缓核武器扩散也很有想法。1963年《部分禁止核试验条约》达成时，杰克·肯尼迪曾不无担忧地说，十年以后可能会有25个国家拥有核武器。1974年欧佩克石油禁运和国际油价暴涨四倍发生后，传统思维认为钚和增殖反应堆是未来能源安全的关键，即使分离后的钚有可能将武器级的原材料引入国际市场。1974年5月，印度在爆炸了一个自称的“和平目的核装置”之后，成为第7个（事实）核国家。与此同时，法国、德国向巴基斯坦和巴西出口了可以用来制造武器级原料的后处理与浓缩设备。看上去，肯尼迪似乎一语成谶了。有着核工程教育背景的卡特完全了解局势这样发展下去，会发生什么危险，他说：“尽管面对一些先进技术供应商的反对，我还是要尽自己所能阻止他们把这种能力扩散到任何其他国家。”[23] 他不顾能源行业达成的共识，取消了美国境内的所有后处理和增殖反应堆工厂，并耗费相当大的外交成本，向法国和德国成功施压，促使他们中止了销售合同。他还促成了一项核供应国协议，根据该协议，供应国同意限制出口敏感核设施。[24] *

卡特的另一项创新，是提高了人权问题在美国外交政策中的优

---

* 我本人当时参与了这一政策的制定，因而在回顾这一政策时可能观点有偏，但敏感核设施的出口在卡特任内显然是下降的。

先度，这标志着“尼克松—福特—基辛格的世界秩序组织原则：均势观”的改变。尽管福特政府同意1975年确定的“赫尔辛基原则”，将人权问题纳入外交政策，但基辛格的优先关注点仍是对苏缓和。1973年，他曾向尼克松建言，苏联境内的犹太人处境和他们的移民问题与我们“毫不相干”，而尼克松回应道，“我们不能仅仅因为这个问题就把世界炸掉”。[25]然而，尽管相互矛盾，卡特仍决定兼顾对苏缓和与人权议题。

卡特的人权政策持续操作起来并非易事。卡特把美国的一些极权主义冷战盟友列入“例外清单”，但他针对南非的种族隔离制度和阿根廷、智利和其他一些国家的军政府采取了反对措施，并且公开谴责苏联的人权记录。批评者指责卡特抛弃了伊朗国王巴列维和尼加拉瓜总统安纳斯塔西奥·索摩查（Anastasio Somoza）等冷战盟友，但从长远意义看，卡特对人权等“软实力”问题的强调为美国带来了持续性的回报。

人权政策反映了卡特外交政策面临的核心挑战之一是如何处理与苏联的关系。凭其巨大的军事投入，特别是核武库建设，以及经常通过古巴代理人支持非洲左翼革命，苏联带给人以崛起大国的假象，尽管美国情报界严重低估了有关行为对苏联经济的侵蚀。卡特似乎经常在国务卿塞鲁斯·万斯（Cyrus Vance）的缓和政策倾向与总统国家安全事务助理兹比格涅夫·布热津斯基的强硬路线之间摇摆。卡特可以说是从两位顾问先生的观点冲突中获益，但他们的立场并没有得到很好的整合。“他试图在太多的事情上独自决策……万斯和布热津斯基之间的分歧并没有给卡特造成困扰，因为他——卡特——才是做决定的人。在美苏关系这样的核心问题上做决策需要特殊性与连续性。”[26]但是两大主要顾问之间的分歧有时给公众以混乱的印象——现实也是如此。

1977年，卡特坚持要求大幅削减核武器，而不是仅仅接受福特谈成的符拉迪沃斯托克（海参崴）核协议[1]，但他对苏联人权状况的

1　1974年11月，美国总统福特和苏联领导人勃列日涅夫在符拉迪沃斯托克（海参崴）举行“会晤”并达成的“削减战略核武器协议”。

指责导致美苏就《第二阶段削减战略武器条约》达成一致的时间被拖延。批评者认为卡特对外交政策目标过于完美的追求反而耽误了那些相对目标的达成。事实是，1979 年 6 月，卡特签署了《第二阶段削减战略武器条约》，但由于苏联在当年 12 月入侵了阿富汗，此举破坏了美苏关系缓和的气氛，《第二阶段削减战略武器条约》仍然是个来迟了的条约。一些批评者认为，卡特的人权政策干扰了他的军控努力，但也有人认为："卡特的人权政策在全世界范围内赋予美国道德信誉，这在越南战争之后可是个不小的业绩。同时，让莫斯科在国内政治问题上陷入守势。"[27]

苏联入侵阿富汗后，卡特对苏联实施了禁运，抵制了莫斯科奥运会，发表了"卡特主义"，警告苏联不得染指富含石油的波斯湾地区。有批评者声称，苏联入侵阿富汗的行为证明了卡特是多么幼稚，但没有多少人注意到，卡特在苏联入侵阿富汗之前就开始以每年 3% 的速度增加美国的国防预算，看上去似乎无所不能的国防部长哈罗德·布朗（Harold Brown）把大量经费投入新一代隐形和精确制导武器技术研发中，最终使美国具备了决定性的常规优势，这种优势后来在海湾战争中得到展示。一些人将卡特日趋强硬的姿态归因于他受到出生于波兰的总统国家安全顾问[1]的影响，但正如他的助手罗伯特·帕斯特所说："冷战的回潮完全是由于苏联所展示的进攻性，而非布热津斯基的策略使然。"[28]

虽然取得了这些成绩，卡特的外交政策仍然经常被人们形容为"软弱"。布热津斯基在其回忆录里把卡特描述为一位"坚强、冷酷、有决断力的人……但是，依靠武力并非出于他的本能。在这方面，他很外露。卡特所表现出的不情愿被公众解读为软弱"[29]。2010 年，沃尔特·米德[2]（Walter Meade）创造了"卡特综合征"（Carter Syndrome）一词，意指过度传承托马斯·杰弗逊的传统，通过在国内树立民主典范、在国外追求温和目标，把美国的海外义务最小化，

1　布热津斯基。

2　耶鲁大学教授，著有《美国外交政策及其如何影响了世界》（*Special Providence: American Foreign Policy and How It Changed the World*, 2001）等作品。

只支持和平。[30]但这一评价后来遭到法国外交官朱斯坦·韦斯（Justin Vaisse）的质疑，他认为卡特取得了实实在在的成功，但是他的领导风格，以及“自始至终未能（向公众）解释与推广其政府的决定和成就”，将这些成就混沌化了。[31]

尽管拥有四项主要的外交成就，以及在处理苏联问题时的复杂表现，卡特的总统任期最终被霍梅尼（Aayatollah khomeini）领导的伊朗伊斯兰革命毁掉了。在布热津斯基看来，卡特犯下的“唯一的致命性错误就是在伊朗问题上”。伊朗国王巴列维的垮台对卡特来说是一场政治灾难，而伊朗的伊斯兰革命至今仍在对美国的中东政策产生影响。布热津斯基曾建议卡特支持在伊朗策动一场军事政变，但卡特（和万斯国务卿）认为，这“在历史和道德意义上是错误的”。在布热津斯基眼里，“他们最有说服力的论点，我想，就是关于道德。他们觉得美国——尤其是总统本人——不应承担使另一国家陷入血腥和残酷对抗的责任”[32]。

有人批评卡特的人权政策削弱了伊朗国王巴列维的统治，但把卡特说成是伊朗革命的主要成因则令人生疑。万斯说：“一个困难的问题是，美国是否能在1978年11月、12月至1979年1月初之间做些什么，以影响伊朗革命的方向。我的回答是‘可能吧’……但即使那样也为时已晚，因为发动革命的力量在当地是根深蒂固且酝酿已久的。”[33]人们并不清楚未经正规训练的应征入伍士兵们[1]能否团结一心扑灭革命，而当时巴列维国王已身患癌症，身体健康和精神状态都相当糟糕。

具有讽刺意味的是，巴列维倒台并流亡国外后，卡特做了另一项道德决策，使伊朗的局势变得更加糟糕。布热津斯基告诉他，“我们必须和那些曾经是朋友的人站在一起”，卡特也因美国“向巴列维关闭国门而感到良心不安”。于是，卡特不顾万斯国务卿的反对和情报机构关于德黑兰可能爆发反美示威的警告，同意了布热津斯基的建议（这一建议得到了基辛格和其他共和党人的支持），准许

1　伊朗军力在两伊战争期间损失惨重。

巴列维来美国治病。[34] 结果，德黑兰激进的学生们冲进美国大使馆，将使馆人员扣作人质，此后美军特种部队在沙漠中发生的倒霉的相撞事故[1]完全毁掉了卡特的营救计划。

在处理人质危机过程中，卡特固执己见，像一名机械工程师一样，全神贯注于为解决问题设计不同方案，而不是像政客那样关注自己的形象管理和国内政治利益。他说："我无法用语言表达那些人质对我意味着什么。"[35] 与那些事件一并发生的，还有卡特任命保罗·沃尔克（Paul Volcker）为美联储主席的大胆举动。卡特要求他把已达两位数的通货膨胀率控制住，甚至不惜以经济衰退为代价。这就意味着卡特将在 1980 年的大选中两侧受敌——爱德华·肯尼迪参议员在左，罗纳德·里根在右——从而注定要输掉那场选举。

对卡特外交政策的道德因素进行总结，要比福特复杂得多。在目标和动机方面，卡特对人权的强调具有广泛的吸引力，他还修复了美国因越南战争而受创的"软实力"。"卡特把一种世界观带入他的总统任期，这种世界观可被称作'高附加值的威尔逊主义'，推动不同国家之间就维护人权、守护和平开展合作……他也在处理巴拿马运河归属、中东冲突等长期未决等问题方面表现出个人决断力。"[36] 如果卡特能在坚持自己的道德意识形态的同时反映一些政治意识形态，或者注入一些马基雅维利式的技巧，他或许可以把他的远见同现实更好地结合起来。卡特公开表达的价值理念是富有吸引力的，他的个人动机总的来说也是如此，但他太过刻意地避免"肮脏之手"。如果他能从马克斯·韦伯的政治规训中汲取一些灵感，其个人成就或许可以增加一些。不过，卡特理解审慎的必要性，并没有让自己的威尔逊主义世界观成为一场远征。卡特在价值观和风

1　1980 年 4 月，卡特为了解决伊朗人质危机，一边继续外交努力，一边秘密批准了代号"鹰爪行动"的军事营救计划。4 月 22 日晚，美军特种部队"蓝光"突击队乘坐八架直升机从停泊在伊朗外海的"尼米兹"号航空母舰上起飞，直扑德黑兰。然而，受沙尘暴影响，三架直升机无法正常飞行，被迫离开编队，卡特随即决定取消行动。在返回途中，发生了直升机和运输机相撞的事故，整个行动彻底失败。

险之间把握着平衡，这样的平衡从他在中东和东南亚以相对温和的态度推进人权政策当中可见一斑，他也没有沉迷于管控苏联行为所产生的大规模风险。但是，他在处理巴拿马运河问题和斡旋戴维营协议时，又甘愿承担巨大的个人政治风险，这使他享受到了他人因逃避此类风险而不能体会到的巨大成功。

在手段方面，卡特明显是外交手段优先，而非武力优先。他引以为傲的是，任内避免了向海外派出大规模作战部队。同时，鉴于卡特在任内增加了国防预算，推动了新型武器系统研发，那种把卡特视为绥靖主义者的看法又是言过其实的。虽然他曾经试图把美军撤离韩国，但在助手们向他陈明反对意见并详细解释了朝鲜半岛局势的复杂性之后，他又改变了主意。有些批评者认为，卡特不愿在一些问题上动用武力，其实是一种严重的道德不作为，但向埃塞俄比亚、安哥拉、伊朗或尼加拉瓜这样的国家提供军事援助一定会产生更好的后果吗？这仍是值得商榷的。在以自由主义方式尊重其他国家的权利和制度方面，卡特的得分显然非常高。

在后果方面，卡特的所作所为到底是否有利于美国国家利益？围绕这个问题，存在激烈争论。他所取得的成功是实实在在的，争议点在于：卡特政府对苏联的政策完全走布热津斯基主张的路线，和完全按照万斯国务卿希望的那样行事，其结果会有什么不同。实际上，从经济角度看，即将到来的苏联崩溃在卡特任内已经酝酿成熟，而卡特人权政策所形成的“软实力”无疑促成了苏联的变化，这一变化随着 1989 年柏林墙的倒塌达到高点。世界主义者的观点主张美国在推进自己的政策时，应该避免给他国利益造成不必要的损害，卡特在此方面的得分同样不错。不过，卡特最令人印象深刻的，恐怕还是他教育公众要尊重事实和把道德话语扩展到人权领域所产生的效果。在美国的两党政治斗争中，矮化卡特外交政策俨然成为一种时尚，但时间将会证明，卡特外交政策带给我们的东西要比人们当时能够意识到的多得多。

吉米·卡特的道德计分卡

目标和动机	道德愿景：富有吸引力的价值观、良好的动机	良好
	审慎：价值与风险的平衡	良好 / 混杂
手段	武力：程度、区别对待、必要性	良好 / 混杂
	自由主义：对权利和制度的尊重	良好
后果	信誉：成功促进美国的长期利益	混杂
	世界主义：对他人造成最低限度损失	良好
	公众教育：事实基础、更宽广的道德话语	良好

具有讽刺意味的是，福特和卡特都是拥有良好性格并在道德外交政策方面得分较高的人，很多人仍将20世纪70年代判定为美国外交政策的“虚弱时期”。然而，这样的判断只有在“和什么相比”的语境下才能做出。作为越南战争和“水门事件”的后果，美国经济陷入滞胀，美国文化经历十年变革，美国外交的“虚弱”放在这一背景下才更解释得通，而不是归咎于领导人。有意思的是，20世纪60年代的美国总统用骗术破坏了公众信任，福特和卡特则通过讲真话确立了自己的声望。在国内建立信任、在海外推行“软实力”，对美国的正面影响不容低估。

可能有人要质疑，那该如何解释里根在接下来的十年里表现得更好？但是我们接下来会看到，里根的“上乘”表现实际上只发生在1985年戈尔巴乔夫非常偶然地成为苏联新任领导人之后，他此前也经历了一段颠簸的开局。英国哲学家伯纳德·威廉斯[1]（Bernard Williams）根据自己的观察指出，有所谓“道德幸运”存在于世。[37]如果思维陈旧的勃列日涅夫一代能提前十年让位，并且苏联经济的

1　主要研究领域为伦理学、知识论、心灵哲学和政治哲学。

虚弱化早些被人揭示，整个 20 世纪 70 年代或许将作为终结冷战的十年，而不仅是从越南战争复苏的十年留在人们的记忆中。历史学家罗伯特·斯特朗（Robert Strong）提出了这样的一个假设：“如果卡特的对手是戈尔巴乔夫，这两个人会一起做些什么？如果两个其他什么人被赋予重塑苏美关系乃至世界的机会，他们又会做些什么？”[38]

〖注释〗

[1] Sestanovich, *Maximalist*, chapter 8.

[2] Stuart E. Eizenstat, *President Carter: The White House Years* (New York: St. Martin's Press, 2018), 5.

[3] Greenstein, *The Presidential Difference*, 112.

[4] Gergen, *Eyewitness to Power*, 140.

[5] Gergen, *Eyewitness to Power*, 147.

[6] Roger B. Porter, "Gerald R. Ford: A Healing Presidency," in *Leadership in the Modern Presidency*, ed. Greenstein, 199–227.

[7] Jan Lodal, "Brezhnev's Secret Pledge to 'Do Everything We Can' to Reelect Gerald Ford," *The Atlantic*, July 26, 2017.

[8] Gerald R. Ford, *A Time to Heal* (New York: Harper and Row, 1979), 274–75.

[9] Ford, *A Time to Heal*, xvii.

[10] Peter Rodman, *Presidential Command: Power, Leadership and the Making of Foreign Policy from Richard Nixon to George W. Bush* (New York: Knopf, 2009), 107–8.

[11] I am indebted to my colleague Roger Porter for this insight.

[12] Douglas Brinkley, "The Rising Stock of Jimmy Carter," *Diplomatic History* 20, no. 4 (Fall 1996), 526.

[13] Greenstein, *The Presidential Difference*, 141.

[14] Eizenstat, *President Carter*, 2.

[15] Julian E. Zelizer, *Jimmy Carter* (New York: Henry Holt, 2010), 147.

[16] Eizenstat, *President Carter*, 2. See also Lamb, *The Presidents*, where the 2017 C-SPAN poll ranked him #26.

[17] Erwin Hargrove, "Jimmy Carter: The Politics of Public Goods," in *Leadership in the Modern Presidency*, ed. Greenstein, 233.

[18] Jimmy Carter, *Keeping Faith* (New York: Bantam Books, 1982), 65.

[19] Betty Glad, *An Outsider in the White House: Jimmy Carter, His Advisors, and the Making of American Foreign Policy* (Ithaca, NY: Cornell University Press, 2009), 285–86.

[20] Hendrik Hertzberg, "Jimmy Carter," in *Character Above All, ed. Robert A. Wilson* (New York: Simon & Schuster, 1995), 189.

[21] Robert D. Kaplan, "The Statesman: In Defense of Henry Kissinger," *The Atlantic*, May 2013, 78.

［22］Eizenstat, *President Carter*, 555–74.

［23］Carter, *Keeping Faith*, 245.

［24］Joseph S. Nye, "Maintaining a Nonproliferation Regime," *International Organization* 35, no. 1 (Winter 1981), 15–38.

［25］Eizenstat, *President Carter*, 587–88.

［26］Hargrove, "Jimmy Carter," 235, 249.

［27］Brinkley, "The Rising Stock of Jimmy Carter," 522.

［28］Robert A. Pastor, "Review of Betty Glad," *H-Diplo Roundtable Review* XII, no. 6 (2011), 20.

［29］Zbigniew Brzezinski, *Power and Principle: Memoirs of the National Security Advisor, 1977–81* (New York: FSG, 1983), 321.

［30］Walter Russell Mead, "The Carter Syndrome," *Foreign Policy*, January–February 2010.

［31］Justin Vaisse, "Thank You, Jimmy Carter: Restoring the Reputation of America's Most Underrated Foreign-Policy President," *Foreign Policy*, July 2018, 17.

［32］Brzezinski, *Power and Principle*, 522, 397.

［33］Cyrus Vance, *Hard Choices: Critical Years in America's Foreign Policy* (New York: Simon & Schuster, 1982), 346.

［34］Brzezinski, *Power and Principle*, 473.

［35］Erwin C. Hargrove, *Jimmy Carter as President: Leadership and the Politics of the Public Good* (Baton Rouge: Louisiana State University Press, 1988), 181.

［36］Hargrove, *Jimmy Carter as President*, 245.

［37］Bernard Williams, *Moral Luck* (Cambridge: Cambridge University Press, 1981).

［38］Strong, "Review of Betty Glad," *H-Diplo*, 24.

第六章　冷战的终结

20 世纪 80 年代初期，美国人陷入了某种低落情绪。1979 年，吉米·卡特在讲话中告诉美国人民，整个国家面临着一场威胁到“社会和政治架构”的“信心危机”。分析家们谈论着“美国的衰落”，一家主流杂志的某期封面上印着泪水滑落面颊的自由女神像。除了人质危机外，伊朗革命还导致能源价格进一步飙升。经济滞胀仍在延续。受人尊敬的华盛顿律师劳埃德·卡特勒（Lloyd Cutler）[1]建议，美国政体可能需要考虑从总统制改行议会制。苏联的权力在继续增长，无论是在核武库建设还是在对非洲和中美洲左翼革命的影响力方面。

到了 80 年代末，这一切都烟消云散了，美国即将迎来冷战终结、走入单极时刻。部分要归功于在 20 世纪 80 年代执政的两位总统——罗纳德·里根和老布什。但也可以部分被解释为在那个十年开端就形成的对苏联权力的误解。实际上，苏联是个在经济上严重衰退的国家。

在 50 年代，斯大林的中央计划经济体制专注于重建重工业，苏联的经济增长率高于美国。赫鲁晓夫在 1959 年访问美国时，曾用一系列令人目眩的经济数据来吹嘘苏联人将会在与美国的竞争中占据上风。但是，苏联的中央计划体制未能对全球信息经济的变化做出反应。这种体制是迟缓而僵化的——也可以说笨拙无比。正如经济学家约瑟夫·熊彼特（Joseph Schumpeter）所说，资本主义鼓励“创造性破坏”，这是一种能够灵活应对重大技术变革浪潮的生产方式。

1　他曾于 1979 至 1982 年担任白宫法律顾问。

20 世纪末，“第三次工业革命”带来的重大技术变革使信息作为经济增长引擎的作用日益增强。

苏联的中央计划体制是为“第二次工业革命”中重工业的缓慢发展设计的。当时，按照摩尔定律（Moore’s Law）[1]，计算机芯片的容量每两年就会翻上一番，这就意味着根据中央计划指令新建的工厂在还没建成时就已经过时。苏联人在信息处理方面笨手笨脚，其政治制度的高度隐秘性意味着信息的内部流动是缓慢而繁琐的。苏联外交部长爱德华·谢瓦尔德纳泽（Eduard Shevardnadze）曾对手下官员说：“你和我代表着一个伟大的国家，然而在过去 15 年间，这个国家越来越失去作为主要发达工业国之一的地位。”[1] 更有甚者，苏联经济在那时已无法支撑其庞大的军力，国防预算占国内生产总值的比重已经高达 24%（相比之下，美国在 20 世纪 80 年代的平均比重仅为 5.9%）。英国著名历史学家保罗·肯尼迪（Paul Kennedy）曾写道，美国正经历“帝国的过度伸张”。然而，事实证明，当时经历“帝国的过度伸张”的是苏联，不是美国。[2] 里根和老布什是美国的好“船长”，但他们也赶上了顺风。

一、罗纳德·里根

里根于 1911 年出生在伊利诺伊州的坦皮科（Tampico）小镇，这使得他比所有在 60 年代执政的美国总统都年长（除了约翰逊）。他家里经济条件尚可，父亲酗酒，母亲是个虔诚的宗教信徒。里根早年就读于尤里卡学院（Eureka College），这是一所新教文理学院。在那里，他成绩平平，不引人注目。他和卡特一样，也是从州长（加利福尼亚州）职位上向总统宝座进发的，没有在国会任职的经历。

1　计算机第一定律，由英特尔（Intel）创始人之一戈登·摩尔（Gordon Moore）经过长期观察在 1965 年提出，意指当价格不变，集成电路上可容纳的元器件数目每隔 18 至 24 个月就会增加一倍，性能也随之提升一倍，揭示了信息技术进步的速度。

他曾在二战中从军，但没有在海外服役过，当时只是参与为军方拍电影的工作。从政之前，他在好莱坞当学员，1937 至 1964 年共出演了 53 部电影。他年轻时是民主党内富兰克林·罗斯福的狂热崇拜者，后来作为美国演员工会主席，有效领导了演员团体与制片商的谈判。1962 年，里根转投共和党，此后面对不同行业团体发表演讲，不断磨炼他的保守主义意识形态。

里根的意识形态使他习惯于以简单化的方式行事，但他从不允许这种意识形态妨碍他在实际工作中跨越党派界限，或在谈判中做出务实妥协。里根认为，“我们面临的许多问题都有简单的答案——简单而艰难。这是一个简单又复杂回答，因为它避免了直面棘手的道德问题”[3]。1983 年，里根发表了把苏联称作“邪恶帝国”的言论，但他仍然务实，愿意与戈尔巴乔夫进行谈判，二人于 1985 年在日内瓦实现了会晤。1988 年，里根和戈尔巴乔夫在莫斯科最后一次举行峰会，他提到自己早些年讲过的话，说：“我那时是在谈论另一个时期、另一个时代。”

里根并不像他表现出来的那么简单。他是个受欢迎的人，但他更在乎自己的事业；致力于维护乡村小镇的利益，自己却生活在大城市里；是家庭价值观的倡导者，却与第一任妻子离婚，同子女关系疏远。他是“一个真正的信徒，这种类型的人通常具有的人格缺陷——具有普世风格的宗派主义，在他身上并不存在”[4]。像罗斯福一样，里根缺乏一流的智力，用卓越的情商补上了短板。他浑身散发着乐观主义的气息，善于运用幽默，是个善于讲寓言故事的大师。那些故事有些是真实的，有些是虚构的。

里根改变了美国人对自身的看法，但正如其一位助手所写的，他是如此的不切实际和忽视细节，以至于他允许戏剧性的错误发生。尽管如此，戴维·葛根仍认为里根是自富兰克林·罗斯福以来最优秀的美国总统。[5] 而在一些评论家眼里，里根只是个“演员”——他曾充满睿智地说，如果不是“演员”，一个人怎么能把美国总统这份差事干好。富兰克林·罗斯福如果听到这番话，一定会表示赞同，当然，卡特未必会。

当一些建制派人士质疑美国是否可以得到治理时，里根的执政风格恢复了美国的自信。他的最大领导技巧之一是，能够通过强调区分善恶的“道德明晰”，来展现一种对美国的追随者具有吸引力的愿景。正如里根对他的演讲撰稿人佩吉·努南（Peggy Noonan）女士所说：“毫无疑问，我是个理想主义者，这是‘我是美国人’的另一种表述。”[6] 他经常使用“山巅之城”的比喻，自己也把美国人看作是“天选之人”，但就像葛根所说，里根并不像过去几任美国总统那样，有一种要把美国的思想理念和文化传播到其他国家的“弥赛亚式”（messianic）冲动[1]。但他确实认为，美国必须为其他国家树立一个榜样，并在其他国家培育民主和自由。[7] 自富兰克林·罗斯福以来，没有哪位美国总统像里根这样富有与公众沟通的能力。《经济学人》杂志在一篇总结性回顾文章中承认里根有认知缺陷，但是仍把他称作20世纪最具影响力的美国总统之一，即使“这个崇尚简单的人出奇地令人难以理解”[8]。

除了认知知识基础，组织能力也是里根的弱项。他虽不是自己工作人员的囚徒，但在很大程度上依赖他亲自任命的那些人，而且在授权他们之后，他自己便不负责任地漫不经心起来。像艾森豪威尔一样，里根一人说了算，但他缺乏艾森豪威尔那种隐蔽的“首相技能”。他并不愚钝，为他工作的人都承认他能注意到那些好的观点，但“如果某些话题引不起他的兴趣——很多都不能——他会轻易跳过……他不注重细节和两手一摊撒手不管的毛病，对他的领导

1　“弥塞亚”又称救世主，源于中古拉丁语的Messias，而它又从古希腊文的MEooms转译过来，再往前追溯，由古希伯来语的ha-mashi’派生而来。这个词的原意是受膏者，即接受涂油的人。弥赛亚在犹太教中指被赋予神圣使命的凡人。在“世界末日”来临之际，弥赛亚降临耶路撒冷，作为建立上帝之国的工具，将结束犹太人的散居状态，在“应许之地”重建以色列。弥赛亚开创的时代，即弥赛亚时代，那时，人类共同崇拜唯一的上帝，各族人民和睦相处，和平、正义得以实现。可见，所谓弥赛亚时代正是许多思想家设想的乌托邦。犹太教和基督教共以《旧约》为圣经，皆以《摩西十戒》为基本戒律，但在教义、礼节和生活实践等方面又存在分歧或差别。两教对弥赛亚概念理解不同，要害在于是否承认耶稣为弥赛亚或救世主。

力其实很危险”[9]。1985 年，当他务实能干的白宫幕僚长詹姆斯·贝克（James Baker）与财政部长唐纳德·里甘（Donald Regan）交换职位时，里根未能充分认识到这件事对白宫日常运行的影响，而这也为一场几乎毁了他的总统任期的丑闻埋下了伏笔。尽管在执政八年间启用了六位总统国家安全事务助理，里根却始终无法管控国务卿乔治·舒尔茨（George Shultz）和国防部长卡斯帕·温伯格（Caspar Weinberger）及他们身后的政府部门之间的争斗。

里根作为总统，没能对中央情报局局长威廉·凯西（William Casey）、总统国家安全事务助理约翰·波因德克斯特（John Poindexter）和奥利弗·诺思中校（Oliver North，时任美国国家安全事务委员会反恐专家）等高风险、敏感岗位工作人员实施有效的监督，这导致他在“伊朗门丑闻”（the Iran-Contra scandle）中差点身败名裂。在这桩丑闻中，美国与伊朗进行武器交易以换取伊朗方面释放美国人质，然后将非法所获资金用于资助尼加拉瓜反政府武装对马克思主义政权发起的秘密行动。里根从简单的价值观视角看待这一场面，他无法理解其中的细节。[10] 戴维·艾布希尔（David Abshire）大使 1987 年帮助里根政府清理“伊朗门丑闻”导致的一团糟局面，他说，东窗事发后，里根的第一反应是矢口否认，要将其掩盖起来，但他最终同意全面披露。正如艾布希尔总结道：“也许，美国从没有一位总统像罗纳德·里根一样，展现出伟大的变革型领导天赋，但对如何做好一名交易型领导丝毫不感兴趣。”[11]

人们常常认为里根结束了冷战，但实际情况更为复杂。他起初的目标是扭转自尼克松以来主导美国对苏遏制政策基本特征的缓和趋势，转而采取更为强硬的态度，尽管他的初衷并不包括冲销苏联的影响力或对苏联进行政权更迭。[12] 当时，里根不喜欢冷战的现状，他把话语攻击和军备建设结合在一起，旨在对苏联施压。但是，直觉和常识之间的落差在他的反导系统研发或“战略防御倡议”（SDI）[1]中得到充分反映。1983 年，他允许国家安全理事会成员把有关想法

1 指星球大战计划。

写进他的一次演讲，尽管其国务卿警告说，“我们的技术水平并不支持这样的说法”，美军参谋长联席会议主席也说，“必要的政策基础尚未奠定”。尽管美国国内的政策制定者们仍然心口不一，苏联人还是产生了这样一种担忧：在财政捉襟见肘的情况下，他们不可能赢得一场军备竞赛。[13] 事实证明，“战略防御倡议”作为一种外交武器，要比作为军事手段更为成功。

里根宣称的目标之一是使世界摆脱核武器，他认为这项任务具有道义上的紧迫性。当其顾问们提醒他在谈判中持审慎态度时，他从道德角度回答：“我一直在读《圣经》，我认为，其中对‘世界末日’（Amageddon）的描写，讲的是许多城市的毁灭，我们绝对需要避免这一点。我们得做些有新意的事情。”[14] 在 1986 年的雷克雅未克美苏首脑会晤中，里根试图推动谈判在核问题上取得进展，但当他拒绝戈尔巴乔夫提出的美方应将“战略防御倡议”测试限制在实验室里的要求时，功败垂成。具有讽刺意味的是，里根未能取得成功的部分原因在于他的认知误区。当时，里根政府的许多成员都认为“战略防御倡议”应是个谈判筹码，但里根真的相信这个倡议可以成为防御苏联核打击的盾牌，因而拒绝为其研发投入设置上限，那种设限的做法是出于对该计划其实并不那么重要的认知。当美苏谈判谈到遏制核武器扩散议题时，里根政府放松了美国在卡特时期施加给巴基斯坦的压力，因为里根更需要巴方向美国提供帮助，来反对苏联在阿富汗的军事存在。

里根真的终结了冷战吗？他的行动促成了这一结果，部分是因为他的话语和军力建设给苏联体系造成了压力，但里根真正的技巧反映在从苛刻言辞向实际谈判的转换过程中。他的直觉告诉他，戈尔巴乔夫比其政府成员更愿意同美国讨价还价，也能同自己建立起良好的工作关系。

但是，在终结冷战方面，里根的行动并不如戈尔巴乔夫的更具关键性影响。从后果上看，戈尔巴乔夫才是真正的变革型领导人，尽管他最终未能实现目标。戈尔巴乔夫的目标是改革而非毁掉苏联。没有他，苏联可能会继续磕磕绊绊地走上十年甚至更长时间。然而，导致苏联解体的最深层原因毕竟是结构性的：共产主义意识形态的衰落和苏联经济的失败。即使没有戈尔巴乔夫和里根，这种情况最终也会发生。里根拥有将戈尔巴乔夫视为谈判伙伴的直觉和政治技巧，这能够为冷战终结的时机提供部分解释，但并不能构成冷战终结的主要原因。如果苏联著名的强硬派分子尤里·安德罗波夫（Yuri Andropov）没有因肾病而死，或者戈尔巴乔夫早五年在吉米·卡特还是美国总统时就已上台，里根的战略和因果角色就不会那么重要了。里根在道德意义上是幸运的，戈尔巴乔夫就像发给他的一副牌中的大王，里根把这副牌打得不错。但苏联解体的根本原因是结构性的，最直接的导因是戈尔巴乔夫的改革政策、“公开性”政策和外交新思维。他就像一个站在历史舞台上的人，注意到自己毛衣上有根松了的线头，于是不停地拉拽它，直到发现自己身上再没有毛衣了。戈尔巴乔夫并不打算把苏联拆掉，但他确实这样做了。

罗纳德·里根常被视为道德外交政策领袖的卓越标杆。在那场著名的保守主义运动中，他因发表了一系列强烈呼吁“道德明晰”的演讲而被载入史册——1982 年，他在威斯敏斯特宫向英国议会两院发表的演讲中预言，自由的传播将“把马克思列宁主义变成历史的灰烬”；1987 年，他在柏林要求，“戈尔巴乔夫先生，拆掉这堵墙”。他发出的呼吁是基于“仅了解那些理由是不够的——它们虽然是必需的，但也只是做出某项重大决定前提条件的一半。你还需要有坚定的直觉和感觉，不管这个词在你大脑的另一半球里代表着什么意思。里根在研究该做什么、说什么时，总会一遍又一遍地说，‘直觉告诉我’”。当人们提到“里根的外交政策”时，通常意味着那种道德明晰，这与里根将复杂问题简单化的做法和他表达价值观时的有效言辞是相吻合的。但这种单一维度的评价忽视了里根为推进其政策所采取手段的重要性，这些手段代表着讨价还价并做出妥协的能力。历史学家梅尔文·莱夫勒（Melvyn Leffler）认为：“里根的情商比他推动的军力建设更为重要；他在国内的政治信誉比他在国外的意识形态攻势更为重要；他的同理心、亲和力和学习能力比他对事物的怀疑度更重要。……他是戈尔巴乔夫不可或缺的伙伴，为任何人都不曾预料到的、即将发生的戏剧性变化设定了框架。”[15]

尽管如此，在表达价值观和愿景方面，里根有明确的目标，而且得到了明确的阐述，有效教育和激励了公众。一个关键问题是，里根在平衡其目标所产生的愿景和风险方面是否足够审慎？一些人认为，他在第一任期发表的最初言辞，加剧了美苏关系的紧张程度和互不信任的情绪，增加了误判或因意外导致战争的危险。一些分析家认为，20 世纪 80 年代初的几次核危机远比当时人们所意识到的更为紧迫，但人们并不清楚里根当时是否充分意识到了他正在制造的风险。[16] 在制造未经充分研究验证的风险方面，里根可能存在道德缺陷，但他的强硬政策创造了讨价还价的动机。当戈尔巴乔夫在里根第二任期内上台时，这种动机将里根置于有利地位。但是，假如里根没有第二任期呢？

在世界主义视角与狭隘视野的对垒中，里根以普适的方式表达了他的价值观，尽管他也因聚焦苏联侵犯人权的行为而忽略许多亲美政权的同类做法而被指责“虚伪”。他干预加勒比岛国格林纳达的局势，愿与南非的种族隔离制度和平共存，支持中美洲使用敢死队（消灭叛军）的政权[1]。在菲律宾第一次大规模反美抗议活动爆发后，里根耗时两年才开始减少对马科斯政权的支持。他相信人权，但主要还是把人权当作冷战武器使用。

关于手段，里根的记录好坏参半（混杂）。处理“伊朗门丑闻”时，他试图规避法律手段，为美国国内国际规则和制度建设开创了恶例。而利用秘密行动打击中美洲左翼政权的“里根主义”（Reagan Doctrine），不仅在美国国会制造出法律争议，也因美国在与其并未发生战争的尼加拉瓜的一些港口布雷，引发了尼加拉瓜针对美国的国际诉讼。国际法院（International Court of Justice）裁定美国的行为违反国际法，里根政府却不予理睬。这些挑战主权原则和国际

1　20 世纪 80 年代，里根政府曾在中美洲实施“利用当地人打当地人”的策略，即向当地民族主义武装提供资金和培训支持，利用他们来消灭萨尔瓦多叛军领导人及其同情者。这种所谓中美洲的“敢死队”经验，严重损害了美国在当地的形象，激化了一些国家的反美情绪。

制度约束的行为是否正当和具有现实必要性固然仍存在争议，其造成的损害却是真实的。

在后果方面，里根无疑促进了美国国家利益，尽管如前所述，冷战和苏联的终结大部分要归因于戈尔巴乔夫。无论如何，里根都把握住了机会，而不是拘泥于美国国家利益。在其他一些问题上——比如在黎巴嫩部署美国海军陆战队，随后在他们遭受攻击时又将之撤回，或者为了救回（在伊朗的）美国人质，而与对手讨价还价，一些分析家认为，里根为应对恐怖主义树立了糟糕的先例，产生了长期性的不良后果。

里根的比喻和寓言经常夸大事实，批评者们有的质疑他是在蓄意歪曲事实，有的则认为他只是在以此渲染他希望人们信奉的价值观。总体来说，他的公开言辞拓宽了美国国内的道德话语，但对公众的教育效果有时被与其言辞相悖的行为所消解，诸如支持南非种族隔离制度。他在自由和人权问题上夸夸其谈，却向中美洲和非洲的独裁政权提供支持。如果说卡特有时不得不为处理伊朗这样的问题在人权政策上妥协，那么里根在为非共威权主义者开脱时则是把人权当作对付国家左翼分子的武器。在外界看来，这使得里根为自己和美国宣扬的价值观显得十分虚伪。不过，总体而言，在意图方面，在其设定的目标和动机及所促成的后果方面，里根有一套道德外交政策，但他使用的手段存在不足之处。上述判断，在以下计分卡中得到了归纳。

罗纳德·里根的道德计分卡

目标和动机	道德愿景：富有吸引力的价值观、良好的动机	良好
	审慎：价值与风险的平衡	混杂
手段	武力：程度、区别对待、必要性	混杂
	自由主义：对权利和制度的尊重	混杂

后果	信誉：成功促进美国的长期利益	良好
	世界主义：对他人造成最低限度损失	混杂
	公众教育：事实基础、更宽广的道德话语	良好

二、乔治·赫伯特·沃克·布什[1]

1991 年 12 月，老布什总统执政期间，苏联解体，美国成为世界唯一超级大国。老布什通过谈判，不费一枪一弹，成功地将统一的德国纳入北约，并推动了冷战的终结。仅此一点，就可以作为老布什的遗产留在史册上。与此相似，肯尼迪在古巴导弹危机中成功避免了一场全人类的灾难，借此奠定了他的历史地位。

老布什出身名门望族，成长在一个幸福家庭。他是康涅狄格州共和党籍联邦参议员[2]的儿子，在安多佛（Andover）和耶鲁（Yale）受过常春藤联盟（Ivy League）教育，在那里他曾是一名明星运动员。他固然是叼着银汤匙出生的，对自己的身世也利用得很好。他在二战中赴太平洋地区作战，军中表现杰出，曾在自己驾驶的战机被击落后幸免于难。老布什的母亲灌输给他扬基人的谦虚（Yankee modesty）[3]和自视高贵的盎格鲁-撒克逊白人新教徒（White Anglo-Saxon Protestant，简称 WSAP）价值观。战后，老布什离开东海岸，进入得克萨斯州石油行业工作，后来在国会任职两届，（在福特政

1　即老布什。

2　普雷斯科特·布什（Prescott Bush）。

3　美国独立战争前，人们把服役于北美殖民地军队里的新英格兰人称为“扬基人”。独立战争时期，美国人在康科德（Concord）战役中首次击败英国人后，开始自称“扬基人”。南北战争时期，美国南方人把生活在南部的北方人称为“扬基人”。一战后期，美国派兵赴欧参战，欧洲用“扬基人”统称所有的美国人，即“美国佬”。“扬基人”一词现在美国国内外有两层含义：美国国内民众口中的“扬基人”指是新英格兰和北部一些州的美国人，国外则泛指所有美国人。

府内）先后担任美国常驻联合国代表、驻北京联络处主任、中央情报局局长。1980 年，他在共和党初选中同里根竞逐总统候选人提名失利，但里根为了吸引温和派选民邀他做副总统候选人。老布什后来把他对总统职务的态度总结为："我要尽我所能多做好事，同时尽可能减少伤害。"[17]

里根和老布什性格迥异。里根的眼光远大，但疏于细节；老布什行政经验丰富，执行力很强，但目光短浅。他自嘲不擅于做"长远之事"，并以此闻名。老布什既不是一个伟大的沟通者，也不是一名富有成就的演员，其对大多数事情的处理风格给人留下他是一名事务型总统的印象。老布什是一名杰出的老兵，而里根的"军中生涯"则是在电影中虚构出来的。尽管老布什是从得克萨斯州当选国会议员的，但他在华盛顿政治圈里并非陌生人，他的家族属于温和的东部共和党建制派阵营，而里根的政治生涯则从加利福尼亚州起步，随后成为共和党内新保守主义势力的先锋人物。尽管如此，老布什还是忠于里根。

与艾森豪威尔一样，老布什是最具国际经验的美国总统之一，这帮助他发展出相当非凡的情境智力。与艾森豪威尔一样，他还善于遴选有能力的下属和组织有效的国家安全进程。这些技能再加上高情商，使老布什得以熟练地应对和管控冷战结构的解体，并且在 1991 年海湾战争中建立起一个恢复联合国集体安全精神的联盟（这是 1950 年以来的第一次）。他的情商让他能够自觉抵制自我夸耀和幸灾乐祸的诱惑，这在美国国内本来就很有市场，但与戈尔巴乔夫合作却适得其反。另一方面，这些性格特征限制了老布什利用其任期内对美国公众进行教育的能力。与肯尼迪和里根不同，老布什不具煽动人心的风格。虽然他提出了"世界新秩序"和民主和平论，但他从未把这些概念阐述或诠释为能够改变美国公众意见的愿景。

老布什政府刚就职时，对里根同戈尔巴乔夫的热络关系感到怀疑，老布什本人最初在接手里根留下的事务时也很审慎，特别是老布什不赞同里根的核废除路线。然而，1989 年马耳他峰会之后，老布什发现他可以同戈尔巴乔夫合作。在美国国务卿詹姆斯·贝克团队和总统国家安全事务助理布伦特·斯考克罗夫特的鼎力支持下，老布什在将统一的德国纳入北约的操作（不顾许多顾问和盟国的反对）和处理 1991 年苏联和平解体中展现出非凡的外交技巧。至于后来俄罗斯抱怨老布什用北约不会东扩的虚假承诺误导他们，虽然在 1990 年美苏（战略核武器）谈判早期口头沟通中存在一些误解和模棱两可之处，但实际上并没有相关书面协议达成，没有发生违背正式承诺的事情。[18]

没有多少人能在 1989 年预测联邦德国与民主德国能在一年内实现统一，更不用说在北约内部了。但 1989 至 1990 年是国际政治中罕见的不稳定时刻之一，这种不稳定是由国内变化引起的。戈尔巴乔夫和德国总理赫尔穆特·科尔（Helmut Kohl）——这两位目标不同但均具变革性的领导人利用不稳定改变了世界。老布什在巧妙处理与戈尔巴乔夫关系的同时，通过支持老朋友科尔下了一个重要赌注。从这个意义上讲，他为促进变革做出了巨大贡献。

一些历史学家指责老布什没有下更大的赌注，来避免后来同俄罗斯的疏离。用一句话来说："老布什告诉美国选民，他并不迷恋宏伟的愿景，他仍然言行一致，信守承诺。他的外交政策领导力所导致的后果绝非不幸，但也不是理想的。他捍卫了美国国家利益，但其……将'临时定居点'[1]搭建到东欧而不是俄罗斯的决定，似乎把人们又带回到了早期时代。"[19]

曾在吉米·卡特手下工作的兹比格涅夫·布热津斯基称赞老布什善于管理政府，但也指责他未能在其外交政策中设定更多的变革型目标。老布什不愿沿袭里根时期雄心勃勃的目标或话语风格。老布什对"世界新秩序"的愿景是温和现实主义的。1990 至 1991 年，老布什借用了联合国集体安全机制的自由威尔逊主义话语，组建了反对伊拉克入侵科威特的联盟，但没有发展出一套新的或者更宽广的视野来制定新的目标。布热津斯基批评老布什没能看到在俄罗斯促进民主愿景的潜力，没能更卖力地推动解决长期困扰中东和伊斯兰

1　指北约机制。

世界的以色列与巴勒斯坦之间的争端，也没能在朝鲜半岛和南亚核扩散问题上采取更强硬的立场。[20]

老布什的支持者不认为有人能解决这些难题。他们提及老布什在 1992 年马德里和会[1]上向以色列与巴勒斯坦提出的动议，他当时说如果他能赢得总统第二任期，他能做的会更多。批评者抱怨说，在罕见的不稳定时期，太过审慎是一种道德上的不作为。确实有很多被冷战“冻”在原地的事情从不可能成为可能，但当时有那么多只“球”同时悬在空中——柏林墙倒塌、核问题、伊拉克入侵科威特、南斯拉夫内战，等等——老布什不得不担心其中哪只会掉下来。

老布什的外交政策目标是建立在审慎基础上的。苏联的衰落和欧洲的崛起，使得老布什政府在评估南斯拉夫解体时得出了这样一种结论：美国“根本没有必要卷入”。这一立场的形成并非因为缺乏情境智力，因为当时许多高级别官员对南斯拉夫非常了解，布伦特·斯考克罗夫特和副国务卿劳伦斯·伊格尔伯格（Lawrence Eagleburger）都曾在那里任职。国家情报机构准确预测了南斯拉夫即将发生的内战，但老布什当时优先考虑的是驾驭对美国有利的非同寻常的外部变革，不让悬在空中的任何一只球掉落。他决定让欧洲人冲在应对南斯拉夫变局的前头，然而那些人不能胜任。与此同时，当时白宫不能确信美国更积极的卷入是否能阻止随后发生的波黑“人道危机”和“种族灭绝”，尽管后来克林顿政府成功限制了当地的屠杀规模。

据老布什的幕僚们讲，他的领导风格是“缺乏耐心，但也不摆谱，同时既气定神闲，又矜持内敛。他面对外国领导人时态度相当委婉，但迟早会亮明自己的观点。他的管理风格同样严格。他会与高级幕僚单独讨论问题，让他们清楚地了解自己最在意的原则。但他几乎从不直接干预次级内阁和内阁级的政策讨论”。老布什身边的人“与他志趣相投，和他一样言谈低调、注意细节……很好相处，也懂得自控”，与他保持着顺畅的沟通。[21] 老布什的政治组织技巧令人印

1 马德里和会的实际召开时间为 1991 年 10 月。

象深刻，其总统国家安全事务助理布伦特·斯考克罗夫特曾是福特政府的资深官员，退休后被重新启用，副助理罗伯特·盖茨（Robert Gates）[1]以运行一个公平和审慎的程序闻名。

老布什的外交政策目标并非变革性的，但他成功驾驭了从两极世界到单极世界的重大结构变革。如果他把当时处理的任何一个问题搞砸了，其后果对世界来说都可能是灾难性的。批评老布什的人抱怨他虽然成功驾驭了变革，却未能利用变革进行足够的创建。老布什的拥护者们对此不以为然，他们质问那些批评者，对于美国来说，一名审慎但可能在道德上不作为的领导人，与一名拥有非同寻常远见并为此甘冒巨大风险的变革型领导人，究竟哪个才是有利的？里根固然拥有远见卓识，但疏于细节，制定外交政策的程序也相当混乱，如果他当时在老布什的位置上，就一定能做得更好吗？

尽管在历史学家眼中，老布什政绩平平，在美国历任总统排行榜上位居中游，但他在外交政策方面非常杰出。正如资深外交官员尼古拉斯·伯恩斯（Nicholas Burns）所说："老布什在结束冷战、统一德国、建立海湾战争联盟（同年击败萨达姆·侯赛因），以及马德里以巴和谈方面所取得的成就，使其令人信服地成为过去 50 年间最成功的外交政策总统。"[22] 老布什本人与斯考克罗夫特在 1998 年合著了一本回忆录[2]，其中写道："正是有了哈里·杜鲁门的遏制政策及其后历届政府的坚持，我们才有可能赢得最后的成果。我们在入主白宫时看到了即将发生的事情吗？不，我们没有看见，甚至都没有想过……老布什外交政策的长期构想是经过深思熟虑的，即鼓励、引导和管理变革，避免引起剧烈反弹和严厉对抗。在短期方面，实际的努力也包括一些基于经验的措施和外交活动……我们避开了另一个凡尔赛阴影。"[23]

在德国统一问题上，老布什确实承担了很大的风险。当时，许

1　后任中央情报局局长、国防部长，代表作有《责任：美国前国防部长罗伯特·盖茨回忆录》（*Duty: Memoirs of a Secretary at War*）。

2　《重组的世界：1989—1991 年世界重大事件的回忆》（*A World Transformed*, 1999）。

多专家和外国领导人仍然认为美国走得太远了，因为在他们眼里，德国的分裂分治是战后欧洲稳定的一大因素。在俾斯麦（Bismarck）将不同的德意志邦国统一之后的一个多世纪里，欧洲面临的一大问题仍是，需要有多少个德意志邦国才能在欧洲中心地带形成稳定均势。俾斯麦的答案是“两个”（他让奥地利取得了独立地位）；希特勒的答案是“一个”，这在后来被证明是灾难性的；1945 年以后的答案是“三个”，并且这一态势被冷战“冻”在那里。

然而，老布什支持联邦德国与民主德国的统一，并拒绝了玛格丽特·撒切尔（Margaret Thatcher）、佛朗索瓦·密特朗（Francois Mitterand）、斯考克罗夫特等人的建议，显然是出于对他的朋友赫尔穆特·科尔的公平和回应。在 1983 年与科尔有过一次交谈之后，当时还是副总统的老布什得出结论：“德国是一个坚定的民主国家，已经为自己曾经犯下的罪行进行了赎罪，‘或早或晚，你总得让这个国家站起来’。”[24]1989 年 10 月，当时柏林墙尚未开放，老布什就在接听科尔的电话时表示：“我并不认同一些欧洲国家对德国统一的担忧。”不过，老布什也不乏审慎，因为他不想让科尔或其他人抢跑。1989 年 11 月，当柏林墙被打开时（部分是由于民主德国犯下的一个错误）[1]，老布什因其低调反应而受到批评，但他已做出了一个深思熟虑的决定——不羞辱苏联。“我可不会跳到墙头手舞足蹈地庆祝”——这是他当时做出的反应，立下了情商和自制的典范，为一个月后他与戈尔巴乔夫在马耳他的成功会晤铺平了道路。[25]

1 “当时联邦德国在心理上是不承认民主德国作为一个国家存在的合法性的，所以为民主德国的居民前往联邦德国和西柏林旅行设置了许多障碍……我们作为民主德国执政当局，的确做出了一个决议，但那是允许本国公民赴联邦德国旅行的决议。原本这个决定要等到 1989 年 11 月 10 日凌晨才正式生效，但决议做出后我们召开了一个记者会，负责发布消息的政治局委员沙波夫发生了口误，在回答记者提问时没有强调开放令是第二天生效，而是说‘马上’。他也没有解释清楚这只是一个允许赴联邦德国旅行的新法规，而是被公众误解为‘全面开放边界’。这个口误导致柏林的大量居民立即涌往边境哨卡……”参见安刚：《“中国在，社会主义就在！”——专访前民主德国统一社会党总书记、国务委员会主席克伦茨》，《世界知识》，2019 年第 14 期。

老布什关切的是，如何让正经历巨大变化的世界避免灾难。他和他的团队不得不对很大程度上不受控于他们的力量做出反应，老布什以审慎方式制定了在机会与现实主义之间把握平衡的目标。例如，一些批评人士指责他在1990年向乌克兰等苏联加盟共和国的民族志向显示道义支持时不够明确，在海湾战争中没有直扑巴格达推翻萨达姆·侯赛因。但事实上，在这几个事例中，老布什都为追求长期稳定而限制了他的短期目标。

老布什执政的最后一年，切尼主持的五角大楼制定了一份长期的国防战略方针，规划出美国在变革时期维护（全球）主导地位的目标。[26] 为了回应公众和外界对其“傲慢”的指责，白宫调低了这份战略方针的调门，老布什对“世界新秩序”的阐述也从未具体化，但维护美国主导地位的目标是明确的。相对于新的愿景，老布什仍然更关注稳定问题。在道德层面，尽管老布什没有明确表达强烈的愿景，但自由现实主义者仍很难证明他本可承担更多风险而不必过于审慎。老布什的审慎现实主义也有例外：在任期即将结束之际，他向被战争蹂躏的索马里派出了美国军队，确保向那里的饥民提供粮食援助。他认为这是“一个机会，用他的话讲，一个动用美国的力量拯救‘成千上万无辜者’的机会”[27]。具有讽刺意味的是，这场具有世界主义色彩的非同寻常的干预行动，为比尔·克林顿上台后面临的第一场重大危机铺平了道路。

至于手段，老布什对美国国内外的制度和规范是尊重的，他发动海湾战争之前寻求国会的授权，并推动联合国根据《联合国宪章》第七章通过决议，这是他儿子小布什后来在2003年发动第二次海湾战争时未能做到的。老布什是思想上的现实主义者，战术策略上却可能是个威尔逊主义者。在适当和有区别地使用武力方面，老布什仅用四天就结束了在伊拉克的地面战争，部分是出于对大规模消灭伊拉克军队的人道顾忌，以及对伊拉克被过度削弱后无法继续平衡邻国伊朗的威胁的担忧。老布什还担心，挺进巴格达可能会给美国制造一个战争泥潭，并使其建立的志愿联盟面临解体危险。新保守主义的批评者们认为，他本该冒这个风险一举干掉萨达姆·侯赛因。

老布什的确在任内对巴拿马实施了干预，抓捕了曼努埃尔·诺列加（Manuel Noriega），并把他送上法庭。在此过程中，美国动用武力侵犯了巴拿马的主权，但鉴于诺列加在贩运毒品和侵犯人权方面的行径臭名昭著，它具有事实上的合法性。而当老布什组建联盟发动海湾战争时，他不仅与联合国合作，还把一些阿拉伯国家拉入联盟。老布什并不需要这些阿拉伯国家出兵出力，只是通过他们向联盟注入"软实力"方面的合法性。老布什对国际制度非常在意，他小心翼翼地将"硬实力"和"软实力"结合起来，制定出一套提高美国国内外道德标准并能在未来可持续发展的外交政策。

就后果而言，老布什是有效推进美国国家利益的好受托人，而且同时把对其他国家利益的损害程度成功降到了最低。面对苏联解体的趋势，他审慎行事，避免羞辱戈尔巴乔夫，促成了俄罗斯权力向叶利钦的移交。但是，并非所有外国人的利益都得到了充分保护。比如，老布什没有把在伊拉克的库尔德人和什叶派、南斯拉夫内战中的波黑人放到优先位置。但这些不作为无法埋没他在道德外交政策方面的建树。在提供全球公共产品的问题上，老布什扭转了里根政府的环境政策，签署了《联合国气候变化框架公约》（United Nations Framework Convention on Climate Change），这个条约为2015年《巴黎气候协定》（Paris Climate Agreement）[1]奠定了基础。

老布什还能做得更多吗？他是否应为其在目标和动机方面的不作为承担责任？或许，如果老布什有第二个总统任期，他就能做得更多，而失去这个机会只是道德上的坏运气。如果老布什拥有更好的沟通技巧，他或许能做更多的事情来教育美国公众，让他们更好地了解冷战后世界的变化本质。然而，世事无常，历史总是充满不确定性，审慎可能才是动荡时期最重要的外交政策美德，过于雄心勃勃可能会引发灾难。不管怎样，老布什外交政策的道德积分几乎是最高的。

---

1 《巴黎气候协定》是继1992年《联合国气候变化框架公约》和1997年《京都议定书》（Kyoto Protocol）之后，全世界通过的第三个多边气候协定。

老布什的道德计分卡

目标和动机	道德愿景：富有吸引力的价值观、良好的动机	良好 / 混杂
	审慎：价值与风险的平衡	良好
手段	武力：程度、区别对待、必要性	良好
	自由主义：对权利和制度的尊重	良好
后果	信誉：成功促进美国的长期利益	良好
	世界主义：对他人造成最低限度损失	良好
	公众教育：事实基础、更宽广的道德话语	混杂

以不怎么流血的方式结束冷战，是美国外交政策的一项重大成就。1945 年以来，美国经历了两极均势，在 40 年的时间里一直以应对苏联的意识形态和核威胁为外交政策核心问题。20 世纪 80 年代初，当前危险委员会和其他知名外交政策咨询机构就来自苏联威胁的增多发出警告。到 1991 年底，苏联和冷战都终结了。事实证明，他们对苏联实力的看法具有误导性。

如何不战而终结一个帝国？只能靠运气和技巧相结合。如果强硬的克格勃头子安德罗波夫[1]没有死于肾衰竭，戈尔巴乔夫也没有在 1985 年掌权，来自苏联的威胁可能还会持续十年甚至更长时间。尽管这并非戈尔巴乔夫的初衷，但他推动改革的努力的确加速了苏联的衰落。

一些人把美国在冷战中的最终胜利归因于里根的严厉措辞和老布什的审慎谈判，这种概括太过简单。里根早期的言论的确可能吓到了苏联领导人，但也增加了核冲突的风险。回过头去看，我们才知道自己很幸运地避免了一场危机。戈尔巴乔夫上台后，真正起关键作用的是里根的个人魅力和谈判技巧而非其话术。里根以终结冷

1　1967 至 1982 年任苏联国家安全委员会（克格勃）主席。

战和消除核武器威胁的道德愿景为行动指南。同样，老布什的情境智力、审慎，以及理解不羞辱戈尔巴乔夫的重要性至关重要，尽管他上台之初对里根留给他的提议一度疑虑重重。有人说，在人生中，运气比技能更重要。幸运的是，里根和老布什皆两者兼具。

〖注释〗

[1] Stephen Sestanovich, "Gorbachev's Foreign Policy: A Diplomacy of Decline," *Problems of Communism* (January–February 1988), 2.

[2] Paul Kennedy, *The Rise and Fall of the Great Powers: Economic Change and Military Conflict from 1500 to 2000* (New York: Random House, 1987), 515.

[3] Greenstein, *The Presidential Difference*, 149.

[4] "The Man Who Beat Communism" and "The Reagan Legacy," *The Economist*, June 24, 2004, 13, 24, 25.

[5] Gergen, *Eyewitness to Power*, 153.

[6] Henry Nau, "Ronald Reagan," in *U.S. Foreign Policy and Democracy Promotion*, ed. Cox, Lynch, and Bouchet, 140.

[7] Gergen, *Eyewitness to Power*, 208.

[8] "The Reagan Legacy."

[9] Gergen, *Eyewitness to Power*, 187.

[10] As his notes and correspondence show, Reagan was not bereft of foreign policy ideas, but various participants in his administration have confirmed that he was often weak on their operational implications. See Kiron Skinner, Annelise Anders, and Martin Anderson, eds., *Reagan: A Life in Letters* (New York: Free Press, 2003).

[11] David Abshire, *Saving the Reagan Presidency: Trust Is the Coin of the Realm* (College Station: Texas A&M Press, 2005).

[12] Jack Matlock, *Reagan and Gorbachev: How the Cold War Ended* (New York: Random House, 2004), 5.

[13] Gergen, *Eyewitness to Power*, 204–5.

[14] Melvyn P. Leffler, "Ronald Reagan and the Cold War: What Mattered Most?" *Texas National Security Review*, May 2018, 85.

[15] Leffler, "Ronald Reagan and the Cold War," 88.

[16] Scott Sagan, *The Limits of Safety: Organizations, Accidents, and Nuclear Weapons* (Princeton, NJ: Princeton University Press, 1993).

[17] Jon Meacham, *Destiny and Power: The American Odyssey of George Herbert Walker Bush* (New York: Random House, 2015), 392.

[18] Mary E. Sarotte, "A Broken Promise?" *Foreign Affairs* 93 (September/October 2014).

[19] Mary E. Sarotte, "In Victory, Magnanimity: US Foreign Policy, 1989–

91, and the Legacy of Prefabricated Multilateralism," *International Politics* 48, no. 4/ 5 (2011), 494. See also her book *1989: The Struggle to Create Post-Cold War Europe* (Princeton, NJ: Princeton University Press, 2009).

［20］Zbigniew Brzezinski, *Second Chance: Three Presidents and the Crisis of American Superpower* (New York: Basic Books, 2007).

［21］Philip Zelikow and Condoleezza Rice, *Germany Unified and Europe Transformed: A Study in Statecraft* (Cambridge, MA: Harvard University Press, 1997), 21.

［22］Nicholas Burns, "Our Best Foreign Policy President," *Boston Globe*, December 9, 2011.

［23］George Bush and Brent Scowcroft, *A World Transformed* (New York: Vintage Books, 1998), xiii-xiv.

［24］Zelikow and Rice, *Germany Unified and Europe Transformed*, 29.

［25］Zelikow and Rice, *Germany Unified and Europe Transformed*, 95, 105.

［26］Hal Brands, "Choosing Primacy: US Strategy and Global Order at the Dawn of the Post-Cold War Era," *Texas National Security Review* 1, no. 2 (March 2018), 8-33.

［27］Meacham, *Destiny and Power*, 529.

第七章　单极时刻

1991 年 12 月，苏联解体，美国成为世界唯一超级大国。在那之前的 46 年间，世界政治格局一直是两极化的，苏联的军事力量对美国构成平衡和制约，使得美国不能为所欲为。尽管 1952 年的共和党政纲提到要冲销共产主义的扩张，但当 1956 年苏联出兵匈牙利镇压当地的反共叛乱时，艾森豪威尔采取了袖手旁观的态度；1962 年肯尼迪为了避免承担核战争风险，以放弃北约在土耳其的导弹部署为交易条件；1968 年约翰逊对苏联军队在布拉格剿灭当地改革的做法坐视不管；尼克松为平衡苏联力量的增长，改变了美国的对华政策。

20 世纪 90 年代，各种紧绷的关系开始放松。当老布什谋求联合国安理会通过一项批准动用武力击退伊拉克对科威特的侵略行为的决议时，戈尔巴乔夫指示苏联代表不行使否决权，这使得联合国集体安全机制自 1950 年朝鲜战争以来首次发挥作用。1989 年柏林墙倒塌，统一后的德国留在了北约框架内，柏林城内的紧张军事对峙不再。俄罗斯尽管继续拥有强大的核武库，但其经济和常规军事能力急剧萎缩，华约（Warsaw Treaty Organization）解散后，这个前苏联加盟共和国失去了一半的人口和经济。比尔 · 克林顿和小布什在外交政策上有更多的选择空间——包括军事干预选项。此前 40 年间，遏制苏联一直是美国领导人驾驭外交政策的“准星”（North Star）。随着冷战的终结，俄罗斯的美国与加拿大研究所所长格奥尔基 · 阿尔巴托夫（Georgi Arbatov）曾打趣地说，美国即将感受到“失去敌人的痛苦”，这个“敌人”使美国得以集中力量。保守派专栏作家查尔斯 · 克劳萨默（Charles Krauthammer）将美国外交政策的这个时代称作“单极时刻”（the Unipolar Moment）。[1]

现实主义批评家认为阿尔巴托夫的看法是正确的。没有均势，美国人的傲慢就不受限制。这种情绪在弗朗西斯·福山（Francis Fukuyama）1989 年发表的著名文章《历史的终结？》（The End of History?）中得到了反映。他认为，自由主义在 20 世纪上半叶击败了法西斯主义，在 20 世纪下半叶击败了共产主义，人类除了自由民主（liberal democracy）之外已别无其他意识形态可供选择。一些批评人士认为："克林顿、小布什和奥巴马政府各自掌管美国外交政策八年，完全致力于追求'自由霸权'（liberal hegemony）。"[2]

但霸权的诱惑起初要远比这幅图景所喻示的模糊不清。民调显示，在 2001 年 9 月 11 日发生的恐怖袭击造成巨大冲击之前，要求外交政策更积极地介入海外事务的美国公众比例没有明显变化。克林顿在决定介入波黑人道危机之前犹豫了两年时间，小布什在 2000 年的竞选中强调了谦逊外交政策（humble foreign policy）的重要性。在关注外交政策的外交政策精英当中，一些现实主义者希望美国进行战略收缩，坐享和平红利，一些自由主义者主张美国更多投入多边主义，新保守主义者们则希望不要对旨在促进民主价值观的海外干预进行过多限制。以上正是比尔·克林顿探寻属于自己的外交政策路线的基本背景。

一、威廉·杰斐逊·克林顿[1]

比尔·克林顿代表了一个重大的代际变化。在 1992 年大选中落败的老布什参加过二战，那时克林顿尚未出生。后来，克林顿躲过了在越南服役。他也是第一位任期完全在冷战之后的总统。

1946 年，克林顿出生于阿肯色州霍普镇。他的母亲是名护士，继父是汽车推销员。像罗纳德·里根一样，克林顿身上也有酗酒家庭后代的许多共同特点，曾说："我是带着同理心长大的，比常人

1　即比尔·克林顿。

更能对他人的困难感同身受……如果你在一个让你想竭尽所能避免麻烦的环境中成长起来，就会本能地不惜代价地保持和平。”[3] 强迫性的成长环境使得克林顿这样的人物在发展政治技巧和取悦他人的能力方面禀赋过人。正如研究美国总统的专家弗雷德·格林斯坦所概括的：“除了关心政治，克林顿还以其聪明才智、精力充沛和思路清晰而引人注目。但他严重缺乏自律，经常因此陷入困境。不过，各种压力也锻造出他的坚韧和冷静，使他能够一次又一次地成功摆脱困境。”[4]

当过总统顾问的戴维·葛根曾说：“对他的朋友和敌人而言，比尔·克林顿都是一个矛盾综合体。他是有史以来最聪明的总统之一，却也在任职期间做过一些再愚蠢不过的事情。……他真诚地希望，正如他当初承诺的那样，组建美国历史上最有道德感的政府，最终却作为首位在任遭弹劾的总统被载入史册。”[5] 虽然克林顿后来被国会参议院宣告无罪，但他就与白宫实习生莫妮卡·莱温斯基（Monica Lewinsky）的外遇丑闻撒下的谎言，使他耗费了整整一年的总统任期（忙于应诉），也使得人们对他失去了信任。虽然他的性丑闻令人想起约翰·肯尼迪，但他未能及时捕捉到新闻风向的变化，产生了严重政治误判。正如他后来向密友泰勒·布朗奇（Taylor Branch）解释道：“我崩溃了，我就是崩溃了。”[6] 尽管他就莱温斯基丑闻和其他事件向他的内阁和幕僚们撒了谎，但没有证据表明这些事件对他的外交政策产生了直接的影响。* 然而，那些乱七八糟的事情肯定分散了他的注意力，并且降低了人们对他作为美国总统的信任。

和卡特一样，克林顿是从南方一个州（阿肯色）的州长职位上成功竞选总统的。他自诩为“新民主党人”，但并非像吉米·卡特那样一度是华盛顿政治的局外人。克林顿就读于乔治敦大学（George-

* 克林顿擅长公域划分。莱温斯基丑闻被媒体曝光后不久，我曾参加过克林顿和英国首相布莱尔的白宫会晤。在茶歇时，克林顿会和他的政治顾问们挤在房间角落里嘀嘀咕咕。然后，他会回到桌旁继续和布莱尔侃侃而谈，就好像什么事情都没发生一样。那真是一场令人印象深刻的表演。

town University），曾是牛津大学罗德学者，耶鲁大学法学院毕业生。他曾在阿肯色州联邦参议员威廉·富布赖特的团队中任职，之后回到阿肯色州，32 岁时首次当选该州州长。尽管克林顿和卡特表面上有很多相似之处，但细细研究起来还是有所不同。两人的传统智商都很高，但气质和情商差异很大。卡特是刻板的卫道士，克林顿则是实用主义者。克林顿拥有出色的政治技巧和鼓动性的人格，这使得他成为自杜鲁门以来首位成功连任的民主党总统。卡特则缺乏这些技能。一些研究者更进一步指出，卡特蔑视公众舆论，克林顿则紧随民意，但这种看法低估了克林顿。他在支持北美自由贸易协定和干预波黑局势时，都有负民意。

克林顿带着成为“坚定的多边主义者”（assertive multilateralist）的抱负走进白宫，在任内致力于加强联合国维和行动。他的首位总统国家安全事务助理安东尼·莱克（Anthony Lake）宣称，自己是“务实的新威尔逊主义者”（pragmatic neo-Wilsonian），但这一愿景很快就在索马里的严酷现实面前低下了头。老布什做出了对索马里局势进行人道干预的决定，初衷是向当地饥饿的难民提供粮食，却在实际操作中演变为制止那些利用粮食分配问题彼此竞争斗狠的军阀混战。1993 年 10 月，美军在摩加迪沙执行任务时遭遇失败，18 名美国人被杀，其中一人的尸体被拖上街头示众，美国舆论强烈要求把军队从索马里撤出。克林顿屈从于民意，制定了为期六个月的撤军时间表。他还授权启动一项内部研究，缩减美国对联合国维和行动的支持，并对未来的维和行动进行若干次推演，其内容包括明确的目标、具体的撤离日期，以及交战方同意停火。上任仅一年，克林顿的多边主义就变得不那么坚定了。

参与联合国维和行动的新指针并没有解决自由干涉主义（liberal interventionism）的困境。几个月后，即 1994 年 4 月，又一场危机在非洲出现了。卢旺达爆发内战，最终导致约 80 万人丧生，其中主要是当地少数族裔图西人。联合国安理会投票决定将部署在基加利的 2500 人维和部队中的大部分撤走，美国投了赞成票，美国国务院也审慎地回避将那里发生的杀戮称作“种族灭绝”，因为这种定性可能导致国际社会提出干预要求，而美国国会不会支持向卢旺达派遣美国军队。但是，如果联合国维和部队迅速行动，即使拯救不了所有受害者，也能使一些人逃出生天。但是，即使是最温和的选项，也没能得到尝试。对卢旺达局势的不干涉，其实是索马里人道干预行动失败的产物。事后，克林顿可能会说，他面对“种族灭绝”的无所作为是其犯下的最严重错误之一。[7] 但要承认，他的道德错误只是一种无心之失，而非美国从单极时刻滋生出的傲慢使然。

同期，克林顿也在处理另外两起与干预相关的事件，这使得他的处境更为艰难。1993 年 10 月，一场军事政变推翻了让-贝特朗·阿里斯蒂德（Jean-Bertrand Aristide）总统对海地的统治，造成海地难民涌入美国，一些公民团体要求美国干预海地局势，取缔军政府，恢复民选总统。克林顿于是向海地派出了一艘载有工程师和民政专家的船只，但当船停靠海地首都太子港（Port au Prince）的码头时，遭遇有组织的暴力示威，备受羞辱。一年后，克林顿不顾国内舆论的反对，转而采取更为强硬的路线，成功动用谈判和空降入侵恫吓（空降部队一度起飞）相结合的手段，迫使海地军政府“三驾马车”离开首都，阿里斯蒂德重新掌权。尽管如此，美国的占领仍无法解决海地内部的长期问题（就像 1915 年以来的历次干预一样）。

在波黑，克林顿继承了另一个困境。老布什把波黑内战甩给美国的欧洲盟国解决，但未能取得成功。一些政治团体呼吁美国进行干预，但广泛的公共舆论对此持怀疑态度。在最初的两年里，克林顿对人道主义局势感到忐忑不安，但在处理上仍持审慎态度。他派国务卿沃伦·克里斯托弗（Warren Christopher）访问欧洲，但许诺给欧洲盟国的领导权并不比老布什时期多，欧洲盟国对此感到失望。美国敦促盟国推动联合国解除对受困穆斯林少数民族的武器禁运，并且允许北约对轰炸萨拉热窝平民的塞尔维亚军队发起空中打击。但欧洲人担心，塞族人会做出激烈反应，攻击他们的维和部队，并把他们变成人质。当时美国公众在这件事上的意见仍是分裂的，直到 1995 年 7 月塞族人处决了在斯雷布雷尼察（Srebrenica）受联合国保护的 8000 名穆斯林成年男子和男孩之后，克林顿才授权北约空袭塞尔维亚军队。军事手段的使用为代顿和平谈判（Dayton peace negotiations）和在波黑部署北约部队以维持当地脆弱的停火状态铺平了道路。

四年后，当科索沃人发起反抗并要求脱离南联盟取得独立地位时，他们成为武力镇压和种族清洗的目标。美国国务卿马德琳·奥尔布赖特（Madeleine Albright）的外交努力无济于事，俄罗斯阻挠了美国谋求联合国安理会援引《联合国宪章》第七章授权使用武力的努力（这一结果与 1990 年的情况恰恰相反）。随后，克林顿同意北约发动针对南联盟的空袭行动，但拒绝向那里派出地面部队。他认为，人道干预即使不被国际法所认可，也具有道德合法性。此后三个月里，科索沃战争演变成一场僵局，美俄关系持续紧张，直到鲍里斯·叶利钦做出让步，迫使其南联盟盟友斯洛博丹·米洛舍维奇（Slobodan Milosevic）举手投降。

早年曾在里根和老布什政府里任职的科林·鲍威尔将军从美军参谋长联席会议主席职位上退下来，他离职前发表了主张审慎使用武力的“鲍威尔主义”（Powell Doctrine）。在克林顿政府早期，时任美国常驻联合国代表马德琳·奥尔布赖特大使挑战了鲍威尔的立场。她质问：如果世界上最好的军队不被动用，那要它有何用？[8]里根曾对加勒比海小岛国格林纳达进行军事干预，老布什曾对巴拿马使用武力，内心不情愿的克林顿最终公开派出军事力量进行人道干预，动武的次数比其两位前任总统加起来还要多。在海外用兵的问题上，美国国内外始终存在巨大争议。克林顿对海地和波黑的干预行动，可以被认为是以较低的风险和适中的成本成功改善了当地局势。对科索沃的干预虽然在人道方面取得了成功，但现实主义者抱怨它给美国与俄罗斯的关系带来了负担。在索马里的行动，完全是一场失败，但是它毕竟是上一任美国总统遗留下来的问题。处理卢旺达问题的失败，则要归因于克林顿的无所作为，而不是他试图有所作为。

克林顿从未对冷战后的世界提出过完整设想，但他“最终接受了一个与老布什时代非常相似的战略”。1993 年 9 月，克林顿的总统国家安全事务助理托尼·莱克宣称："这个时代的基本特征是我们是它的主导性力量"，必须"防止好斗的独裁者们威胁后冷战时代的秩序，并大力促进自由市场和民主"[9]。克林顿用"接触和扩展"的表述给他所处的时代贴上了标签。[10] 他的意思是要与过去的敌人接触，扩大自由市场民主国家的范围。一位分析人士在谈到克林顿的大战略时说："政府希望支持扩展民主，但试图通过市场力量而非军事力量来实现它。"克林顿也发出警告："我们不能充当世界警察。"[11]

克林顿的政绩在很大程度上依赖经济变革。其审慎的财政政策和国内经济举措为美国在经济全球化中实现繁荣做好了准备，他不顾民意（和许多民主党顾问）反对，完成了他从老布什那里继承下来的北美自由贸易区立法进程，以及乌拉圭回合关税减让谈判，并启动了世界贸易组织（WTO）。克林顿政府的财政部也支持国际资本市场自由化，尽管一些批评人士认为，他应该在放松监管方面持更审慎态度。

克林顿政府与国际货币基金组织密切合作，共同应对 1997 年的亚洲金融危机。他的亚洲政策纳入了对华接触的内容，包括增加贸易和投资，以及推动中国加入世贸组织。克林顿希望将中国纳入自由主义国际秩序，而不是试图制定一项旨在遏制中国崛起的冷战式政策（鉴于其他国家的态度，这种政策不太可能成功）。克林顿这样做的后果是，批评人士指责他天真地相信贸易和经济增长将改变中国。虽然克林顿的确过于乐观地认为贸易和增长将推动中国变革，但是他的政策并非看上去那么简单。早在中国被邀请加入世贸组织之前，这项政策其实是从重申和强化《美日安保条约》开始的，体现了现实主义的均势，为后续的调整上了保险。1996 年在东京发表的《克林顿—桥本宣言》（Clinton-Hashimoto declaration）[1] 宣称，美国与日本的安全关系并非像一些人理解的那样是"冷战遗迹"，

1　即《美日安全保障联合宣言——面向 21 世纪的同盟》，时任日本首相为桥本龙太郎。关于"日美同盟"，可参阅张玉国的《日美同盟关系转型研究》（社会科学文献出版社，2015 年）。

而是亚太稳定的基石，对双方都是有利的。克林顿的亚洲政策是自由开放政策和对华接触政策的结合体，也是与日本缔结的旨在确保中国不会成为地区霸主的现实主义联盟。[12] 克林顿的国防部长威廉·佩里（William Perry）称，这是一种“塑造环境”的行为，旨在适应中国力量的长期崛起。

克林顿还对和平事业投入巨大。1993 年，他在白宫接待了以色列总理伊扎克·拉宾（Yitahzk Rabin）和巴勒斯坦总统亚西尔·阿拉法特（Yasir Arafat），随后前往约旦，鼓励约旦和以色列达成协议。如果不是拉宾在 1995 年 11 月被暗杀，以色列和叙利亚可能已经达成协议。克林顿总统任期的最后行动之一是主持召开戴维营会议，试图在亚西尔·阿拉法特和以色列总理埃胡德·巴拉克（Ehud Barak）之间进行斡旋，但没能成功。克林顿觉得他已经很接近目标了，但最终阿拉法特告诉他，同以色列妥协将意味着自己被巴勒斯坦激进分子判处死刑。克林顿促进北爱尔兰和平进程的努力则取得成功。他在 1999 年卡吉尔（Kargil）边界冲突事件后，与巴基斯坦总理纳瓦兹·谢里夫（Nawaz Shariff）的对话，成功避免了（第四次）印巴战争的爆发。1994 年，当朝鲜违反其根据《不扩散核武器条约》（NPT）做出的承诺时，克林顿成功使用威慑与谈判相结合的手段，促使朝鲜冻结了钚原料的生产。

克林顿外交政策中至今仍备受争议的领域，是他与俄罗斯打交道的方式。布热津斯基后来批评他没有为支持俄罗斯经济和民主体制发展付出更大努力，但俄罗斯事务毕竟是克林顿外交政策的头等大事，他为此耗费了很多个人时间。克林顿大力发展与叶利钦的关系，向俄罗斯提供援助，鼓励赴俄投资，并将俄罗斯纳入由七个发达经济体组成的集团（G7），使之扩大为八国集团（G8）。[13] 但俄罗斯走了 70 年的共产主义道路，缺乏能成功吸收“马歇尔计划”式援助的经济和政治体制，腐败随之不断加深，而叶利钦在俄罗斯独立后的十年里，身体状况每况愈下，在政治上也变得越来越虚弱，最终无力做成什么。到 2000 年，随着俄罗斯国内政局动荡的加剧，包括对车臣暴动的残酷镇压，叶利钦选择普京（前克格勃官员）做他的继任者，以护佑他本人，并恢复秩序。

另一种批评声音则指向克林顿扩大北约使之包括前华约成员国的举措。五角大楼制订了一项温和的“和平伙伴关系计划”，使美国在（中东欧地区）的前对手们能够在尚未成为正式成员国的情况下就与北约开展密切合作。然而，1995 年克林顿决定向前迈一步。1999 年，北约接纳波兰、匈牙利和捷克斯洛伐克为成员国。美国驻北约前大使罗伯特·亨特（Robert Hunter）等人认为，此举构成“一个范例，证明总统的个人领导力——在国内和海外事务上均是如此——在推动实现国家宏大目标方面会有多么不同”[14]。

克林顿外交政策的捍卫者认为，这一行动为中欧的民主过渡创造了稳定的框架，使该地区免于陷入动荡不安。他们指出，俄罗斯并不是孤立的，而是受邀派遣军官和外交官到布鲁塞尔与北约开展合作。另一方面，像“遏制之父”乔治·凯南这样的批评者认为，北约扩张把俄罗斯推向对立境地，并让一个刚失去帝国势力范围的国家产生偏执情绪。普京和其他俄罗斯人后来指出，北约的扩张证明了西方的背信弃义。但正如一位白宫官员后来的回忆：“我们从不同角度看待那些年的机遇——一个团结欧洲、帮助东欧像西欧那样实现民主的机会。通过北约和欧盟的扩张，我们得以解放进而保护了一亿多东欧人。”[15]

如果北约的扩张没能给中欧地区带来稳定，当今世界将是另一副模样。冷战结束时，一些现实主义者如约翰·米尔斯海默预测，中欧地区将“回到未来”，再次成为俄罗斯和德国这两个传统竞争对手之间的权力真空和冲突地带。[16] 但这并没有发生。考虑到俄罗斯国内的政治和经济问题，俄罗斯会不会最终陷入同样的境地呢？没有人能够确定。美国前驻俄大使威廉·伯恩斯认为，俄罗斯经济的溃败“不可能在一代人内得到解决，更不用说几年时间了。这些问题无法靠外人来解决”，但是“北约的扩张充其量是行动过早了”，本可采取对和平伙伴关系进行更长远投入的办法。[17]

克林顿外交政策经常被诟病为败笔的另一主要领域，是他对恐怖主义的反应。“基地”组织的威胁最早出现在 1993 年，他们对纽约的世贸中心发动了第一次袭击。此后十年，“基地”组织策划的恐怖活动不断增多，最终袭击了美国驻肯尼亚和坦桑尼亚大使馆以及在也门的美国船只。1998 年 8 月，克林顿命令对位于阿富汗和苏丹的“基地”组织目标发动导弹袭击。当时，两艘潜艇一直驻扎在印度洋的永久性美军基地，其所发射的巡航导弹能在数小时之内命中阿富汗境内的目标（使用自动巡逻无人机实施快速打击的技术在那时还不够成熟）。因此，指责克林顿忽视恐怖主义威胁问题是不客观的，在克林顿为自己的继任者开具的美国国家安全威胁列表中，“基地”组织位列前茅。然而，批评人士认为，他对“基地”组织的反应是不够的。正如一位传记作家所说：“领导人的任务是感知他所处的时代特征，用生动的语言描述出来，并且号召人们迎接挑战。当纽约世贸中心双子塔熊熊燃烧时……克林顿在这方面的领导力只能被评判为失败。”[18] 与此同时，美国新闻界对克林顿在 1998 年发动的巡航导弹攻击持怀疑态度，而他的继任者小布什直到“9·11”恐怖袭击发生后才将打击“基地”组织列为优先任务。

我们如何总结克林顿外交政策的伦理道德水准？在意图和道德愿景方面，克林顿以扩大市场经济和鼓励民主演变的观点取代了冷战遏制，并将其概括为“接触和扩展”。就他的个人动机而言，说克林顿“屈从于后冷战的狂妄”是不准确的，尽管在其政府中确有一些人高估了美国的实力。他在执行美国外交政策方面相当审慎，更多依赖促进经济和体制变革的手段，而非军事力量。当他不得不使用武力进行干预时，武力被审慎地用于人道主义目的，尽管他的目标还包括促进民主。他把维持和平（peacekeeping）和缔造和平（peacemaking）同时作为外交政策的主要目标。

在手段方面，克林顿对武力的使用是适度的，而且在很大程度上是有区别的。批评人士认为，如有什么不同，他本应在拯救卢旺达平民方面做更多的事情，在不必采取大规模军事行动的情况下，探索许多其他选项。一些批评人士认为，他本可以对“基地”组织或朝鲜更多地使用武力，尽管成功的前景在当时还远不明朗。在推广自由主义的手段方面，克林顿尊重国际制度和人权。尽管他在索马里事件后迅速调低了其坚定的多边主义调门，但仍支持联合国。不过，他在未能取得联合国安理会援引《联合国宪章》第七章的合法授权的情况下，仍决定对科索沃采取军事行动。他通过发展北美自由贸易协定（NAFTA）和世界贸易组织增强了自由主义国际秩序的制度框架。当他将北约扩大到三个原华约成员国时，他也寻求与俄罗斯建立新的机制联系，并改变现状将俄罗斯纳入七国集团，使之成为八国集团。他成功地重新确认了与日本的联盟关系，对外交的偏好也使得他在调解北爱尔兰问题、印度与巴基斯坦关系以及中东争端等方面取得了一些成功。

至于后果，克林顿在促进美国国家利益方面是一个很好的受托人。在他任期即将结束时，美国和全球经济的表现是非常强劲的，与欧洲和日本的联盟得到巩固，与俄罗斯、中国等主要大国的关系处于合理状态，国际机构得到加强。美国也开始努力应对气候变化和导弹扩散的问题了。只有一个例外，那就是他对“基地”组织发展做出的反应是否足够迅速。

克林顿的外交政策奉行一种世界主义的方针，在海外采取行动时把可能给其他国家造成的损害考虑在内，这种路线保障了对海地和波黑有限干预行动的成功，但在处理卢旺达种族大屠杀中显得过于审慎。美国无法通过派遣军队来解决这个问题，却本可在 1994 年为支持而非撤出联合国维和部队做得更多。克林顿在后果方面的不足主要体现在教育公众的效果上。正如布热津斯基所批评的，他不仅未能清晰阐述对后冷战世界的全面看法，也由于在处理个人丑闻过程中撒谎，而削弱了人们对他的信任，未能拓宽道德话语。尽管如此，他在外交政策道德计分卡上的成绩还相当不错。

比尔 · 克林顿的道德计分卡

目标和动机	道德愿景：富有吸引力的价值观、良好的动机	良好
	审慎：价值与风险的平衡	良好

手段	武力：程度、区别对待、必要性	良好
	自由主义：对权利和制度的尊重	良好
后果	信誉：成功促进美国的长期利益	良好
	世界主义：对他人造成最低限度损失	混杂
	公众教育：事实基础、更宽广的道德话语	混杂

二、乔治·沃克·布什[1]

和克林顿一样，小布什生于1946年，在南部一个州（得克萨斯）州长职位上竞选总统，并取得了成功。同样，小布什也得以避免在越南战争中服役。但与克林顿不同，小布什出身富裕家庭，先后毕业于安多佛（Andover）中学、耶鲁大学和哈佛商学院。小布什在1978年竞选国会议员失败，1988年参与其父亲竞选活动的管理工作。虽有得州人的质朴，但他并非华盛顿政府的局外人。当然，他是总统的儿子，这个条件得天独厚。他的父亲有时会开玩笑地称他为“昆西”（Quincy），这与美国早期亚当斯家族的先例有关[2]。

尽管在感情上和父亲很亲近，小布什还是很想把自己和父亲及布什家族在东海岸的起源区分开来。他在担任总统之初对众议院多数党（共和党）领袖说：“比起我父亲，我更像罗纳德·里根。”[19]从某种意义上讲，小布什的这种情绪源自他在得克萨斯州的米德兰（Midland）而非康涅狄格州（Connecticut）长大，但当我有一次问布伦特·斯考克罗夫特，为什么小布什不怎么听从父亲的意见时，他告诉我要从弗洛伊德或莎士比亚那里寻找答案。儿子尊敬父亲，但认为自己是个更好的政治家。小布什冒得起更大的风险，而不是

1 即小布什。

2 约翰·亚当斯（John Adams）是美国第二任总统，其次子约翰·昆西·亚当斯（John Quincy Adams）是美国第六任总统。

只打“小球”。老布什传记[1]作家乔恩·米查姆（Jon Meacham）说：“如果认为他们的故事——就像大多数父子故事一样——不是由复杂情感塑造的，那就太天真了……尽管如此，美国第43任总统还是经常被抱怨很少征求其父亲的意见。”[20]

小布什早年比较散漫，从来没有像克林顿或奥巴马那样勤奋学习过。弗雷德·格林斯坦说：“在大学毕业后20年的大部分时间里，他都是其卓尔不凡的父亲表现不佳的儿子。他一度酗酒，过着玩世不恭的生活，时常因纵饮而擦伤身体。”[21]1986年，小布什在他40岁之际戒了酒，“重生”为虔诚的基督徒。他的妻子说：“乔治很冲动，做了很多过分的事。喝酒真不是什么好事……我们有两个孩子，这时候再喝酒真的不合适。”[22]因此，在冲动之外，小布什还是向人们证明了，他能够在个人道德的关口选择自律。

小布什在担任总统期间经常被人们讥讽“不够聪明”，“缺乏自控力”，但这些都是政治化的呓语。小布什并不缺乏智慧，他的智慧与传统智慧不同，但他很少在个人舒适区以外探索这种智慧。正如英国首相托尼·布莱尔（Tony Blair）所说：“小布什是直截了当的。他非常聪明……乔治有很强的直觉。但他的直觉不那么……政治，更多关乎是与非。这并非分析，而是陈述。”[23]小布什的求知欲是有限的，但在触动他的那些问题上有很强的求知欲，比如战争中的伤亡和指挥问题。他在总统任期内阅读了14本林肯传记。[24]小布什被描述为拥有一种“非黑即白”的世界观，为了其内心的核心道德本能，宁愿固执地承担高昂风险。他的助手彼得·菲弗（Peter Feaver）说：“如果他想清楚一件事，认为自己做的是对的，那么不管别人怎么说，他都会去做。”这些性格特点促使他无视其顾问和国会的“传统智慧”，于2006年启动了向伊拉克增兵的政策。[25]

小布什作为领导人的失败之处在于，未能组织好团队内部的信息流通。他尽管拥有哈佛商学院的MBA学位，但管理失败，造成严重的道德后果。组织理论家詹姆斯·马奇（James March）曾经指出，

1　《命运与权力：老布什的美国历程》（*Destiny and Power: The American Odyssey of George Herbert Walker Bush*, 2015）。

建立管理系统就像为一出戏剧编写舞台指导，以便演员们知道自己该在何时上台、何时下台。领导人必须能够创建和维护这样的系统，系统缺位可能导致混乱和危机，就像美军占领伊拉克过程中发生的情况。军事征服易，但占领难，管理不善的占领会导致严重的后果。与传言相反，尽管副总统迪克·切尼（Dick Cheney）[1]没有控制住小布什，而有些时候似乎是小布什自己处于失控状态。老布什曾说："一个巨大错误是，让切尼把他自己的国务院带了进来[2]。我认为他们过分了。但这不是切尼的错，而是总统的错。"[26]

小布什因是得克萨斯游骑兵棒球队的股东合伙人而发达。1994年他竞选得州州长，被公认为在工作中表现出良好的社会和政治技能，特别是在处理细节问题上。他因在政治通道中游刃有余而享有盛誉。虽然他并不善于面对大量现场听众发表具有煽动力的演讲，但在小范围集会上和私人朋友圈当中表现得风度翩翩、易于接近。2000年，小布什在"富有同情心的保守主义"的旗号下竞选总统。他反对全球扩张的外交政策，批评克林顿动用军队在海外推进"国家缔造"。他警告人们不要陷入行动主义和傲慢情绪，并且讲出了那句著名的话："如果我们是一个谦逊的民族……他们会欢迎我们的。"在那次总统大选中，小布什得到的普选票比副总统戈尔少了1%，但联邦最高法院在2000年12月把佛罗里达州的选举人团票判给了他，最终确认其当选美国总统。

小布什总统任期的头八个月里，基本延续了他低调的竞选主题，没有傲慢自大。小布什一开始是个现实主义者，他把大量权力下放给他经验丰富的外交政策团队，包括副总统理查德·切尼、国防部长唐纳德·拉姆斯菲尔德和国务卿科林·鲍威尔。在前几届共和党政府中，他们曾经合作过（彼此也有分歧），康多莉扎·赖斯被赋予一项艰巨任务，即作为总统国家安全事务助理从中协调。她后来将小布什政府的这种政策制定过程描述为"信任欠缺、功能失调的循

1 Dick 是理查德·切尼（Richard Cheney）的昵称。

2 指切尼作为副总统组建了自己的外交国防团队，就好像另起炉灶，在小布什政府之外另立"国务院"一样。

环”[27]。切尼建立了一支庞大的员工队伍，经常享有与总统直接接触的特权，拉姆斯菲尔德则拥有与切尼接触的特别通道，切尼曾在尼克松政府内当过拉姆斯菲尔德的助手。在上任的头八个月里，小布什对“基地”组织的威胁轻描淡写，尽管克林顿已经警告过他要重视这个问题，而且小布什还允许克林顿的反恐协调员理查德·克拉克（Richard Clarke）留任。在此期间，尽管不乏单边外交行动，对伊拉克发动战争并没有提上议程。

2001年9月11日发生的恐怖袭击改变了小布什和美国外交政策。历史学家梅尔文·莱夫勒总结道：“对小布什政府外交政策的任何描述都不应低估恐惧、焦虑、内疚和责任感对这个政府投入全球反恐战争的心态和心理基础的塑造力。”[28] 当时谣言四起，他们预计第二波袭击随时可能发生。攻击却来自一封装有炭疽菌的信件*，这立即加剧了美国公众和政府对生物武器的恐惧。[1]在经历了最初的震惊之后，小布什于9月14日发表了成功的演讲，随后他的支持率在盖洛普民调中从51%飙升至90%，美国人以遭遇危机时的典型方式团结在总统身边（“聚旗效应”）。[29] 小布什宣告了“全球反恐战争”的开始，后来向阿富汗派遣军队并击败塔利班政权的决定被证明很受欢迎。与此同时，美国发起外交努力，成功推动联合国和北约开列恐怖组织名单，全球反恐行动得到加强。

小布什在2002年1月发表的国情咨文演讲中宣布，他不会对“最危险的政权”获得最具破坏力的武器坐视不管。他确定了一个由伊拉克等国家组成的“邪恶轴心”名单，尽管这些国家之间并没有结盟。同年晚些时候，他发布了《美国国家安全战略》报告，明确了“先发制人行动”（pre-emptive action）的合理性。将这些国家与“基地”组织发动的袭击联系起来的证据不足，关于伊拉克拥有大规模杀伤性武器的错误情报，则在当时被人们普遍相信。尽管国务院和五角

---

* 后来追查到，这起袭击事件是一名对社会不满的美国科学家制造的，但当时这一情况并不为人所知。

1 可参阅［澳］帕特里克·沃尔什：《生物安全情报》，王磊译，金城出版社，2020年。

大楼之间存在重大分歧，入侵伊拉克的计划似乎在接近2001年底的某一时刻就开始制订了，但直到第二年才做出决定。

尽管小布什政府在联合国的外交行动未能就再次对伊拉克动武取得安理会的决议授权，美国和英国仍于2003年3月20日发动了入侵伊拉克的行动。切尼副总统在美国放弃对联合国进一步做出外交努力之际说："我们所需要的真正合法性来自M1A1坦克。"[30]对伊拉克的军事行动取得了成功，小布什于5月1日宣布结束主要地面行动，但他的政府在余下时间里被陷在了伊拉克问题上。对于美国的外交政策来说，傲慢并非新鲜事——看看我们在越南的所作所为——但是，随着两极格局的结束，美国外交政策重返傲慢的危险增加了，随"9·11"事件产生的恐惧和愤怒情绪助长。小布什政府的新保守主义支持者们宣称拿下伊拉克"易如反掌"。但当被问及伊拉克战争所将面临的长期、高昂、血腥代价时，切尼不以为然。他宣称："我们会被当作解放者受到欢迎。"[31]或者，就像小布什在2002年解释的："我们永远做不到让所有人都赞同武力或使用武力。但是，行动——充满信心的行动及其将产生的积极成果——会形成势头，促使那些不那么情愿的国家及其领导人追随其后。"[32]事实证明，打垮萨达姆·侯赛因的军队相对容易，为战后伊拉克做出谋划却敷衍了事。这种不审慎的评估和准备方式成为过失所在。

入侵伊拉克的行动未能取得联合国决议的合法化授权，对伊拉克的占领也准备得极其仓促，这使得伊拉克战争与越南战争一起被视为美国在和平时期的重大外交政策灾难。2016年，有关英军在盟军中作用的"奇尔科特调查"（the Chilcot Inquiry）[1]得出结论，认为2003年对伊拉克的入侵"既不正确也不必要"，"对于接下来可能发生的事，其可怕程度很难被夸大"。[33]在这场战争中，约4500名美军士兵死亡、3.2万人受伤，还有无数的伊拉克人死伤。如果把长期性的医疗和其他费用计算在内，伊拉克（连同阿富汗）战

1　2009年，英国首相布朗（James Gordon Brown）设立调查委员会，由退休官员约翰·奇尔科特（John Chilcot）领导，彻查英国在伊拉克战争中的作用。2016年7月6日，该委员会公布了长达260万字的调查报告。

争的总费用估计超过 5 万亿美元，其中大部分是通过增加国债筹得的。[34] 萨达姆·侯赛因被赶下台，但在随后的混乱中，“基地”组织以及后起的“伊斯兰国”蓬勃发展，伊朗在海湾地区的地位得到加强，美国的声誉随着虐囚场面在世界各地的传播而受到巨大损害。不仅如此，伊拉克战争分散了小布什政府对一些严重问题的关注，例如阿富汗或朝鲜不断恶化的局势等。尤其是 2006 年，朝鲜首次进行了核试爆。

历史学家梅尔文·莱夫勒总结道：“一种权力感驱使美国官员采取行动……美国的力量似乎势不可挡；美国在阿富汗战场上的迅速成功，消除了人们对美国在世界范围内投射力量的任何怀疑。”傲慢是个问题，但并非源起于威尔逊式的自由主义。“尽管被重重误导，动机都是为了加强国家安全，使世界摆脱制造事端和凶兆的敌人的威胁，而非为了促进民主或重构中东……尽管官员们扭曲和夸大了所谓伊拉克大规模杀伤性武器的证据，他们真诚地相信萨达姆确实拥有此类武器。”后来，在未能发现大规模杀伤性武器的证据并且意识到占领伊拉克存在重重困难之后，他们才开始在口头上渲染民主和国家缔造的重要性。[35]

在小布什政府内部，推动发起侵略行动的有不同势力，他们的动机是混杂的，包括对萨达姆·侯赛因可能会发展和使用核武器的现实主义担忧，强化美国在中东霸权的现实主义欲望，对萨达姆·侯赛因侵犯人权及相信地区民主化将摧毁恐怖主义根源的新保守主义关切。随着这场战争在普通民众和盟国当中变得越来越不受欢迎，小布什又转向威尔逊主义式的道德主张，寻求“事后自我辩解”。

小布什在 2005 年 1 月发表的第二个就职演说中，宣布了美国外交政策的“自由议程”，这可能有助于在一些国家鼓动“颜色革命”。2006 年 5 月，他在西点军校毕业典礼上发表讲话，申明美国“在自由的承诺遍及每个国家的每个人之前不会停歇”[36]。美国公众对这些雄心勃勃的目标意见不一，共和党人在 2006 年秋天失去了国会，进而在 2008 年失去了白宫。尽管面对挫折，小布什还是鼓起个人勇气，于 2007 年下令（向伊拉克）增兵，以期稳住当地军事局势，如果不能结束战争的话。通过这样做，他承受住了来自国会和媒体的广泛压力，成功避免了一场可能更为灾难性的失败。小布什卸任时，民意支持率很低，但他相信历史会证明自己的正确，就像对哈里·杜鲁门那样。［2017 年，在美国有线卫星公共事务电视网（C-SPAN）组织历史学家进行的一项美国总统历史地位排名调查中，小布什排在第 33 名。］鉴于不可避免的历史修正主义倾向和许多总统的声望随着时代变化而上升的趋势，小布什的历史地位也可能随着时间的推移而上升。但考虑到伊拉克危机的规模，他永远不大可能像杜鲁门那样接近前十名的位置。

在判断小布什外交政策的道德水准时，他在用富有吸引力的道德价值观表达自己的愿景方面得分很高，但他的个人动机因其缺乏耐心的个性和与父亲的复杂关系而变得更为复杂。他在执政之初缺乏明确的愿景，但在 2002 年发布的《美国国家安全战略》报告——后来被称为“小布什主义”（Bush Doctrine）——宣布美国将“识别和消灭恐怖分子，无论他们藏身何处，连同支持他们的政权一起”。美国不会等到自己受到攻击后才采取行动。在总统第二任期内，小布什调整了他的“主义”，向他的战略中加入了被其称为“自由议程”的内容。[37] 他相信从根源上解决恐怖主义问题的办法是到处推广民主，尽管民主不在美国的权力范围内。

小布什愿景存在的问题并非价值观，而在于未能在价值观和风险两者之间掌握平衡。入侵伊拉克表面上看是为了改变伊拉克政权，消除萨达姆·侯赛因拥有和使用大规模杀伤性武器的能力。尽管小布什在质疑情报获取和管理流程方面做得不够，但不能把情报失误的责任归咎于他，因为此类推断一度得到其他许多国家的广泛认同。美军虽然没能在伊拉克的土地上发现大规模杀伤性武器，但很快推翻了萨达姆政权。然而，美国在伊拉克的任务并没有随萨达姆的垮台而得到完成，对行动背景了解的不足，加上糟糕的规划和管理，削弱了小布什的目标。

小布什被描述为痴迷于成为一名“转型总统”，而不是像比尔·克林顿那样专注于管理现状。情商问题导致小布什的情境智力欠缺。

布伦特·斯考克罗夫特观察到，2003年围绕美国外交政策的主要分歧，并不在自由主义者和保守主义者之间，而是存在于传统主义者（traditionalist）和变革主义者（transformationalist）之间。[38] 尽管小布什与其父亲拥有共同的基因，但两人的外交政策差异很大。如前所述，小布什更像伍德罗·威尔逊，而不是老布什。

威尔逊和小布什都是宗教性和道德感很强的人，他们都是在全民普选中得票率不占多数的情况下当选美国总统，最初的执政也都聚焦于国内问题，对外交政策没有任何愿景。两者眼中的世界都倾向于非黑即白而不是灰色的。两人都相当自信，以大胆的视角应对危机并坚持到底。美国国务卿鲍威尔形容小布什知道自己“想要做什么，他想听的是如何办到”[39]。

小布什缺乏耐心，这妨碍了他的学习能力和教育公众的能力。一位曾与小布什共度数小时的记者说：“他有一种变革型的气质。他喜欢把事情搅得天翻地覆。入侵伊拉克就是这样。”[40] 小布什的不耐烦是其政府内部组织机能失灵的重要原因。尽管如此，小布什还是善于从实际工作中学习，他在总统第二任期内的表现要比第一任期好得多。“随着小布什在外交和政治上的日益成熟，他越来越不倾向于像第一任期里就伊拉克、朝鲜等问题发出过火和道德化的腔调，而是更加注重与美国的传统伙伴重建信任和相互保证。小布什的经验不断积累，也在从先前的失误中吸取教训，他在政府内部更加强调纪律和白宫管理的责任。”[41]

至于小布什外交政策的手段，他对阿富汗动武还算适度和有区别，但在伊拉克则没有达到这两个标准——那里的平民死亡人数非常高。他对自由制度和权利其实也不算尊重。他早期利用联合国使他在阿富汗的行动合法化，也尽量使美军在阿富汗的行动符合联合国决议的标准，但在伊拉克问题上，他未能通过考验。[42] 事实上，尽管后来在阿富汗和伊拉克都举行了选举，但均不符合实现“有意义的民主”所需满足的条件，对投票权的行使和全民民主的程度均达不到自由合法性标准。

出于对随时可能发生第二次恐怖袭击的焦虑，美国情报机构对抓捕的恐怖分子使用水刑、逼供、疲劳讯问等审讯手段，这可以被解释为“定时炸弹效应”，经常用来讨论在本书第二章中涉及的“肮脏的手”困境。但是，人们指责小布什没有足够努力来对中央情报局授权使用的非常规手段的有效性进行评估。在限制刑讯手段的过度使用方面，“小布什在总统第二任期的所作所为至少向那些针对他本人在第一任期走得太远了的批评提供了隐晦的佐证”[43]。小布什及其官员在情报评估时也没有做到审慎，相反，他们夸大了信息以调动公众对战争的支持。[44]他们告诉公众：“我们一定不要让冒烟的枪变成蘑菇云。”政治反对派指责小布什撒下了战争谎言，但这种批评不准确，没有说到点上。小布什看到并相信了萨达姆·侯赛因拥有大规模杀伤性武器的情报。由于他的情境智力不足，再加上存在个人动机，他夸大了那些情报，而不是推翻了它们，这才是小布什的道德缺陷所在。他负有过失责任，而非蓄意做假。*

在后果方面，伊拉克冲淡了小布什外交政策的其他所有方面。在伊拉克问题上，小布什并不是美国国家利益的良好受托人。战争造成的生命损失、财政影响及其对美国声誉和“软实力”破坏的代价远远超过收益。虽然小布什在阿富汗的快速反应可能有助于防止美国再次遭受重大恐怖袭击，但是伊拉克变成了恐怖主义的磁石和滋生地。阿布格莱布监狱（Abu Ghraib）[1]的酷刑照片削弱了美国的“软实力”。2006 年，美国情报机构评估称：“伊拉克战争点燃了伊斯兰世界的反美情绪，使整个恐怖主义问题变得更加严重，也把他们的新一代招募进（针对美国的）战斗。”[45]

伊拉克并非小布什外交政策的唯一方面。我们必须要看到他对

---

* 我曾问过一位朋友——他是一位经验丰富的中央情报局情报分析师，他们是如何弄错情报的。他说，他们把萨达姆可能拥有大规模杀伤性武器作为“值得注意的问题”提出，而非制造谎言。他还说，想象一下，情报官员面前有两摞原始情报：一大摞说萨达姆有大规模杀伤性武器，一小摞却说他没有。高层施加压力，要求深入分析那一大摞，结果就是我们未能深挖那一小摞。

1 伊拉克首都巴格达的一所大型监狱，萨达姆时期用来关押平民。美军占领伊拉克后，在此大量关押、审讯和虐待囚犯，2004 年被美国媒体曝光后引发虐囚丑闻，2006 年 7 月关闭。

美国与其他大国关系的管控。常务副国务卿罗伯特·佐利克（Robert Zoellick）向中国发出了做“负责任的利益攸关方”的邀请，这表明小布什延续了克林顿的对华接触政策的总方向。同时，他还促进了美国与日本的同盟关系，并且大力改善了美国与作为重要平衡因素存在的印度的关系。在伊拉克问题上的分歧使得美国与欧洲的关系陷入紧张，但北约免受波及，小布什在总统第二任期内改善了美国与欧洲盟国的关系。不过，在与俄罗斯的关系方面，小布什的记录却不那么成功。在“9·11”事件发生后的初始阶段，小布什与普京的关系还算可以，但随着伊拉克紧张局势的加剧，小布什对“颜色革命”的支持以及企图将乌克兰、格鲁吉亚纳入北约的努力导致美俄关系恶化。2007 年，普京通过在慕尼黑安全会议上发表的讲话阐明了其强硬立场。2008 年，俄罗斯入侵格鲁吉亚，当时小布什（已因任期接近尾声）处于弱势，无法以显著方式做出回应。

在世界主义价值方面，尽管伊拉克战场上的生命损失对小布什不利，但他在非洲等其他地区就防治艾滋病和疟疾发起的公共卫生倡议，不仅对人道主义目标相当重要，而且对美国在非洲大陆的“软实力”也很重要。他推动利比里亚混乱局势趋向稳定，并试图在苏丹问题上展开斡旋。“总统艾滋病紧急救援计划”投入 150 亿美元，帮助了近 700 万人，在非洲挽救了许多生命。更广泛意义上讲，小布什增加了美国的对外援助，并成立千禧年挑战公司[1]（Millennium Challenge Corporation）以提高其质量。这些都是真正的成就。

小布什也应得到道义上的赞扬，因为他在“9·11”恐怖袭击发生仅六天之后就告诉美国人民，他们不应该向无辜的穆斯林发泄愤怒，并警告那些这样做的人，他们的所作所为“将代表人类最阴暗的一面”[46]。就其教育公众效果而言，小布什在白宫的个人生活为美国人树立了好的榜样，但人们从伊拉克局势的发展变化中感到被欺骗，并且小布什的外交政策话语超出了美国的实际能力，这意味着公众从事实中学到的经验往往与他的期许恰恰相反。

1　美国对外援助官方机构，成立于 2004 年，总部位于华盛顿。

小布什的道德计分卡

目标和动机	道德愿景：富有吸引力的价值观、良好的动机	混杂
	审慎：价值与风险的平衡	较差
手段	武力：程度、区别对待、必要性	混杂
	自由主义：对权利和制度的尊重	较差
后果	信誉：成功促进美国的长期利益	较差 / 混杂
	世界主义：对他人造成最低限度损失	较差
	公众教育：事实基础、更宽广的道德话语	较差

单极格局放松了冷战对美国外交政策的约束。一位曾在克林顿政府和小布什政府任职的外交官说："我经常认为，我们在'单极时刻'里是如此强大，以至于有时确实对自己手中的权力感到骄傲。几乎没有什么制衡的力量可以限制我们的选择。在我们的权力之路上没有真正的护栏或检查站，使得我们在面对别人针对我们的假想、战略和战术提出的质疑时，显得过于怠慢。"[47] 兰德公司的一份研究报告指出，美国在 1945 年之后是主要的"现状大国"，但"特别是自 1989 年以来，可以说成了世界上最具热心的修正主义者。这在规则和价值观领域是正确的，但在主权意义上并非如此……在许多其他国家看来，美国通过榜样的力量，有时使用胁迫手段，倡导自由价值观，也成了国际体系中最具破坏性的力量"[48]。威权政治体制国家显然是这样认为的，比如俄罗斯。

"单极时刻"释放了傲慢的危险，但并不仅仅像一些现实主义者抱怨的那样是威尔逊民主的自由傲慢。傲慢自大并不是什么新鲜事——毕竟，它在美国步入单极格局很早之前的越南战争时期便发生了，当时苏联的军力正在快速增长。后冷战时期提供了权力在不受制衡情况下会产生什么诱惑的例子。小布什政府为"单极时刻"

制定了一套战略框架，这个框架基于保持军事技术优势和阻止新兴地区霸权的发展。在起草 1992 年《国防政策指针》（Defense Policy Guidelines）的过程中明确提出“首要地位战略”时，克林顿和其他人提出批评，随即，老布什和斯考克罗夫特从这些人视作“傲慢”的言辞中有所收敛。尽管如此，这一战略还是制定出来并继续存在下去，“克林顿政府将采取一系列完全符合老布什政府制定的框架的政策”[49]。但老布什和克林顿在执行这一战略时，均表现出一定程度的审慎，这种审慎在“9·11”事件发生之后，随着安全担忧的增加而一度被放弃。对于国防部副部长保罗·沃尔福威茨（Paul Wolfowitz）等新保守主义者来说，当时的安全局势意味着（在全世界）推广民主的机会，但切尼和拉姆斯菲尔德可不是什么自由主义者，他们的战略是阻止同类竞争对手崛起，并把时光拖回切尼在老布什政府里任国防部长时的状态。

克林顿的海外干预行动（科索沃战争除外），大多数是在并不情愿的情况下进行的（在卢旺达这个例子上，干预根本就没能进行）。他的“扩展与接触”战略更多聚焦于经济全球化和制度建设。换言之，两极结构的变化并不能完全解释克林顿政府在冷战结束后的各项决定。“基地”组织等非国家行为体没有能力摧毁世界唯一超级大国，但他们的大胆攻击足以改变全球政治议程，刺激超级大国采取效果适得其反的行动，而美国总统的不同秉性和他们的成套技能加剧了这种效果。小布什的（向伊拉克）增兵决定在道义上是勇敢的，其对非洲的政策是世界主义的，在处理美国与印度的关系时表现得像一个富有远见的现实主义者，但是这一切所产生的光环都被他在处理伊拉克问题上的蠢行给掩盖了。脆弱的情感和情境智力削弱了小布什的目标。他后来使用威尔逊主义的言辞为自己辩解，在美国公众中引起的反响，类似于近一个世纪以前威尔逊这样做时所产生的效果。

小布什之后，奥巴马和特朗普粉墨登场了。

〖注释〗

[1] Charles Krauthammer, "The Unipolar Moment," *Washington Post*, July 20, 1990.

[2] Mearsheimer, *The Great Delusion*, 6.

[3] Greenstein, *The Presidential Difference*, 175.

[4] Greenstein, *The Presidential Difference*, 174.

[5] Gergen, *Eyewitness to Power*, 251.

[6] Susan Page, "The Clinton Tapes: Revealing History," *USA Today*, September 21, 2009, 1.

[7] Kellerman, *Bad Leadership*, chapter 9.

[8] Colin Powell, *My American Journey* (New York: Ballantine Books, 1996), 576.

[9] Hal Brands, "Choosing Primacy: US Strategy and Global Order at the Dawn of the Post-Cold War Era," *Texas National Security Review* 1 (March 2018), 29.

[10] The White House, "A National Security Strategy of Engagement and Enlargement," Washington, DC, February 1995. The personalities and politics behind this strategy are described well in George Packer, *Our Man: Richard Holbrooke and the End of the American Century* (New York: PenguinRandom House, 2019).

[11] James D. Boys, *Clinton's Grand Strategy* (London: Bloomsbury, 2015), 252.

[12] Michael Green, *By More than Providence: Grand Strategy and American Power in the Asia Pacific Since 1783* (New York: Columbia University Press, 2017), 468–73.

[13] Brzezinski, *Second Chance*, chapter 4. See also James Goldgeier, "Bill and Boris: A Window Into a Most Important Post-Cold War Relationship," *Texas National Security Review*, 1, no. 4 (August 2018), 43–54.

[14] Robert Hunter, "Presidential Leadership: Bill Clinton and NATO Enlargement," in *Triumphs and Tragedies of the Modern Presidency: Seventy-Six Case Studies in Presidential Leadership*, ed. David Abshire (Westport, CT: Praeger, 2001).

[15] Personal communication with former White House official, January 2019.

[16] John Mearsheimer, "Back to the Future: Instability in Europe After

the Cold War," *International Security* 15, no. 1 (Summer 1990), 5–56.

[17] William Burns, *The Back Channel: A Memoir of American Diplomacy and the Case for Its Renewal* (New York: Random House, 2019), 110–11.

[18] John Harris, *The Survivor: Bill Clinton in the White House* (New York: Random House, 2005), 402.

[19] Robert Draper, *Dead Certain: The Presidency of George W. Bush* (New York: Free Press, 2007), 110.

[20] Jon Meacham, *Destiny and Power: The American Odyssey of George Herbert Walker Bush* (New York: Random House, 2015), 567–68.

[21] Greenstein, *The Presidential Difference*, 196.

[22] Draper, *Dead Certain*, 39.

[23] Blair quoted in Stephen F. Knott, *Rush to Judgment: George W. Bush, The War on Terror, and His Critics* (Lawrence: University of Kansas Press, 2012), 164.

[24] George W. Bush, *Decision Points* (New York: Crown, 2010), 368.

[25] Stephen Benedict Dyson, "George W. Bush, the Surge, and Presidential Leadership," *Political Science Quarterly* 125, no. 4 (2010–11), 559.

[26] Meacham, *Destiny and Power*, 589.

[27] Condoleezza Rice, *No Higher Honor: A Memoir of My Years in Washington* (New York: Crown, 2012), 22.

[28] Melvyn P. Leffler, "The Foreign Policies of the George W. Bush Administration: Memoirs, History, Legacy," *Diplomatic History* 37 (June 2013), 24, 25.

[29] Greenstein, *The Presidential Difference*, 203.

[30] James Mann, "The Dick Cheney of 'Vice' Just Craves Power. The Reality Is Worse," *Washington Post*, January 2, 2019.

[31] William Burns, *The Back Channel*, 172.

[32] Bush quoted in Bob Woodward, *Bush at War* (New York: Simon & Schuster, 2002), 341.

[33] "Iraq's Grim Lessons," *The Economist*, July 9, 2016, 48.

[34] Linda Bilmes, "The Ghost Budget," *Boston Globe*, October 11, 2018, A10.

[35] Leffler, "The Foreign Policies of the George W. Bush Administration," 24, 19.

[36] Guy Dinmore, "US Right Questions Wisdom of Bush's Democracy Policy," *Financial Times*, May 30, 2006, 8.

[37] Bush, *Decision Points*, 397.

[38] Brent Scowcroft, personal conversation, May 2003.

［39］David Rothkopf, *Running the World: The Inside Story of the National Security Council and the Architects of American Power* (New York: Public Affairs, 2005), 33.

［40］Personal conversation with Bob Woodward, August 2005.

［41］Hal Brands and Peter Feaver, "The Case for Bush Revisionism: Reevaluating the Legacy of America's 43rd President," *Journal of Strategic Studies* (July 2017), 30.

［42］Richard Haass, *War of Necessity, War of Choice: A Memoir of Two Iraq Wars* (New York: Simon & Schuster, 2009).

［43］Brands and Feaver, "The Case for Bush Revisionism," 14.

［44］Leffler, "The Foreign Policies of the George W. Bush Administration," 11, 14.

［45］Brands and Feaver, "The Case for Bush Revisionism," 14.

［46］Brands and Feaver, "The Case for Bush Revisionism," 13.

［47］Personal communication, former Foreign Service officer, January 2019.

［48］Michael Mazarr et al., *Understanding the Emerging Era of International Competition* (Santa Monica, CA: RAND Corporation, 2018), 18.

［49］Brands, "Choosing Primacy," 30.

第八章　21世纪的权力转移

进入21世纪之际，美国的权力似乎仍是至高无上的。法国外长于贝尔·韦德林（Hubert Vedrine）就曾把美国称作“超级强权”（hyperpower），小布什的外交政策也确实反映了单极时刻的傲慢。但在国际政治的表象之下，涉及全球权力分配的两个重大转变已经开始发生，那就是不同国家之间的“横向”权力转移和由技术驱动的权力从国家向非国家行为体的“纵向”扩散。[1] 权力从一个主导性国家向另一个主导性国家转移是令人熟悉的历史进程，而在调整美国外交政策的过程中，小布什、奥巴马、特朗普这三位21世纪的美国总统都通过对中国和印度等亚洲力量的崛起做出反应来抵制“美国衰落”的隐喻。同样，这三位总统都试图维护美国与一个衰落却保持着进攻性的俄罗斯的工作关系。

新世纪初期另一种重要的权力转移是权力的扩散，这是一个新颖的过程，也更难管理。随着全球信息技术的发展，越来越多事情的发生超出那些最强大国家的控制范围。从银行家到网络罪犯，再到恐怖分子，非国家行为体正在获得权力，许多跨国网络、跨国问题越过边界，超然于政府管控。2001年9月11日，“基地”组织发动袭击的直接影响并没有太多触动美国的经济和军事实力，但正如我们在第七章中看到的那样，非国家行为体发动的袭击对美国的外交政策产生了间接但深刻的心理影响。

小布什政府试图把应对新的来自非国家行为体的攻击塞进传统的国家间行为框架，但效果十分勉强。恐怖分子固然无法打败有组织的民族国家，但就像柔术中的弱势方一样，可以通过把强势方的力量转化成自己跟自己较劲的力量，给对手造成严重损害。据统计，被恐怖分子实际杀害的人数微不足道，但给公众造成的恐惧远远超出现实。恐怖是一部心理剧，非国家行为体利用暴力来吸引关注、塑造议程，并对其强大对手形成冲击，诱使其采取效果适得其反的行动。在这三个方面，“基地”组织都取得了成功。

为期四周的伊拉克战争以令人目眩的方式展示了美国强大的军事实力，推翻了一个暴君的统治，但并没有解决美国在恐怖主义面前的脆弱性，反而催生出更多的恐怖活动，并且使美国付出了死亡近 5000 人、花费数万亿美元的代价。[2] 在“软实力”方面，美国也付出了高昂的代价。民调显示，美国对许多国家的吸引力急剧下降。2007 年，小布什的增兵计划阻止了（发动）伊拉克战争带来的全面溃败，但未能阻挡“伊斯兰国”的兴起。美国和世界其他地方的舆论开始将小布什发动的伊拉克战争视为严重的外交政策失误，奥巴马和特朗普都赞同这一观点。正如奥巴马在卸任后所说：“华盛顿共识，不管你怎么称呼它，有点过于飘飘然。尤其是在冷战结束后，美国及其精英们经历了一段自鸣得意的时期，觉得我们似乎把一切都搞定了。”[3] 奥巴马和特朗普以不同方式对小布什的外交政策做出了反应，推动了美国外交政策的收缩，但收缩的更多是手段而非目标。奥巴马的一名贴身顾问说：“我们并没有试图驾驭美国的衰落。我们要做的是让美国再当 50 年的世界领导人。”[4] 唐纳德 · 特朗普则做出了著名的“让美国再次伟大！”的竞选承诺。

一、贝拉克 · 奥巴马

1961 年，贝拉克 · 奥巴马出生于夏威夷，48 岁时出任美国总统，是美国首位非洲裔总统。奥巴马的父亲是肯尼亚人，在美国修完研究生院的课程后回到非洲。奥巴马由母亲抚养成人，年少时曾在印度尼西亚生活过一段时间，他的母亲是一名人类学家。奥巴马曾就读于夏威夷著名的私立学校普纳侯高中，后进入加利福尼亚的西方学院（Occidental College）、纽约的哥伦比亚大学和马萨诸塞州的哈佛大学法学院深造，在《法律评论》（*Law Review*）杂志当过编辑。他还曾在芝加哥一家法学院当讲师，也从事过社区组织工作，作为伊利诺伊州的联邦参议员参加总统初选。尽管他曾在美国许多地方生活和工作过，但并非华盛顿政治的“圈内人”，几乎没有经过常规政治程序筛选。伊拉克战争的不受欢迎为他的竞选极为助力。

奥巴马上台时，美国和世界经济都处于大萧条以来最严重的金融危机之中。他的经济顾问提醒他，除非采取紧急措施，否则美国很有可能进入全面萧条。他接手了阿富汗、伊拉克这两场仍在进行的战争，还要继续应对来自伊朗和朝鲜的核扩散威胁，以及“基地”组织带来的恐怖主义问题，但奥巴马执政的最初几个月都不得不专注于处理经济危机。他拯救国际金融体系是阻止全球恐慌和萧条蔓延的关键行动，但在失业率持续上升的情况下拯救银行，导致民粹主义的不满情绪不断加剧。

奥巴马在竞选中阐述了变革的愿景，但他上台后采取的危机应对措施是实用主义的。奥巴马以在压力下仍能保持冷静而著称，人们发明了“不搞噱头的奥巴马”（no drama Obama）这样一个短语来形容这一品质。2011 年美军特种部队乘坐直升机突入巴基斯坦境内击毙本·拉登后，奥巴马对这一高风险行动（风险高到可以像卡特那样毁掉整个总统任期）所取得的成功做出了极克制的反应，只讲了一句话：“我们干掉了他。”[5] 资深共和党人罗伯特·盖茨被奥巴马留任为国防部长，他形容奥巴马是自己在工作生涯中遇到的最审慎的总统。[6] 奥巴马几乎总能控制住自己的情绪，并且（像小布什一样）展现了范例式“第一家庭”的稳定生活。

奥巴马在 2008 年竞选期间及担任总统头几个月里的言语风格是鼓舞人心的，像约翰·肯尼迪一样，让人们对他的总统任期有了很高的预期。几位专家对他所经历的那场大选做出描述：“新的国内议程、新的全球架构以及变革的世界图景对他作为候选人最终取得成功至关重要。”[7] 奥巴马在出任总统的第一年里发表了包括就职演说在内的一系列演讲，延续了鼓舞人心的话语风格。他在访问布拉格期间发表的演讲中宣布了建立“无核世界”的目标，在开罗的演讲承诺对伊斯兰世界采取新的方针，在奥斯陆领取诺贝尔和平奖时发表的演讲引用了甘地和马丁·路德·金关于“非暴力”的观点，但也指出，“作为宣誓保卫自己国家的元首，我不能只以他们的榜样为指南”。

奥巴马也追随了美国著名神学家雷因霍尔德·尼布尔（Reinhold Niebuhr），尼布尔曾就美国人在道德上的自以为是和完美主义所形成的危险诱惑发出警告。[8] 一些批评者指责奥巴马处理人权问题的方针更看重国际法和国际联盟的作用，而不重视促进自由，但奥巴马对此有他自己的看法：“我知道，与压制性的政权进行接触没有义愤填膺来得畅快，（但）任何压制性的政权都不可能改弦易辙走上新的道路，除非它们有可以选择的出路。”[9]

奥巴马的目标是：重塑美国在海外，特别是伊斯兰世界的形象；终结把美国直接卷入的两场战争；向对手伸出手去（改善关系）；重启与俄罗斯的关系，作为在世界上消除核武器的一步；就地区和全球问题与中国开展显著的合作；在中东地区缔造和平。[10] 在这些议题上，他的得分是混杂的，成果参差不齐，曾为他工作的前官员们解释说：“看似棘手的环境将他从原本想要成为全球新秩序的缔造者，变成了一个更关注修复关系和应对危机的领导人，尤其是在应对全球经济危机方面。”[11]

一些观察家认为，奥巴马的外交政策观念经历了一个循环：从竞选期间的自由主义，到上任后的现实主义，再到 2011 年“阿拉伯之春”发生后的世界乐观主义，又在 2013 年拒绝干预叙利亚内战后重回现实主义。詹姆斯·曼（James Mann）认为，虽然奥巴马的“演讲措辞优雅，充满理想主义”，但是他并不想因过多谈论民主而被听起来像个卫道士。在处理伊朗问题时，他没有让美国对人权问题的关切影响与伊朗领导人的谈判进程。[12] 2011 年，一些顾问提醒他不要把埃及总统穆巴拉克（Hosni Mubarak）太快赶下台，因为这样做并不能保证民主会在那里接踵而至，他们也试图阻止对利比亚的干预，但是奥巴马听从了其他具有世界主义倾向的顾问们的建议，事实证明两种处理方式都产生了糟糕的结果。于是，拒绝干预叙利亚问题的奥巴马对其一位年轻顾问说："你不能阻止人们那般自相残杀。"[13]

现在对奥巴马的外交政策做出明确评判为时尚早。专栏作家戴维·布鲁克斯（David Brooks）形容他是"灵活和渐进的……他的前任总统奉行'刺猬'式的外交政策，而他的外交政策则像一只行为相当有效的狐狸"[14]。他从前任那里继承了一些未完成的目标，就像一堆半满的玻璃杯，有些是棘手事件的遗留后果，有些则是他刚上台时所奉行的天真政策的产物，比如对以色列和中国的最初态度。但奥巴马很快就以务实方式修正了错误。詹姆斯·法洛斯（James Fallows）曾是吉米·卡特总统的演讲撰稿人，他认为奥巴马的主要特点是能够适应新的现实，而不是被他自己的言辞所束缚。[15] 在奥巴马任期行将结束时，《经济学人》杂志总结道："尽管他取得了许多成就，但他的才智和优雅、他在八年任期里的所作所为意味着，即使身为世界上最具权势的领导人——一位拥有罕见才能并被国家梦想施以洗礼的领导人——也似乎无力为这个国家指明方向。"[16]

奥巴马虽然从未放弃对变革型外交政策目标的话语表述，比如在气候变化和"无核世界"问题上，但在实践中所表现出的实用主义风格让人联想起艾森豪威尔、老布什等推进渐进式变革的领导人。尽管同他们相比，奥巴马处理国际事务的经验比较欠缺，但他在应对一系列复杂外交政策挑战时仍表现出类似的技巧。他既有情商，也富有情境智力，这可以从他任命的顾问团队的丰富经验，以及他对以白宫为中心的决策过程的相对有序管理当中得到管窥。他敏锐的情境智力部分是因为他有一位非洲籍的父亲、一位身为人类学家的母亲，童年岁月的一部分是在亚洲度过的。[17] 审慎自然而然成为他的秉性。

这并不是说奥巴马的外交政策不具变革效应。他改变了不受欢迎的外交政策路线，从动用大量人力物力弹压危害美国利益的势力转为以不那么具有消耗性的方式使用武力（如派遣特种部队、动用无人机和使用网络工具），在世界许多地区增强了美国的"软实力"，开始了将注意力从中东缓慢转移到亚洲这一世界经济增长最快地带。

他扭转了半个世纪以来美国对古巴的失败政策，这需要勇气和周密的准备，最终显著提高了美国在拉丁美洲的地位。

记者戴维·桑格（David Sanger）[1]将“奥巴马主义”（Obama Doctrine）描述为更少的军事干涉，辅以在直接牵涉美国安全利益的问题上不惜单方面动用武力的决心；依靠盟友处理不对美国国家安全构成直接威胁的全球问题；“走出中东沼泽，转向未来最具发展潜力的大陆——亚洲，从而实现外交政策的再平衡”。[18] 然而，学者詹姆斯·戈德盖尔（James Goldgeier）和杰里米·苏里（Jeremi Suri）将奥巴马政府发布的2015年《美国国家安全战略》报告形容为“除了避免长期和代价高昂的军事冲突外，再无优先事项”[19]。奥巴马避免犯错的目标很难称其为“战略”，尽管“有时最好的总统决策就是决定不采取行动”[20]。亨利·基辛格曾指出，奥巴马“更担心短期问题演变成长期阻碍。治国才能的另一个视角应是聚焦于塑造历史这一宏大层面，而不是仅仅避免成为历史的绊脚石”[21]。

2011年，奥巴马决定对利比亚局势进行干预，此前他曾寻求阿拉伯联盟（Arab League）和联合国各通过一个决议，以确保国际上不会有“美国再次对伊斯兰国家发起攻击”之类的有损美国“软实力”的话语大行其道。奥巴马与北约盟国分享了指挥空袭行动的“硬实力”领导权，尽管盟国并不能充分胜任这一任务。白宫的一位中层官员当时发表了一句漫不经心的评论，将美国对利比亚的政策形容为“垂帘听政”，一下成了政治批评的标靶。但如前所述，艾森豪威尔是一个很好的例子，他知道在有些时候保持低调和身居幕后是最有效的领导办法，尤其是在涉及次要利益的问题上。

奥巴马的幕僚之一杰克·沙利文（Jake Sullivan）说，奥巴马对美国究竟应该拥有怎样的领导力的形象问题进行了深入的思考。他认为，这归根结底是一个“议程设置”问题，即美国应当拥有催化型领导力，而非指令型领导力。在这一点上，他很像艾森豪威尔。“在他的理想世界中，美国可以把其他国家（和非国家行为体）聚

1　美国资深国家安全事务记者，供职于《纽约时报》。

拢到一起，找出解决大家在这个时代共同面临重大问题的办法，而不是指指点点地告诉人们该做什么。他认为这才是一种可持续的领导形式，应付得了权力的纵向和横向转移。中东问题对他构成困扰，部分原因在于这一问题不适用于那种模型——中东问题深植于传统而老套的权力政治中。”[22] 事实上，奥巴马在利比亚面临的问题是，他冲在前面走得太远了。奥巴马处理利比亚问题的最初目标是利用空中力量保护班加西的抗议者们免受卡扎菲部队的威胁，但随着时间的推移，任务变形了，成了一场政权更迭（regime change），而这场更迭没有任何可操作的后续计划。

一些批评人士认为，奥巴马过于审慎了，以至于不能充分利用变革时代赋予美国的机会，尤其是在中东地区。奥巴马把更多美军士兵送往阿富汗的决定下了一个大赌注（事实证明，没有得到回报），另一个赌注是侵犯巴基斯坦的主权，派特种部队深入那里杀死了本·拉登（这一行动起到了作用），还有一个赌注下在退出对埃及穆巴拉克政权的支持上（这并没有改善当地局势）。但由于中东地区各场“革命”的不确定性，奥巴马的大多数战略选择都是审慎的，也采取了对冲措施。奥巴马的做法与“杜鲁门主义”、“马歇尔计划”、小布什的“自由议程”毫无相似之处，使得他饱受新保守主义分子的批评，却赢得了现实主义者的喝彩。一位社论撰稿人曾说：“他的立场符合他自己身上贴着的理想主义标签，这种理想主义更看重国际法和同盟的作用，而不仅是促进自由。”[23] 虽然奥巴马的政策反映了威尔逊自由主义的民主和制度因素，但他更侧重制度一面。他的顾问本·罗兹（Ben Rhodes）说，奥巴马担心（美国在世界上重新陷入）过度伸张，但他也“相信美国应做名副其实的稳定力量，有必要对某些恐怖网络采取军事行动，全球化有助于帮助人们摆脱贫困，美国对国际秩序不可或缺。他想重新调整美国外交政策的航向，而不是使其沉没”[24]。

奥巴马的第一任国务卿希拉里·克林顿形容政府的做法是运用“巧实力”，在不同的情境下以不同的方式将“硬实力”和“软实力”资源组合在一起灵活使用。正如奥巴马在 2009 年就职演说中所说："我们的力量只有在审慎使用的情况下才会增长；我们的安全来源于我们事业的正义性、我们榜样的感召力，以及谦卑和克制的品质。"奥巴马对"美国例外主义"有所阐述，告诉西点军校学员："美国是一个不可或缺的国家。这是上一个世纪的现实，也将是下一个世纪的现实。"[25] 但他还是担心过度伸张，并为此告诫他的顾问们："我们不能自欺欺人地认为我们可以搞定中东。"[26] 杰里米·苏里和其他对奥巴马式国际自由主义发起批评的人争论说，恰恰相反，奥巴马外交政策的问题就在于，什么才是他眼里的"过度伸张"。[27]

在向阿富汗增兵、利用空中力量在利比亚设立禁飞区、动用特种部队进入巴基斯坦境内击毙本·拉登、使用特种部队和无人机打击"伊斯兰国"等方面，奥巴马表现出了适度、有区别地使用武力的意愿。他为军事打击制定了指导方针，并在提议中对也门、巴基斯坦、索马里的军事行动有可能越过指针规定的底线时亲自签字背书。按照助手们的说法，作为奥古斯丁和阿奎那关于战争论述[1]的拜读者，"他认为他应该为此类行为担起道义责任。他也知道，糟糕的军事打击行动可能会损害美国的形象，对外交政策构成破坏"[28]。尽管一些人有不同意见，奥巴马仍坚持小心翼翼地使用那些手段。

具有讽刺意味的是，尽管奥巴马努力减少美国对中东这一麻烦丛生地区的卷入，试图跳出泥潭，把注意力重新集中到亚洲这个正在崛起的地区，但他发现，在外交政策议程方面，重要的事情往往会让位于紧迫的事情。据一些亲历者说，即使是宣布"亚洲再平衡"之后，在白宫战情室召开的重要外交政策会议中，有很大一部分是在讨论中东问题。[29] 奥巴马无法说服以色列放弃在约旦河西岸的定居点，也无法让巴勒斯坦人深度参与和平进程。根据竞选承诺，奥

1　罗马帝国时代的基督教代表人物奥古斯丁（Saint Augustine，354—430）和中世纪基督教神学家托马斯·阿奎那（Saint Thomas Aquinas，1225—1274）提出的"正义战争"（义战）理论，其核心内容是所谓发动战争的"三原则"，即战争组织者的权威性（发动战争的权威属于君主，不属于私人）、发动战争的正当理由（被攻击的人必然是出于他们所犯过错才受到攻击）、战争的正当意图（扬善避恶）。阿奎那在阐述何为"过错"时，引用了奥古斯丁的定义，即国家拒不惩罚自己人民犯下的罪，或拒不恢复他们不正当掠夺走的东西。

巴马致力于全面结束美国在伊拉克的军事存在，而没有在 2011 年全力推动在那里保留部分驻军。这种态度与伊拉克马利基政府的政策相结合，为最终导致“伊斯兰国”崛起的逊尼派叛乱创造了条件。后来，随着“伊斯兰国”势力的不断增强，奥巴马不得不改变立场。

对叙利亚问题的处理成为奥巴马外交政策中的一个争议点。叙利亚内战爆发初期，奥巴马表示阿萨德必须下台。2012 年 8 月，奥巴马很随意地宣称，阿萨德政权一旦使用化学武器，那将是美国考虑对叙利亚动用武力的“红线”。然而，一年之后，阿萨德政权使用了化学武器，奥巴马却无法就对叙利亚实施空袭获得盟军和国会的支持，只能与俄罗斯合作，就清除和核查叙利亚化学武器达成国际妥协方案。这一决定成为人们在谈论奥巴马外交政策时经常会提起的“软弱的象征”，奥巴马则对他需要靠轰炸叙利亚来保持自己的信誉的说法感到恼火。用他的话来说：“那是发动战争的最糟糕的借口。”[30] 一些顾问认为，外交解决方案比轰炸更能消除化学武器，但奥巴马为此付出的信誉代价，远远超出了叙利亚问题本身。

奥巴马政府向反对阿萨德政权的温和派人士提供了武装，但顶住了在叙利亚设立安全区或禁飞区的压力，因为当时他并不清楚这些措施的最终受益者是否会是“伊斯兰国”。一些现实主义批评家赞扬奥巴马的审慎，但其他批评家认为，他的审慎造成了可怕的后果，包括“伊斯兰国”的崛起、数十万叙利亚难民的死亡，以及导致美国在欧洲的盟友们被削弱的难民危机。奥巴马还有什么更好的选择吗？曾在奥巴马政府任职的一些前官员认为，如果奥巴马修订他将阿萨德赶下台的目标，并且适度使用美国的武力，其在叙利亚问题上的不作为对其道义形象的长期负面影响可能会有所减少。[31] 威廉 · 伯恩斯认为：“我们犯的错误是，经常把最大化的目标和最简约的手段搭配到一起。”[32] 就像比尔 · 克林顿在卢旺达问题上的选择一样，“要么全有，要么全无”的框架消除了那些可通过放低目标和调整干预程度而进行的道德选择空间。奥巴马在其总统任期行将结束时接受的一次采访中否认自己处理外交事务“过于审慎”。给采访者留下深刻印象的是，即使国务卿约翰 · 克里（John kerry）

就“可怕的叙利亚危机可能将欧洲推入末日”发出警告，“奥巴马也没有将那个国家的内战重新归类为最高级别的安全威胁”[33]。

尽管处理中东问题存在较大争议，奥巴马在全球议题上的外交政策成就还是颇为丰硕的。首先是成功处理了被公认为“大衰退”的全球经济危机——如果他未能化解这场灾难，其他一切成就都会黯然失色。实现这一目标不仅需要在美国国内出台经济刺激计划，还需要进行国际协调，美联储为此提供了至关重要的公共产品，即充当“最后的贷款人”，以此恢复人们对金融体系的信心。奥巴马还在危机初期有效利用了二十国集团（G20）机制。他谈判和批准“跨太平洋伙伴关系”（Trans-Pacific Partnership，简称 TPP）等贸易协定的努力具有战略合理性，但在国内民粹主义压力不断上升的情况下，遭遇了来自国会的阻力。奥巴马努力推动就全球气候变化问题进行谈判，最终在 2015 年 12 月促成了《巴黎气候协定》。

在全球层面，奥巴马还试图通过倡导建立“无核世界”的长期目标来重新定义核武器问题（尽管他明言，这在他有生之年不太可能实现），协商出《新削减战略武器条约》[1]的替代品，进一步削减美国和俄罗斯的战略核武库，并召开核安全峰会。他还将不扩散问题提上联合国和二十国集团的议程，并就伊朗未能履行《不扩散核武器条约》规定的国际义务搭建了多边制裁框架。2015 年，经过耐心和艰苦的外交努力，伊朗核问题六方谈判就限制伊朗核计划达成协议。不过，该协议遭到了以色列和美国国内反对者的批评，他们认为其未能进一步限制伊朗在中东地区的行为，以至于后来被特朗普总统否定。奥巴马为实现朝鲜无核化所做的努力也没能取得成功。

与这些全球议程密切相关的，是奥巴马处理对华关系的方式，而中国的崛起是美国在 21 世纪面临的最重要的外交政策挑战之一。奥巴马试图通过一项后来被称作“转身亚太”或“亚太再平衡”政策，重新平衡美国外交政策的注意力，将其从中东转向亚洲。奥巴马与中国国家领导人总共举行了 24 次面对面的会晤，得以弥合在气候变

1　即《第三阶段削减战略武器条约》（SALT III）。

化和网络行为规范等方面看似难以调和的分歧。与此同时，奥巴马维护了美国与日本、韩国、澳大利亚的密切同盟关系，并且继续推进小布什时期开始的改善美国与印度关系的努力，维护了美国足以塑造中国崛起外部环境的“硬实力”，尤其是在东海和南海方向上。一些批评人士抱怨说，他没有在涉及国企补贴和强制技术转让的贸易政策问题上向中国施加足够强大的压力，这在后来成为特朗普对华政策的一大重点。另一方面，奥巴马谈判达成《跨太平洋伙伴关系协定》，构筑起一个不包含中国的全面贸易框架。不过，特朗普上台后立即抛弃了这一框架。[34]

奥巴马还试图重启美国与俄罗斯的关系，这一关系在小布什政府宣称要将格鲁吉亚和乌克兰吸纳进北约之后迅速恶化。奥巴马放弃了这些举措，与德米特里·梅德韦杰夫建立起良好的工作关系，但在弗拉基米尔·普京2012年重登总统宝座后遇到了更大的困难。普京认为，美国策动了前苏联地区的“颜色革命”、2011年中东地区的一系列革命以及2014年其邻国乌克兰的叛乱，都对俄罗斯的体制构成威胁。普京在乌克兰东部地区开展的“混合战争”和对克里米亚的占领，导致一系列双边关系的严重恶化，美国在联合国和北约的盟国对其实施了制裁。普京对乌克兰进行了网络攻击，然后干涉了2016年的美国总统大选，奥巴马政府向俄罗斯提出抗议并实施制裁，但力度不够，不足以起到有效威慑作用。

那么，我们该如何概括这种复杂性，怎样判断奥巴马外交政策的伦理标准呢？在第一个方面，即目标和动机上，奥巴马提出了一个雄心勃勃、富有吸引力的价值观议程。正如一位历史学家所说，他的大战略“完全符合战后和后冷战时代的大致轮廓，因其最广义的目标是维持美国的主导地位和自由主义国际秩序”[35]。更进一步讲，他追求大目标的动机保持着原则性，没有让其被与之相冲突的个人或情感需求释放。而在价值观和风险的平衡方面，奥巴马有时被批评“过于审慎以致犯下错误”，但实际上，他在这方面更像老布什而不是小布什。在老布什政府和奥巴马政府曾担任过职务的威廉·伯恩斯认为，这两位总统有着强烈的相似性，但与老布什不同的是，奥巴马“并没有从一个两极化的世界迈向日益显现的单极世界，而是从一个不断被削弱的单极世界走向一团混沌……尽管当时的灵活性和想象力都很强，但我们不像老布什那样拥有打外交牌的充分自由空间”[36]。

“革命时代”可能会创造机遇，但也会带来令人讨厌的意外和不符合预期的后果（正如奥巴马在利比亚发现的和在叙利亚担心的那样）。形势的变化再一次告诉我们，记住不拿主意的重要性是重要的。奥巴马曾在“空军一号”专机上对随行记者说，他们过于关注不断升级的冲突，约翰逊在越南问题上、卡特在伊朗人质危机中、小布什在伊拉克战争中犯下的错误导致他们的任期被错误定义。讲过这番话后，他笑着说，“奥巴马主义”就是“不做蠢事”。[37] 虽然这不是一个宏大的战略，但它确实意味着审慎现实主义的美德。但持自由主义和世界主义观点的批评者认为，过度审慎也会带来不道德的后果。

关于第二个维度，即手段，奥巴马适度、有差别地使用武力，在美国权力发展史上留下了“轻脚印”。他还关注采取无人机打击和网络攻击新技术时的道德细节。但批评者指责说，通过采用新的远程精准打击技术，奥巴马选择的是杀死而不是逮捕恐怖分子（包括一些拥有美国公民身份的恐怖分子）。虽然这项政策会由奥巴马政府经常向国会提交报告并被公众所接受，但批评者认为这是冷战暗杀政策的复活，那项政策当年曾被杰拉尔德·福特叫停（后来又被里根放宽）。[38] 但总的来说，奥巴马表现出对自由价值观和程序（正义）的尊重，并努力利用和发展国际机制。

关于奥巴马外交政策的道德后果，目前很难做出明确的判断，答案会随着时间的推移变得清晰。但在当时那个阶段，他表现得像是一名能够维护美国国家利益的良好受托人。一些现实主义者抱怨他对中国和俄罗斯不够强硬；其他人则赞扬他支持北约和与日本的同盟关系，以及在中东问题上表现克制。另一些人觉得他的过度审慎造成了一些不道德的后果。新保守主义分子认为他本应在中东革命期间采取更有力的措施来促进人权和民主。另一方面，自由主义者赞扬他能够利用（多边）机制来维护 1945 年以后确立的国际秩序，并通过就核安全达成一系列协议、就气候变化问题促成《巴黎气候协定》来更新这一秩序。他为防止 2008 年的大衰退“演变成另一场大萧条”而开展的国际合作努力产生了巨大的影响。世界主义者们希望他在人权问题上采取更加进取的姿态，他则确实为尽量减少对其他民族的伤害而付出很多努力。起初，当新的埃博拉疫情在西部非洲暴发时，他本不希望美国承担过多的国际救助责任，但当确信这是控制疾病大流行的唯一途径时，他最终拍板并向那里派出了数千名士兵参与抗疫——这一努力取得了真正的成功。

至于他在教育公众方面的影响，奥巴马尊重事实，并在美国国内外拓宽了重大全球问题上的道德话语，尽管一些批评人士认为，他在阻挡民粹主义对全球化的反噬方面做得不够。一名共和党国会议员曾公开指责他在医疗保健计划上撒谎——所有的美国总统都经常夸大自己的政治计划和承诺，但奥巴马总统任期一个显著的成就是，他非常诚实，在个人品行方面也高度正直。虽然不完美，但是他的计分卡看上去不错。

贝拉克 · 奥巴马的道德计分卡

目标和动机	道德愿景：富有吸引力的价值观、良好的动机	良好
	审慎：价值与风险的平衡	良好 / 混杂
手段	武力：程度、区别对待、必要性	良好
	自由主义：对权利和制度的尊重	良好
后果	信誉：成功促进美国的长期利益	良好 / 混杂
	世界主义：对他人造成最低限度损失	良好 / 混杂
	公众教育：事实基础、更宽广的道德话语	良好

二、唐纳德·特朗普

唐纳德·特朗普在许多方面都是独一无二的美国总统。他不仅没有在华盛顿政治圈里浸淫过，而且他的第一个政治职位就是人们所能达到的最高职务。特朗普 70 岁时当选美国总统，成为美国政治史上最年长的总统，也是最富有的总统。1946 年，特朗普在纽约市的皇后区出生，当时的美国总统是哈里·杜鲁门，肯尼迪和尼克松在那一年首次参选国会议员，夏威夷仍是美国的一块海外领地，尚未成为正式的州，而奥巴马要再等 15 年才能出生。

特朗普是房地产开发商的儿子，他的父亲被他用“专横”一词来形容。特朗普先是就读于一所军事预科学校，之后进入福德汉姆大学，然后转学到宾夕法尼亚大学沃顿商学院。像小布什和克林顿一样，他没有赴越南战场服役的经历。1971 年，他接管了家族的房地产业务，并将其扩展到曼哈顿。他领导的公司在美国各地建造摩天楼、酒店、赌场和高尔夫球场，所开发的房地产项目和周边消费品都以“特朗普”冠名。2003 至 2015 年，他制作并主持了一档电视真人秀节目《学徒》（*Apprentice*）。《福布斯》（*Forbes*）估计他的净资产达 31 亿美元。

特朗普独特的成长背景造就了一种非常非传统的政治风格，也开创了媒体和政治的新视角。真人秀电视传播的成功仰赖镜头感，要求把注意力始终对准摄像机，而这通常是靠比实际情况更加耸人听闻的言论和打破传统准则的行为来实现的。特朗普还学会了如何利用推特这个新的社交媒体平台来主导议程设置，他从 2009 年（推特上线仅三年之后）就开始使用推特。通过发推，他得以绕开传统媒体，并把这比作“拥有你自己的报纸”[39]。他的白宫幕僚试图减少他的发推数量——因为这种行为使他看起来不像个总统，特朗普拒绝了：“这是我的麦克风。这是我直接和人民说话的方式，中间没有任何过滤。”[40] 特朗普在政治沟通方面的创新性技巧，类似于富兰克林·罗斯福在广播流行的早期阶段时常发表的“炉边谈话”，以及约翰·肯尼迪在电视普及的早期阶段举行的公开记者会。特朗普比任何一位普通政治家都更具独创性。

特朗普在2016年的共和党初选中很好地运用了这些见识，他在拥挤的舞台上同16名对手直接辩论。除此之外，他还凭直觉激发了民粹分子对全球贸易给美国部分地区经济造成的不公平影响的不满情绪，以及他们对移民和文化变革的愤恨，特别是在那些年长的、没受过大学教育的男性白人当中。他的民粹主义、保护主义和民族主义言论为他赢得了大量媒体的免费报道，效果远远超过了富有经验的对手们以传统方式发布的付费政治广告。从某种意义上讲，他吸走了对手们竞选的氧气。紧接着，特朗普出人意料地赢得了多数选举人团票，击败民主党总统候选人希拉里·克林顿，成为美国历史上第五位在输掉普选票的情况下当选总统的候选人。

按照当时的传统政治智慧，许多分析人士预计，大选结束后，特朗普会像小布什在2000年以微弱优势赢得大选时所做的，转向中间派，扩大政治支持。然而，与此相反，特朗普继续经营支持他的基本盘，并利用这一基础威胁在党内初选中向他发起挑战的持不同意见者，以至于国会共和党人不敢公开发起针对他的批评。那些公开反对他的国会议员往往会丢掉自己的选区，而那些曾在2016年大选期间联署了“绝不选特朗普”公开信的共和党主流外交政策专家们，则发现自己基本上被排除在新政府以外。

传统分析人士还预计，获胜的特朗普将改变他利用推特发表离谱和不加节制言论的风格，并在就职后“变得像一位总统”。但事实与此相反，特朗普像竞选一般执政，成为一位非常非传统的总统。他利用推特宣布政策，炒掉内阁成员。结果，美国政府高层人事变动频繁，各种政策信息经常自相矛盾，国务卿、国防部长及其他高级官员的作用被削弱。这虽然在法庭、媒体上和美国与盟友的关系中给特朗普带来了大量问题，但他以组织一致性方面的损失换取了自己对各项议程事实上的完全掌控。

不可预测性是特朗普的政治工具之一。他的首任白宫幕僚长雷恩斯·普里巴斯（Reince Priebus）对特朗普的管理风格曾这样形容：

“特朗普总是将精力集中在讲故事上。他喜欢冲突，喜欢把对立物放在一起，让他们彼此斗个不休。他并不在意过程，只在意拍板的权力。”在很多方面，这更像富兰克林·罗斯福的做派，而不是德怀特·艾森豪威尔。在讨价还价的技巧上，特朗普喜欢“从出其不意的极端立场开始，然后转向讨价还价和妥协”[41]。正如特朗普在《交易的艺术》（*The Art of the Deal*）一书中描述的，这是他在纽约房地产生意中使用的管理与谈判风格。[42]

特朗普是生意人出身，几乎没有外交事务方面的经验，他的政治观点是大杂烩式的，不属于共和党的传统路线。白宫一名高层工作人员形容，特朗普起初就是个“全球主义者和民族主义者”的混合体，在两种特色之间以不可预测的方式来回切换。[43]他的意识形态观念经常前后不连贯，但他在贸易问题上长期以来一直表达着保护主义观念，并且怀有一种民族主义情绪，认为美国的盟友在以不公平方式利用美国。1987年，在里根执政期间，特朗普曾在各大报纸上刊登整版广告，指责美国的盟国在免费享受美国提供的军事安全保护时，把自己变得越来越富有。他呼吁，“不能再让我们伟大的国家被嘲笑了”[44]。他关注经济议题胜过安全或人权问题，把美国说成是“受害者”。

在政治竞选活动中，特朗普成为第一个挑战1945年后自由主义国际秩序共识的主要候选人。他宣称北约已经过时，并认为日本和韩国可能会自行发展核武器以取代他们的美国盟友，批评《北美自由贸易协定》和其他贸易安排，将《巴黎气候协定》描述为“中国用来减缓美国增长的骗局”，且拒绝批评有些国家领导人侵犯人权的行为。当被问及对罗纳德·里根等过去历任共和党总统们的看法时，他回答：“我认为，我们不应该再（在海外）搞什么‘国家缔造’，这已经被证明是行不通的。”[45]所有这些认知都是通过他的竞选口号“美国优先”和“让美国再次伟大”反映出来的。

虽然他在就任总统后淡化了自己一些“安全偶像”色彩，但许多竞选主题仍指导了他的外交政策。他在就职演说中宣称：“我们保卫了其他国家的边界，却拒绝保卫自己的。我们把数以万亿计的美元投放到海外，自己的基础设施却年久失修、荒废破败……从今天开始，只有美国优先……保护才能带来伟大的富强和力量……我们不寻求将自己的生活方式强加于人。我们自身的光芒即会成为榜样。”[46] 特朗普的政策遵循了他的承诺。在执政的头两年里，他退出《巴黎气候协定》，拒绝奥巴马政府谈判达成的《跨太平洋伙伴关系协定》，削弱世界贸易组织，重新谈判《北美自由贸易协定》，以维护美国国家安全为名对自盟国进口的钢铝产品加征关税，针对中国大规模调高关税，退出奥巴马与美国的盟国同伊朗谈判达成的核协议，批评北约和七国集团，赞扬某些曾侵犯人权的专制领导人。正如两位美国前大使在汇报他们在2019年4月北约70周年纪念日之际与美国的盟国领导人交谈情况时所说的，“几乎所有人都把特朗普视为北约最紧迫和最棘手的问题”[47]。欧洲人对美国的信心严重下降，认为白宫更感兴趣的是分裂而非团结他们。

2017年12月，特朗普颁布了其第一个国家安全政策（National Security Doctrine）[1]，延续了限制多边机构和全球商业的现实主义理念，将注意力重新集中到与中国和俄罗斯的“大国竞赛”上。2018年1月，美国国防部长詹姆斯·马蒂斯宣称：“美国现在的主要关注点是大国竞争，而不是恐怖主义。”[48] 小布什在2006年《美国国家安全战略》报告中，强调的是民主国家共同体和开放市场的成长，而不是保护主义。奥巴马在2015年《美国国家安全战略》报告中，谴责了小布什时期的过度伸张，呼吁美国只有在国家利益受到威胁时才采取单独行动，也要在国内事务中以身作则。在《经济学人》杂志看来，“特朗普似乎既拒绝小布什的路线，也反对奥巴马主义”[49]。此外，特朗普政府的一些官员对总统是否将会坚定履行其战略并不确信。正如他们当中的一位在描述2019年的形势时所说，特朗普确认中国对美国构成挑战，但他手头只有一套贸易政策，没有整体性的对华战略。[50]

另一方面，新保守派的批评者们认为，与其说特朗普和奥巴马

---

1 指特朗普政府的首份《美国国家安全战略》报告。

的对外战略大不相同，不如说两者更有相似之处。在他们看来，这两种战略都对国内要求进行收缩的呼声做出了错误的回应，尽管两者风格不同。例如，托马斯·唐纳利（Thomas Donnelly）和威廉·克里斯托尔（William Kristol）都认为：“‘奥巴马—特朗普共识’（the Obama-Trump consensus）正在导致一个更加危险的世界。它也在重新定义美国在世界的作用。我们是一个建立在扩张基础上的国家——不仅是领土和地缘政治的扩张，而且是自由和繁荣的扩张。美国之所以存在，不仅是为了捍卫其现在拥有的，更是为了实现它应成为的。”[51] 托德·林德伯格（Tod Lindberg）指出，特朗普的战略与其两位前任总统的战略相比，存在两大主要区别：“对小布什和奥巴马来说，美国是一个更大整体的一部分，一个（公认非常强大的）自由主义国家，同时也是组成自由国际秩序的许多自由国家中的一个。”第二大不同点在于，特朗普拒绝了其前任总统们关于“历史之弧”终将走向普遍自由主义的观点。“同样，小布什和奥巴马在许多方面也迥然不同，但他们一致认同辉格史观，即历史是不断迈向普遍自由主义的进程。”[52] 相比之下，林德伯格认为，对于特朗普来说，（制定战略的）相关标准是霍布斯现实主义、零和视角和狭义界定的国家利益。但是，新保守主义者的批评将这些相似之处过于简单化了。特朗普的路线与奥巴马也存在重大差异，比如特朗普单方面退出《巴黎气候协定》《跨太平洋伙伴关系协定》《伊核协议》的行为，以及他对北约和整个同盟关系发起的批评。

在发展美国的“软实力”方面，特朗普政府投入的资金、发表的言论较少。多项民调（以及伦敦发布的年度“软实力”30国指数）显示，美国的“软实力”在特朗普执政后大幅下滑。[53] 通过发推特也可以帮助特朗普制定全球议程，但如果其语气和内容是冒犯外国公众和领导人的，就不会产生“软实力”。特朗普的许多推文针对外国或外国领导人发出个人化的批评，语气上也缺乏外交辞令的特征。特朗普的拥护者就此回应说，“软实力”并不重要。特朗普的白宫预算管理办公室主任米克·穆尔瓦尼（Mick Mulvaney）公布了一项“硬实力预算”，将美国国务院和美国国际开发署的资金削减了 30%。[54] 尽管马蒂斯将军早些时候曾警告过国会，如果他们不为国务院的“软实力”项目提供资金，他们将不得不为他购买更多子弹。但这并不是总统的意思。特朗普在削减国务院的经费和人员的同时，增加了国防预算。后来，由于需要应对来自中国的政治影响力竞争，特朗普总算同意增加一些援外开支。

同样，特朗普对人权问题关注较少，而这是传统意义上的美国“软实力”的来源。虽然特朗普动用空军惩罚叙利亚对平民的化学武器袭击，并且试图说服沙特阿拉伯限制其在也门战争中对平民的轰炸，但他的演讲拒绝像自卡特和里根以来的每一位美国总统那样拥抱民主和人权话题。他批评委内瑞拉的独裁政权，并对马杜罗政府实施制裁。一位批评者曾说：“特朗普认为普京、埃尔多安、杜特尔特、塞西这样的强势人物有‘王者风范’——他自己也经常对美国国内的自由媒体发起攻击——但这只会促使他们更加肆无忌惮地压制公民社会、镇压本国异见人士。”[55] 对于 2018 年在沙特驻伊斯坦布尔领事馆内发生的该国记者贾迈勒·卡舒吉遇害事件，特朗普的反应模棱两可。特朗普的前任总统们经常宣称，美国国家安全应比美国在人权问题上的承诺更重要——许多美国人认同这一点；特朗普则宣称，商业交易更重要，“因为支出能创造就业机会”[56]。《金融时报》专栏作家吉迪恩·拉赫曼（Gideon Rachman）指出：“截至目前，生活在独裁政权统治下的异见人士正在以孤立无援的方式，冒着危险为真相而战，他们指着西方国家说那里存在更好的生活方式，（但现在）美国总统显然对真相漠不关心。”[57] 促进民主和人权并不需要美国对他国事务进行深度干预——正如我们在第二章里讲到的，也可以依靠正确的话语和“山巅之城”效应。

特朗普政府的支持者们对批评人士做出两点回应：第一，当政策专家、外交官和美国的盟友们对特朗普改变和颠覆传统的风格感到震惊时，他的基础选民却感到非常高兴。他们投票支持改变，对打破常规表示欢迎。“这种现实主义的世界观不仅是合情合理的，而且也引起了美国选民的共鸣，他们准确地意识到，美国身处的世界不再是冷战结束后的那个单极世界了。”[58] 第二，一些专家强调，如果风格和行为方式的转变产生有利于美国国家利益的结果，比如在伊朗出现一个更为温和的政权，朝鲜实现无核化，一个更为公平、均衡的国际贸易体制得以建立，那么这种转变就是合理的。[1]

当然，现在评估特朗普政策变化的长期后果还为时过早——这就像在比赛中场预测最终比分。尽管如此，斯坦福大学历史学家尼尔·弗格森在 2018 年表达了看法："特朗普能当选总统的关键在于，这可能是美国阻止或至少减缓中国崛起的最后机会。虽然在智识上可能不令人满意，但特朗普解决问题的办法，即以不可预测的破坏性方式维护美国的权力，实际上可能是所剩的唯一可行选择……特朗普主义（Trumpism）的逻辑仅仅是欺压其他帝国，利用它们都弱于美国的事实，获取它们的让步，进而宣称取得胜利。"[59] 同样，一位曾在小布什政府任职的前官员认为，特朗普最大的成功是"粉碎了主导美国对华政策几十年的'负责任的利益攸关方'共识，取而代之一种'战略竞争'的新范式……这是美国战略思想中一次极为重要的概念转变，几乎肯定会对美国和世界产生深远的政治、经济、安全影响"[60]。

另一名共和党前官员认为："特朗普政府向有关中国崛起的自满和危险的陈词滥调提出质疑，对美国国家安全做出了非同寻常的贡献……另一方面，特朗普对气候变化问题的看法将是今后几十年他的继任者们面临的关键挑战。"[61] 一些支持特朗普经济方针的人将他与罗纳德·里根相媲美，认为"他威胁征收关税是一种谈判策略，旨在降低贸易壁垒、创造'公平竞争环境'"[62]。在与俄罗斯的关系问题上，特朗普相对温和地对待普京，未能对俄罗斯干涉美国选举的事件做出更强硬的回应，这明显属于反常现象，似乎只能用国内政治原因、特朗普本人对司法挑战，以及对其 2016 年大选合法性的任何质疑的敏感加以解释。

批评人士说，即使特朗普不拘一格、打破传统的作风取得了一些成功，人们也必须从"成本—收益比"的角度来审视他的作为。

1　这恐怕就是特朗普政府的国务卿迈克·蓬佩奥（Mike Pompeo）一再宣称的特朗普政府外交政策奉行的"结果导向"原则。

他们认为，特朗普给国际机制及美国与盟国互信造成的损害，使得美国在取得一些事情的进展上付出了过高的代价。他们指出，乔治·舒尔茨把外交政策比喻成“需要付出耐心的园艺工作”，并以美国与中国的竞争为例，认为美国有 60 个盟友，同邻国的争端很少；而中国不结盟，与邻国还存有一些领土争端尚未解决。他们责怪特朗普在应对中国的行为方面未能与美国的盟友更好地合作。此外，规则和制度可以起到约束作用，而美国在规则制定和制度设计方面发挥着主导性作用，也是主要的受益者。不仅如此，美国的“软实力”强于中国。他们认为，特朗普的性格和风格削弱了这些资产。

以撒谎为例，《华盛顿邮报》事实核查栏目（*The Washington Post* Fact Checker）数据库对美国总统发表的每一条言论进行了分析、分类和跟踪，显示特朗普在任的头 18 个月里，提出了 3251 个虚假或误导性的说法。也就是说，平均每天超过 6.5 次，高于他执政头 100 天的日均 4.9 次，到 2018 年 5 月达到每天 8 次。数量还在持续增加中。特朗普的支持者对此回应说，“所有政客都撒谎”。特朗普的基本盘认为，他是最诚实的总统，因为他敢于打破常规，“实话实说”。特朗普在 2018 年 11 月对记者说：“只要我能，我就说实话。有时候，发生了些不一样的事情，或者事情发生了变化，但我总是喜欢说实话。”[63] 但我们在本书第二章中看到，谎言的数量和类型是有区别的。过多的谎言会导致信任贬值。此外，正如我们在富兰克林·罗斯福身上看到的，有些谎言是为总统个人服务的，有些则是为集体服务。一位美国总统可能会靠撒谎来掩盖行踪、避免尴尬，或者伤害对手，或者仅是为了行事方便。特朗普的谎言有时可能是在无意中说出的，有时则无疑是他讨价还价策略的一部分，但他的谎言中的很大一部分是利己型的，与他的个人行为有关。

这就提出一个更大的问题：个人风格和性格在判断美国总统外交政策时的相关性。2016 年 8 月，那份由 50 名主要是共和党背景的前国家安全官员联署的声明指出：“总统必须遵守纪律，控制情绪，只有经过深思熟虑才能采取行动……特朗普并不拥有这些关键素质。他不鼓励观点的对撞。他缺乏自制力，行事急躁。他不能容忍对他个人的批评。他反复无常的行为令我们最亲密的盟友感到震惊。”[64]他们和其他人认为，特朗普的个人气质决定了他并不适合当总统。

作为一名领导人，特朗普显然很聪明，但他的性情使其在美国总统情商和情境智力排行榜中排名较低，这两者使得富兰克林·罗斯福和老布什作为美国总统（在外交政策方面）干得很成功。《交易的艺术》一书的合著者托尼·施瓦茨（Tony Schwartz）说：“很早我就意识到，特朗普的自我价值认知永远处于一种危险状态中。当他感到受委屈时，会以一种冲动、自保的方式做出反应，构建一套自辩的叙事，并且总是把责任推给别人，而不是依据事实。”施瓦茨将这归因于特朗普从小对父亲的抵触，他的父亲有着极强的控制欲，“面对一个无情地要求、刁难和驱使他做各种事情的父亲……你要么控制局面，要么屈从。你要么制造恐惧，要么被恐惧支配……特朗普根本就不屑于对别人进行情感或兴趣投资……故事的一个关键部分是，在他看来，他认为任何一天里的事情是怎么样的，事实就应该是怎么样的”[65]。特朗普把他的父亲形容为“地狱般的强硬存在”。他写道，他的哥哥无法与父亲抗衡，“但我从来没有像大多数人那样被自己的父亲吓倒。我勇敢地面对他……即使在小学里，我也是一个非常自信和进取的孩子”[66]。

无论施瓦茨的判断是否准确，特朗普的自负和情绪化需求似乎经常影响到他与其他国家领导人的关系以及他对不同事件的理解。记者鲍勃·伍德沃德（Bob Woodward）曾经报道，特朗普对一位承认对女性有不良行为的朋友说：“真正的权力是恐惧……你必须否认，否认，否认，甩开这些女人。如果你承认任何指控，那你就死定了。你犯了个大错。你不要端着冒烟的枪出来和他们对着干，而是表现出软弱……永远不要承认。”[67]特朗普的低情商意味着他的个人需求经常影响他的动机，干扰到他的政策目标。例如，与他的情报事务主管的公开证词相反，特朗普宣称朝鲜核问题是因为他与那位主宰者的私人关系而得到纠正的，因为“我非常喜欢他，他也非常喜欢我”[68]。当他的情报官员们在伊朗、朝鲜、叙利亚以及活跃在叙利亚领土上的“伊斯兰国”等问题上与他看法公开相左时，特朗普斥责说，他们应该回去上学。[69]

特朗普的性情也影响了他的情境智力。他在行政管理和国际事务方面缺乏经验，同他的大多数前任总统形成了鲜明对比，但同样引人注目的是，他在填补知识盲区方面的努力实在有限。能近距离观察到他的人说，特朗普很少阅读书面材料，坚持下属向他提供的简报备忘录必须尽可能简短，而且严重依赖电视新闻。据报道，特朗普在与普京或金正恩举行会晤之前，几乎未关注工作人员所做的准备。一名自由派批评家曾说："特朗普只要发话，就可以得到关于任何议题的简报，但是他更喜欢看《福克斯与朋友们》[1]（Fox & Friends），他脑中的世界贸易图景与现实几乎没有相似之处，就像他脑海中的美国是个被暴力移民挤满了的国度一样。"[70] 或者，在保守派专栏作家布雷特·斯蒂芬斯（Bret Stephens）看来，"我们没有为自己总统的行为设置'围栏'，特朗普对法律、程序和礼仪的蔑视为他的手下树立了榜样"[71]。如果特朗普只是选择以有失总统仪态的方式蔑视和打破传统，人们可能会认为，那些批评者对他过于挑剔，或者沉迷于老套的外交观念。但是，他选择的手段不仅关乎礼节，还会对后果产生影响。

那么，对于特朗普外交政策的道德性，可以做怎样的初步概括呢？对于那些正在进行中的事情，我们最能确定的是什么？就第一个维度上的意图，也即目标和动机而言，特朗普提供了一个狭隘视野，即拒绝自由主义国际机制和秩序，依赖零和式的霍布斯现实主义，狭义界定美国的自我利益。正如他的白宫助手们所解释的，"美国优先"并不一定意味着"美国独行"（America alone）。在向盟友施压要求改变之时，他也在不那么情愿地承认联盟的重要性。虽然特朗普的话语调低了民主和人权的重要性，但他也引用了美国作为"山巅之城"的经典论述（尽管批评者指责说，他的国内行为削弱了美国的海外号召力）。对于特朗普所表达的价值观，讲求客观的批评者可能会说，他们只是就其广度和吸引力存有异议，但一个

1　福克斯电视台的一档早间新闻访谈节目。

不偏不倚的分析家无法为美国外交政策实践因特朗普个人的情感需求而遭受的扭曲进行开脱。特朗普需要人们对他个人的认可，也需要可以拿来宣扬的成功，这就导致了政策缺陷，削弱了美国和盟国的关系。例如，2018 年，特朗普分别与普京和金正恩举行首脑会晤后，宣称朝鲜的核问题已经得到解决，并且声称在自己的情报官员和普京之间，他更相信后者——这可不是什么明智的政策表达或政策管理。至于在价值和风险的审慎平衡方面，特朗普的不干涉主义使他免于因过于主动有为而犯下一些错误，但人们可以质疑他的心理地图和情境智力是否足以理解美国在 21 世纪权力扩散的过程中面临的风险。不愿意直面不讨喜的证据信息，是特朗普无法洗脱责任的错误。

在手段方面，特朗普对“伊斯兰国”使用武力，或是对叙利亚使用化学武器做出反应，都是适度和有差别的。在伊朗击落一架美国无人机后，特朗普以“相称性”为理由，取消了军事报复计划。另一方面，有人质疑他支持沙特轰炸也门民事目标的行为产生了人道代价。其他批评人士，包括他的首任国防部长[1]，反对他在没有与盟国协商的情况下贸然宣布从叙利亚撤出所有部队。而在运用自由主义手段方面，特朗普显然不怎么尊重其他国家的制度或权利。

对后果的全面评估，还需要随着时间的推移来进行。在目前的早期阶段，我们尚不清楚特朗普是否是美国国家利益的良好维护者，但他在早期阶段的一些决定表明，他把个人政治利益凌驾于国家利益之上的做法，导致不道德的后果。特朗普在竞选期间承诺退出《巴黎气候协定》[2]。当他的幕僚向他指出，逆转奥巴马时期确定的排放目标每年可能导致 4500 人丧生，而他完全可以让美国在以技术性方

1　詹姆斯·马蒂斯。

2　2017 年 6 月 1 日，特朗普宣布，美国将退出《巴黎气候协定》。2019 年 11 月 4 日，特朗普政府正式启动退出《巴黎气候协定》进程，并向联合国正式提交通知。2020 年 11 月 4 日，特朗普宣布，美国正式退出《巴黎气候协定》。2021 年 1 月 20 日，第 46 任美国总统拜登上任首日宣布，美国将重新加入《巴黎气候协定》。

式留在协议内的同时，采取更强硬的执行路线，特朗普拒绝了这一建议，坚持彻底退出，理由是，这是“我能向我的基本盘显示诚信的唯一途径”[72]。

如前所述，特朗普的风格和手段选择所产生的成本代价已是可见的，而且相当巨大，但现在就评估收益，进而进行平衡的净评估，仍为时尚早。而在世界主义关切以及教育公众方面，特朗普削弱而不是拓展了美国在国内外的道德话语。更有甚者，他对国际制度和真相缺乏尊重，导致美国“软实力”的丧失，尽管国际制度和美国声誉遭受的损害是否能够得到弥补还有待观察。2019 年，上届共和党政府官员罗伯特·布莱克威尔（Robert Blackwill）总结说，特朗普对中国和大中东地区采取的现实主义方针意味着特朗普的外交政策“比看上去更好”，但布莱克威尔仍然给了特朗普一个“D+”的差评。[73] 相比之下，2018 年 4 月，特朗普对福克斯新闻台说：“我会给自己打个 A+。”[74] 不过，由于特朗普的总统任期尚未结束，他的期中考试成绩肯定是“不完整的，还要继续做功课”。

特朗普的道德计分卡

目标和动机	道德愿景：富有吸引力的价值观、良好的动机	较差
	审慎：价值与风险的平衡	混杂
手段	武力：程度、区别对待、必要性	良好
	自由主义：对权利和制度的尊重	较差
后果	信誉：成功促进美国的长期利益	混杂
	世界主义：对他人造成最低限度损失	较差
	公众教育：事实基础、更宽广的道德话语	较差

历史学家告诫，对一名美国总统的正确评价需要经得起时间的检验——有时需要几十年的时间。对奥巴马和特朗普的任何评价都

必须是高度试探性的。他们两人都对小布什过度干预伊拉克局势的做法做出了反应，都宣示了要维护美国在世界上的地位的意志。他们都不是孤立主义者，但也都在收缩期主政美国——这种收缩反映了美国公众的态度。他们的方法大相径庭。奥巴马试图维护 1945 年建立的自由主义国际秩序，积极推动谈判达成新的核、贸易和气候协议，努力维持美国与欧洲和亚洲盟国的关系，试图把中国纳入国际制度的框架，并试图（但没有取得多少成功）减少美国对中东这个泥潭的事务的卷入。

与之形成鲜明对比，特朗普拒绝了自由主义国际秩序，质疑美国的对外同盟关系，攻击国际多边机制，从奥巴马政府达成的贸易和气候协定中退出，投入与中国的“贸易战”中，并把美国的中东政策重新聚焦于沙特和伊朗。他承诺“让美国再次伟大”，却是通过做交易的狭隘方式，以及挑战传统智慧的破坏性外交。

目前，我们不可能做出明确的判断，但奥巴马和特朗普这两位总统的两种截然不同方法，所产生的影响为美国人提供了重要的道德选择。

在本书的最后一章，让我们把话题转向第 46 任美国总统[1]将要面临的挑战。

1　乔·拜登（Joe Biden），美国民主党籍政治家。

〖注释〗

［1］For a detailed description, see J. S. Nye, *The Future of Power* (New York: Public Affairs, 2011).

［2］Linda Bilmes and Joseph Stiglitz, *The Three Trillion Dollar War: The True Cost of the Iraq Conflict* (New York: Norton, 2008), ix.

［3］Peter Baker, "From Two Formers, a Shared Lament for a Lost Consensus," *New York Times*, November 29, 2018.

［4］Michiko Kakutani, "For the White House's New Generation, It's a Different World," *New York Times*, July 10, 2012.

［5］David E. Sanger, *Confront and Conceal: Obama's Secret Wars and Surprising Use of American Power* (New York: Crown, 2012), 101.

［6］Robert M. Gates, *Duty: Memoirs of a Secretary at War* (New York: Knopf, 2014), 298.

［7］Martin S. Indyk, Kenneth G. Lieberthal, and Michael E. O'Hanlon, *Bending History: Barack Obama's Foreign Policy* (Washington: Brookings Institution Press, 2012), 6.

［8］Rhodes, *The World as It Is*, 81.

［9］Fred Hiatt, "Why Freedom Is Low on Obama's Agenda," *Washington Post*, April 9, 2012. Obama quoted in Jeremi Suri, "Liberal Internationalism, Law, and the First African American President," in *The Presidency of Barack Obama*, ed. Jullian E. Zelizner (Princeton, NJ: Princeton University Press, 2018), 196.

［10］Indyk et at., *Bending History*, 1.

［11］Indyk et al., *Bending History*, 21.

［12］James Mann quoted in Kakutani, "For the White House's New Generation."

［13］Joe Klein, "Deep Inside the White House," *New York Times Book Review*, June 24, 2018, 9.

［14］"Gaffes and Choices," The Economist, August 4, 2012, 11; David Brooks, "Where Obama Shines," *New York Times*, July 29, 2012.

［15］James Fallows, "Obama, Explained," *The Atlantic*, March 2012.

［16］"Barack Obama," *The Economist*, December 24, 2016, 60.

［17］This is the argument of James Mann in *The Obamians: The Struggle Inside the White House to Redefine American Power* (New York: Viking, 2012).

［18］Sanger, *Confront and Conceal*, 421.

［19］James Goldgeier and Jeremi Suri, “Revitalizing the National Security Strategy,” *Washington Quarterly* (Winter 2016), 38.

［20］Gideon Rachman, “Staying Out of Syria Is the Bolder Call for Obama,” *Financial Times*, May 14, 2013.

［21］Jeffrey Goldberg, “The Lessons of Henry Kissinger,” *The Atlantic*, December 2016, 53.

［22］I am indebted to Jake Sullivan for this description.

［23］Hiatt, “Why Freedom Is Low on Obama’s Agenda.”

［24］Rhodes, *The World as It Is*, 49.

［25］Carol E. Lee, “Obama Resets Military Policy,” *Wall Street Journal*, May 29, 2014, 8.

［26］Rhodes, *The World as It Is*, 200.

［27］Suri, “Liberal Internationalism, Law, and the First African American President,” 209.

［28］Jo Becker and Scott Shane, “Secret ‘Kill List’ Proves a Test of President’s Principles and Will,” *New York Times International*, May 29, 2012, A11. Also based on conversations with administration officials in 2019. On Afghanistan and Obama’s rejection of the Vietnam analogy, see George Packer, *Our Man*.

［29］“A Dangerous Modesty,” *The Economist*, June 6, 2015, 16. I am indebted to Susan Rice for help on this point.

［30］Rhodes, *The World as It Is*, 339.

［31］Personal discussions with former officials, Autumn 2018.

［32］Burns, *The Back Channel*, 335.

［33］Jeffrey Goldberg, “The Obama Doctrine,” *The Atlantic*, April 2016, 89.

［34］Kurt Campbell and Ely Ratner, “The China Reckoning: How Beijing Defied American Expectations,” *Foreign Affairs* 97 (March/ April 2018).

［35］Hal Brands, “Barack Obama and the Dilemmas of American Grand Strategy,” *Washington Quarterly* 39, no. 4 (Winter 2017), 101.

［36］Burns, *The Back Channel*, 292.

［37］Rhodes, *The World as It Is*, 277–78.

［38］Kathryn Olmsted, “Terror Tuesdays: How Obama Refined Bush’s Counterterrorism Policies,” in Julian Zelizer, ed., *The Presidency of Barack Obama: A First Historical Assessment* (Princeton, NJ: Princeton University Press, 2018), 212–26.

［39］P. W. Singer and Emerson Brooking, *Like War: The Weaponization of Social Media* (New York: Houghton Mifflin Harcourt, 2018), 49.

［40］Bob Woodward, *Fear: Trump in the White House* (New York: Simon & Schuster, 2018), 205.

［41］Personal conversation, March 24, 2018, Singapore.

［42］Donald J. Trump with Tony Schwartz, *The Art of the Deal* (New York: Ballantine, 1987).

［43］Personal conversation with White House official, November 2018.

［44］*The Economist*, December 23, 2017, 12.

［45］Dan Balz, "Trump's Foreign Policy Views: A Sharp Departure From GOP Orthodoxy," *Washington Post*, March 21, 2016.

［46］Trump's Inaugural Address, *New York Times*, January 21, 2017, A16.

［47］Douglas Lute and Nicholas Burns, "NATO's Biggest Problem Is President Trump," *Washington Post*, April 2, 2019.

［48］David Sanger and William Broad, "A Russian Threat on Two Fronts Meets a US Strategic Void," *New York Times*, March 6, 2018, A10.

［49］"Defending America, Donald Trump's Way," *The Economist*, December 23, 2017, 12.

［50］Personal conversation, Washington, DC, April 2019.

［51］Thomas Donnelly and William Kristol, "The Obama-Trump Foreign Policy," *The Weekly Standard*, February 19, 2018, 24.

［52］Tod Lindberg, "The Gap Between Tweet and Action," *Weekly Standard*, January 1, 2018, 17.

［53］Portland Consultancy, *The Soft Power 30: A Global Ranking of Soft Power* (London: Portland Consultancy, 2018).

［54］Glenn Thrush, "China's Weight Fuels Reversal by Trump on Foreign Aid," *New York Times*, October 15, 2018.

［55］Stewart Patrick, quoted in Declan Walsh, "In US Embrace, Autocrats Steamroll Their Opposition," *New York Times*, February 2, 2018, A1.

［56］Tamara Cofman Wittes quoted in Peter Baker, "Bottom Line Steers Trump With Saudis," *New York Times*, October 15, 2018.

［57］Gideon Rachman, "Truth, Lies and the Trump Administration," *Financial Times*, January 24, 2017.

［58］Randall Schweller, "Three Cheers for Trump's Foreign Policy," *Foreign Affairs* 97 (September/ October 2018), 135.

［59］Niall Ferguson, "We'd Better Get Used to Emperor Donaldus Trump," *Sunday Times*, June 10, 2018, 23.

［60］John Hannah, "Trump's Foreign Policy Is a Work in Progress," *Foreign Policy*, February 14, 2019.

［61］Robert Blackwill, *Trump's Foreign Policies Are Better Than They*

Seem (New York: Council on Foreign Relations Special Report No. 84, April 2019), 67.

[62] Stephen Moore, Arthur B. Laffer, and Steve Forbes, "How Trump Could Be Like Reagan," *New York Times*, August 1, 2018.

[63] "Trump Says He Tries to Tell the Truth Whenever Possible," Boston Globe, November 2, 2018, A6. See also Glenn Kessler , Salvador Rizzo and Meg Kelly, "President Trump has made more than 10,000 false or misleading claims," *Washington Post*, April 29, 2019.

[64] "Statement by Former National Security Officials," letter in the *Washington Post*, August 8, 2016.

[65] Tony Schwartz, "I Wrote 'The Art of the Deal' With Trump. His Self-Sabotage Is Rooted in His Past," *Washington Post*, May 16, 2017.

[66] Trump, *The Art of the Deal*, 70–71.

[67] Bob Woodward, *Fear*, 175.

[68] Peter Baker, "Was Obama Set to Bomb North Korea? Never, Allies Say," *New York Times*, February 17, 2019, A20.

[69] Robert Blackwill, *Trump's Foreign Policies Are Better Than They Seem*, 65.

[70] Paul Krugman, "A Ranting Old Guy With Nukes," *New York Times*, March 6, 2018, A25.

[71] Bret Stephens, "The Trump Presidency: No Guardrails," *New York Times*, July 29, 2017, A25.

[72] Woodward, *Fear*, 193.

[73] Blackwill, *Trump's Foreign Policies*, 67.

[74] Daalder and Lindsay, *Empty Throne*, 160.

第九章　外交政策与未来选择

尽管愤世嫉俗者假装否认，但道德抉择确实是外交政策不可分割的一个方面。人类不能只是仗剑而行，语言同样具有强大的力量。虽然诉诸武力可以快速行事，但语言可以改变武力使用者的思想。亨利·基辛格曾经说过，国际秩序不仅取决于“硬实力”的平衡，也取决于人们对合法性问题的看法[1]，而合法性当然取决于价值。

一、评估1945年以来的道德外交政策

道德重要吗？（Do Morals Matter?）[1]还是说，道德之论只是美国历任总统粉饰门面的工具，用以证明个人或国家利益的正当性——就像我的一位朋友所说，“不过是一通废话”，没有什么因果意义？利益烘焙出了蛋糕；道德只不过是美国历任总统为使蛋糕看起来美观些，在上面撒的一层糖霜罢了。

不过，种种例子表明，这种激进的质疑是错误的。道德的确很重要。如第三章所述，如果从纯粹现实主义的角度出发，用权力的两极结构或帝国主义对霸权的推行来说明战后国际秩序的确立，并不能解释富兰克林·罗斯福的“威尔逊主义”政策设计或1945年之后哈里·杜鲁门推迟采纳这一设计的行为，也无法解释1947年之后建立的这一秩序之自由主义本质。凯南提议采取现实主义的遏制政策，但令他懊恼的是，杜鲁门从更加广义的自由主义角度定义和实

1　这也是本书英文版的主书名。

施了这一政策。同样，要妥善说明美国在 1950 年 6 月对朝鲜半岛进行干预的个中缘由（尽管时任美国国务卿艾奇逊在那一年的早些时候宣布朝鲜半岛不在美国的防御线内），就得提到杜鲁门为了应对他眼中的“不道德侵略”，而做出的一个不证自明的决定。与之相似，在第五章中，为了解释越南战争之后人权在美国外交政策中优先度的提升，我们必须介绍吉米·卡特的道德观。在第六章中，要想理解罗纳德·里根为何决定忽视他的顾问们，以及他此前有关“邪恶帝国”的严厉措辞，就必须考虑到他个人做出的旨在终结核威胁的道德承诺。

回首美国占据世界主导地位的 70 年，我们可以发现，道德和外交政策的角色呈现出某些特定的模式。美国历任总统都表达了对美国民众具有吸引力的正式目标和价值。毕竟，那就是他们当选的原因。他们都宣称，自己的一大目标是维护美国的主导地位。尽管那个目标对美国公众富有吸引力，但它的道德性取决于实现方式。帝国式的狂妄自大是行不通的，但是世界第一大国提供全球公共产品的做法产生了重要的道德后果。

在美国历任总统明确宣称的目标中，道德问题更多源自个人动机，而不是他们口中的正式目标。在许多情况下，个人考量会与他们的正式目标产生差异。约翰逊和尼克松曾正式提出让越南南方免受共产主义影响的目标，但两人也扩大了这场战争的范围并且延长了其时间，因为他们都不想背上“失去了越南”的骂名。当一个人的出发点是为了避免自己陷入国内政治的困境时，他要怎样才能证明美国和其他国家人民生命的牺牲具有正当性呢？相比之下，杜鲁门没有听从麦克阿瑟的建议而动用核武器，而是任由自己在总统任期内的政治影响力因朝鲜半岛僵局而遭削弱。在这两个例子中，道德都发挥着至关重要的作用。

根据第二章中勾勒的三维道德判断，建立战后世界秩序的几位美国总统——富兰克林·罗斯福、杜鲁门、艾森豪威尔——在价值和个人动机层面都有道德意图，而且在很大程度上也产生了道德后果。他们有所欠缺的是在诉诸武力的手段这一维度上。相比之下，越南战争时期的美国总统，尤其是约翰逊和尼克松，在动机、手段和后果方面的表现都不甚理想。越南战争之后的两位美国总统——福特和卡特在那三个维度上都实施了非常合乎道德要求的外交政策。但他们的任期都很短，而且他们也证明了道德外交政策未必有效。冷战末期当政的里根和老布什两位总统在道德的三个维度上获得了很高评价。单极世界时期和之后的21世纪的权力扩散产生了好坏参半的结果：克林顿和奥巴马的表现高于平均水平，小布什和特朗普则远低于平均水平。在1945年之后的十四任总统里，我认为将外交政策的道德性与有效性结合得最好的四位总统是富兰克林·罗斯福、杜鲁门、艾森豪威尔和老布什；里根、肯尼迪、福特、卡特、克林顿和奥巴马居于中游；表现最差的四位则是约翰逊、尼克松、小布什和（因尚未完成任期而暂时列入的）特朗普。当然，这样的评判可能会遭到质疑，我自己的观点也会随时间推移而发生变化。随着各类新出现的事实浮出水面，加上每一代都在根据新形势和不断变化的优先关注点去重新审视过去，对历史的修正在所难免。

显然，上述评判反映了这些总统面对的境遇。正如阿诺德·沃尔弗斯（Arnold Wolfers）所说，道德外交政策意味着在允许的情况下做出最佳选择。战争会牵涉特殊情况。由于战争会让美国民众和其他国家的人民付出巨大代价，因此会引发严重的道德问题。在二战这样的重要战争期间当政与在越南战争和伊拉克战争等富有争议的干预战争期间当政大不相同。事实证明，即使有限和局部的战争往往也很难结束。

把艾森豪威尔拒绝向越南派兵的做法与肯尼迪和约翰逊在越南问题上的相关决定做比较，就会清楚地看到审慎作为一种美德，在外交政策当中的重要性。在1983年的黎巴嫩内战中，一场恐怖袭击夺去了241名美国海军陆战队士兵的生命。之后，里根没有向那里加倍部署军力，而是选择了撤军。同样，奥巴马和特朗普都不愿向叙利亚增派更多兵力，而由于所处时期不同，两人看上去相似的做法可能也是有区别的。有人批评老布什在1991年限制了自己的目标，战斗只持续了四天，便终止了海湾战争，并且没有向巴格达派驻美军。

与他儿子小布什在2003年表现出的缺乏审慎相比，老布什的决定似乎更明智一些：当时，小布什政府的成员以为美国在入侵伊拉克后会被当成解放者，受到人们的欢迎，因此没能为占领行动做好充分的准备。和在法律上一样，外交政策的某些程度的疏忽，也应受到谴责。

现实主义者有时会对审慎不屑一顾，将其视作一种“工具价值”而非“道德价值”。但是，我们已经看到，在判断外交政策决策的道德性时，由于非预期后果的复杂性和高概率，“工具价值”与“直觉价值”之间的界限被打破了，审慎成为一种至关重要的美德。三维伦理意味着总统必须平衡好韦伯的信念伦理与责任伦理之间的关系。外交政策中的道德决策既涉及直觉，也包括理性。执着的无知和粗疏的评估都会酿成道德滑坡的后果。但反过来说，并不是所有基于信念的决策都是审慎的，正如这里的一些例子所表明的那样。比如，杜鲁门对朝鲜越过“三八线”这一行为的回应便不够审慎，尽管他认为那种做法是出于道义上的需要。这些合乎理性、凭直觉感知的美德可能会彼此冲突。原则与审慎并不总是一致的。如我们在第二章所述，“肮脏的手”的问题不在于区分对错，而在于对与对的抉择。

对于我们故事里那些“不会叫的狗”而言，审慎是一种极其重要的美德。在与核武器相关的例子里，审慎和对杀害无辜平民的道德厌恶这两种德性相互作用，逐渐加强。杜鲁门用新研发的原子武器终结了二战，但没有为此夜不能寐。在美国享有核垄断地位的1948年，他却拒绝了动用核武器的提议。后来，在美国仍拥有压倒性核武器优势的情况下，他又一次拒绝为了打破朝鲜半岛僵局而动用核武器。审慎扩大战争和维护盟友支持是他做出的决定，但一想到自己的举动夺走了如此众多的孩子的生命时，他仍心有戚戚焉。

艾森豪威尔曾威胁要把使用核武器作为在冷战中制造威慑的手段，但他仍数次拒绝了军方实际动用核武器的建议。自苏联于1949年试爆首颗原子弹之后，审慎在各种美德中的地位变得越来越重要。而在20世纪50年代，当艾森豪威尔私下向顾问们解释自己的各项决定时，还是会引用道德信念（moral convictions）。肯尼迪寻求用折中法来终结古巴导弹危机，表现出审慎的态度，这与约翰逊的做法形成鲜明的道德对比——危机期间的谈话录音揭露了后者曾提出发动空袭的冒险主张。* 但无论是约翰逊还是尼克松，都不曾认真考虑动用核武器来解决越南战争的乱象（他们只是如此扬言而已）。这些“极力宣扬却没有实现的事”产生了极大的道德后果。如果过往美国历任总统做了相反的选择，今天的世界将会大为不同。

当然，就算是在评估同一时期的美国总统时，我们可能也会有不同的评判。如果你参与过学生考试的打分，或者看过冬季奥运会花样滑冰比赛或威斯敏斯特犬展（Westminster Dog Show），就会知道评判并非一门科学。即使围绕事实已经达成广泛共识，不同的裁判可能还是会对它们有不同的估量。例如，有些现实主义者对尼克松外交政策的评分比我给出的更高，因为他们只关注尼克松是如何向中国巧妙敞开怀抱的，进而原谅了他在其他方面的所作所为。他们不关心尼克松在国际经济、通胀或人权问题上遗留下来的糟糕影响。而我却更看重这些因素，也很难原谅他为了打造名誉上的“适当间隔”，而牺牲了 2.1 万名美国人的生命（以及不计其数的越南人的生命）这一点——而且这段间隔无论在哪种情况下看都非常短暂。同样，也有一些人给约翰逊的打分比我给出的高，理由是约翰逊处理的是往届遗留下来的难题，而且一直试图革新国内政绩，其在民权问题上推动的进步超过了林肯以来的其他美国总统。** 此外，可能有人会给肯尼迪打低分，认为他助长了越南战争的困局；也有人

---

*　美国在 1962 年拥有的核武器数量远超苏联，因而许多顾问对道德风险和益处的评估与肯尼迪的想法有所不同。有人用了一个以奇怪方式混杂起来的隐喻形容这件事：“我们把他们放在大桶上摆布，但最终给了他们一块蛋糕。”

**　当然，我对美国历任总统的排名仅针对其外交政策。2017 年，在美国有线卫星公共事务电视网组织历史学家进行的一项美国总统历史地位排名调查中，约翰逊排在第 10 名。参见布莱恩·拉姆（Brian Lamb）、苏珊·斯温（Susan Swain）、美国有线卫星公共事务电视网：《总统：知名历史学家评选出的美国最优秀与最糟糕国家首脑》（*The Presidents: Noted Historians Rank America's Best and Worst Chief Executives*），纽约：公共事务出版社，2019 年。

对他评价甚高，因为他在古巴导弹危机期间避免了核战争。

我有一些密友曾在小布什政府任职，他们阅读了本书部分章节的初稿后，说我给小布什的评分太低了。我很尊敬这些朋友，他们的这番话让我意识到，可能也因我曾经参与过这两届政府的工作，我给卡特和克林顿的打分在无形中受到了一些影响。此外，我也曾在奥巴马政府担任过国务卿和国防部长的顾问。我尽量保持客观，但读者也需要意识到，我还是存在潜在的偏见。无论如何，比起我个人的排名，向读者提供一份可以自行改动的计分卡更为重要。这些计分卡被设计成说明性文字的形式，而不是定论不可更改的样子。它们的价值在于，当我们在评估美国外交政策的道德性时，可以探索在思考中被忽略的方面。因为历史表明，尽管评分可能引起争议，但道德的确重要。

二、情境智力与道德抉择

形势允许怎样的道德抉择？在对一位美国总统的功过是非进行净评估时，必须首先从现实主义视角认识无政府世界中的首要价值——生存。一名美国总统的首要道德责任，也是作为受托人的首要道德责任，在于首先要确保把他或（将来的）她选为总统的民主制度的生存与安全。这项测验只有及格和不及格两种成绩，过去还没有哪位总统不及格过。然而，国际政治的大部分内容都与生存无关，尤其是对美国这样的大国与核战争以外的领域而言。现实主义者同样意识到能减少冲突的国际秩序的重要性。他们正确地提出了一个道德观点，那就是如基辛格所说，正义的先决条件是秩序。被毁灭的人是没有权利可言的。因此，我们在做出评估时，应当首先从现实主义问题开始，也即了解美国总统为了受托人的身份承担了多大的风险，表现出多大程度的审慎。事实证明，大部分美国总统在这方面都表现得很好。

阿诺德·沃尔弗斯曾提出这样一个问题：在形势允许的情况下，

什么是最合乎道德的决定？美国历任总统都试着去回答这一问题，然而举步维艰。在这一过程中，他们造成的后果在道德层面的区别更多源自他们情境智力的巨大差异，而非价值差异。约翰逊、小布什和特朗普在情境智力的维度上都有明显欠缺，有时游走在执着无知、轻率评估和严重过失的边缘。然而，我们应该在多大程度上让一名美国总统为意料之外的后果担负道德责任？老布什在 1992 年 12 月决定向索马里提供人道主义援助时，是否应该预见到十个月后的悲剧？答案或许是否定的。他的儿子小布什又是否应该预见到，2003 年对伊拉克的入侵可能最终会耗费数十万亿美元？答案或许是肯定的。没有人能预知未来，但道德外交政策要求，当意外后果有可能出现，且带来不成比例的影响时，美国总统应最大程度地负起责任。当有人掷下战争的骰子时，出现意外后果的概率总是很高。

不过，生存和安全并不是世界政治唯二重要的两个方面，美国公众也想看到其他价值被纳入总统外交政策的后果之中。正如我们所见，大部分美国人也"非常重视实现其他国家人民的正义，想让美国在国际上追求利他的人道主义"[2]。对于这些价值而言，重要的是超越现实主义，用世界主义和自由主义的心理地图来看待世界。例如，许多美国人都对人类共同体有整体的感知，也认为难民政策不仅应基于国际法律义务，更应依托于道德考量。尽管对外援助通常不太受欢迎，但是对国际经济和公共卫生援助的公众支持已经非常强大，足以让美国历任总统维持这样的政策。举个例子，小布什在非洲开展的与防治艾滋病和疟疾相关的工作计划便是受到这类支持的道德政策。"好撒玛利亚人"（Good Samaritanism）[1]的范围或许是有限的，但是在受到公众支持的美国总统外交政策目标中，帮助他人正是其中之一，这与怀疑者的观点恰恰相反。

自由主义的价值观念也会得到一些公众的支持，这也影响了过

1　基督教文化中的一个词语，指"见义勇为之人"或"好心人"。源自《新约圣经》"路加福音"中耶稣基督讲的寓言：一个犹太人被强盗打劫，受了重伤，躺在路边。有祭司和利未人路过但不闻不问。唯有一个撒玛利亚人路过，不顾教派隔阂善意照应他，还自己出钱把犹太人送进旅店。

去美国历任总统采用的手段。道德征伐并未获得广泛支持，而且与传统观念相反，威尔逊并未引领争取民主制度的斗争。相较于让世界实现民主化，为民主营造安全的世界环境没那么野心勃勃，且可以被解读为防御性目标，而非攻击性的。* 与此同时，尊重其他国家人民的人权和制度，也是约翰·罗尔斯（John Rawls）口中“体面之人彼此相待的方式”的一部分。即使是在基本的民主价值观尚未得到普及的地方，当威权主义者不会构成严重威胁时，也可能会形成正常的合作关系。罗尔斯式的自由主义者不会坚决主张输出民主制度，但他们的确会对严重侵犯人权的情况做出反应——比如克林顿在波黑和海地以及奥巴马在利比亚、埃及和叙利亚等问题上遇到的情况，还有特朗普因未能充分回应沙特杀害异见记者的行为所引起的公众反应。

针对这些问题，产生了困难重重的论辩与道德抉择，但它们往往集中在解决问题所使用的手段上。如前所述，干预的类型和程度各不相同，一个极端是美国总统公开做出的政策宣示，另一个极端则是对武力的大规模使用。（美国总统在使用）武力方面的记录没有什么太大的作为，失败远比成功多。1982 年，里根曾直截了当地表示：“用刺刀播种的政权是不会生根的。”[3] 德国和日本取得的成功是在经历了漫长战争中的全面溃败之后。其他的例子就显得微不足道了。1993 年，在索马里的人道主义干预最终以失败告终，这影响了克林顿在六个月后的决策，他做出不应干预卢旺达种族大屠杀的判断。美国在利比亚发动空袭的结果并不成功，这限制了奥巴马后来在叙利亚动用空袭手段的意愿。但他的一位助手写道，叙利亚成了手段与目标差距的悲剧例子，成千上万平民为此失去了生命，数百万人变成了难民。美国设定了最高目标，宣称阿萨德必须下台，

* “民主和平论”，最早可以追溯至康德，后来在 20 世纪 80 年代政治学家迈克尔·多伊尔（Michael Doyle）等人复兴了这一理论，冷战结束后开始盛行于华盛顿。它假定民主国家不太可能互相为战，以此将民主制度与安全联系在一起。不过，就算这个理论是正确的，让所有国家实现民主化的道路也很艰难，而且还可能涉及大量的暴力。许多文献都讨论过这一点。

但最终未能实现它。“我们本应付出更多努力，以实现更小的目标。”向阿萨德施加压力促其收敛恶行，并不能解决更深层次的问题，但可以限制死亡人数，控制难民跨境流动。[4] 目标和手段在道德评判中会互相影响。好的目标必须经过调整，以适应好的手段，反之亦然。在最艰难的道德决策中，大部分都不是“非成即败”的情况。迈克尔·沃尔泽曾指出，困难的道德抉择是夹在中间的。尽管对（局势）滑坡的危险保持审慎至关重要，但道德抉择则有赖于目标和手段的调整，以使它们能够相互适应。

威尔逊自由主义遗产的第二个方面，是支持基于制度合作的国际秩序。从这一点看，美国的历任总统从来都不是完美的制度自由主义者（institutional liberals）。他们常因受到限制而感到恼怒，且对共担责任的做法颇有微词。杜鲁门扩大了大陆架开采范围；艾森豪威尔支持在伊朗和危地马拉从事秘密行动；肯尼迪也为在古巴的秘密行动提供了支持，这些严格来讲都与《联合国宪章》不甚相符；尼克松打破了布雷顿森林体系的规则，在 1971 年对美国的盟友征收关税；里根漠视国际法庭关于美国占用尼加拉瓜海湾采矿构成非法行为的裁决；老布什推翻了巴拿马的诺列加政权；里根入侵了格林纳达；克林顿在没有得到联合国安理会决议支持的情况下轰炸了南联盟。

即使如此，在 2016 年之前，美国总统在大部分情况下还是支持国际制度并寻求其进一步延伸的：无论是约翰逊任上签署的《不扩散核武器条约》，尼克松、福特和卡特时期的军备控制协议，老布什执政时期的里约气候变化协议，克林顿时期的世界贸易组织和导弹及其技术控制制度，还是奥巴马签署的《巴黎气候协定》，概莫能外。直到特朗普上台后，美国政府才开始从政策上广泛批评多边制度。2018 年，国务卿迈克·蓬佩奥宣称，冷战结束后的国际秩序令美国失望不已。他还抱怨说：“多边主义的目的成了追求多边主义。我们签署的条约越多，就认为可以变得越安全。（这就好比）我们认为官僚数量越多，就越能更好地完成工作。”[5] 美国历任总统对国际制度的不满由来已久，但特朗普政府采取了一种新的狭隘的交易性策略。

如第二章所述，对国际机制和体制的维护是道德领导力的一部分。制度只不过是社会行为重要的常规模式。它们不仅是有时僵化、需要改革甚或抛弃的正式国际组织。制度包括组织，但更重要的是塑造社会角色及其道德义务的规则、规范、网络和期望构成的整个体制。比如，家庭不是组织，而是一种社会制度，其中父母的角色需要对孩子的长远利益承担道德义务。通过强化未来的长期影响，国际机制和体制鼓励能产生道德后果和超越任何单一交易的合作。它们往往代表着关于互惠的既成道德论断，可以为道德抉择创造新的条件。与此同时，制度有时也会失去自身价值和合法性。[6]

特朗普政府担心 1945 年之后的（国际）制度把美国“格列佛化”（Gulliverized），这种看法其实不无道理。小人国的人们用多边制度的绳索限制了美国这个“格列佛”在任何双边对峙中都能使用的谈判能力。* 特朗普政府用这种方式重新商议了多项贸易协议，但伤害了世界贸易组织。美国可以用自己出众的体量来挣破这些脆弱的制度绳索，实现短期谈判能力的最大化。但作为第一大国，它也可以将这些制度视作拉拢他国支持符合美国及其他国家长远利益的全球公共产品的手段。

特朗普对中国的贸易和技术政策发起了抨击，这并没有让美国的盟友们也加入世界贸易组织的改革进程中。相反，美国向盟友们征收关税，导致相互之间的关系疏远，并集中火力向中国单方面发起抨击。特朗普的做法可以说是打破了国际贸易体制中的固有惯性，防止其他国家削弱美国对中国施加的单边压力。这些短期获利能否超过对制度的损害还有待观察，但这种做法所依托的行使权力的形象与长期以来那个“耐心的园丁”的隐喻大不相同。

最后，在美国总统外交政策各种重要的长期道德后果中，我们

---

* 这种观点并不是特朗普政府率先提出的。1968 年，斯坦利·霍夫曼出版了一部著作《格列佛的麻烦：美国外交政策的环境》（*Gulliver's Troubles: Or, the Setting of American Foreign Policy*，纽约：麦格劳-希尔出版公司）。

也要考虑总统对真相和信任的影响，以及他是否扩展或限制了国内外的道德话语。18 世纪的美国缔造者担心大规模常备军队会影响我们的民主制度，艾森豪威尔也警告过不要让军工复合体的发展造成扭曲。过度保密会滋生不信任，尤其是当行动最终被曝光的时候。在冷战期间，艾森豪威尔和他的继任者们对秘密干预行动的保密破坏了国内外的公开讨论。

如第二章所述，美国公众对政府信任的丧失在约翰逊政府和尼克松政府之后变得更加严重。在越南战争、“水门事件”和中央情报局在冷战期间的秘密干预行动被曝光之后，人们对美国政府制度的信心和信任急剧下滑。在作用与反作用的政治周期中，福特和卡特试图增强开放性，恢复大众的信任，但他们的时代只持续了短短六年。里根的乐观精神让民众的信任有所提升，但由于时任中央情报局局长威廉·凯西在中美洲的秘密行动和奥利弗·诺思在白宫策划的非法的“伊朗门”行动被公之于世，对总统的民调支持率再度下滑。人们甚至一度讨论过弹劾里根的问题。后来，克林顿因在与白宫实习生莫妮卡·莱温斯基关系的问题上说谎，遭到国会众议院的弹劾。特朗普说过的谎言数量创下历史新高，这些谎言的长期影响仍有待观察。撇开特朗普不谈，虚假新闻、社交媒体武器化，以及利用人工智能篡改图像等趋势，也让人觉得不妙。

至于美国在海外的吸引力或“软实力”，由于特朗普的虚假陈述之多达到了空前的程度，调查显示国际社会因此对美国的信任度大幅下降。与威权主义国家不同，美国的“软实力”有很多不仅源自政府行动，也是公民社会的产物——从好莱坞到大学、基金会、非营利组织，再到自由媒体，概莫如此。在越南战争时期，当世界各地的人们走上街头抗议美国政府在越南实行的政策时，他们口中唱的并不是《国际歌》（Internationale），而是美国民权运动的代表歌曲《我们终将胜利》（We Shall Overcome）。那之后只用了不到十年的时间，美国便恢复了自身的“软实力”。历史是否会在后特朗普时代重演尚未可知，但这期间人们对美国信任的丧失是这届美国政府之所作所为造成的严重后果：在处理外交政策时，他们采取了短期的交易性策略，而不是长期且开明的利己策略。

三、美国道德传统的兴衰

如前所述，美国人对外交政策道德性的需求是罕见的。这虽然没有让美国人变得比其他国家的人民更有道德，但它影响了美国人的自我认知，有时也影响了美国政治。这种“例外主义”源自清教徒的宗教信仰、开国元勋的启蒙自由主义和美国自身的体量。随着美国在 20 世纪成为世界最大经济体和第一强国，我们的选择多了起来。为了给民主营造安全的世界环境，同时建立自由主义的世界秩序来取代旧的均势，伍德罗·威尔逊派了 200 万名美军士兵前往欧洲。在经历了回归 19 世纪孤立主义传统的 20 年后，富兰克林·罗斯福、杜鲁门和艾森豪威尔建立了自由主义国际秩序，这一秩序在之后的 70 年里牢不可破，直至 2016 年的大选。

美国的外交政策态度一直因地区和党派而异，而且它们也在内部导向和外部导向的选择中摇摆不定。这些扩张和收缩的循环发展往往反映出后一个时代对前一个时代的回应。[7] 威尔逊野心勃勃的道德议题在 1917 年将大众动员起来，但也助长了 20 世纪 30 年代孤立主义的反作用力。同样，20 世纪 30 年代是灾难性的十年，但也催生了二战后的自由主义秩序。肯尼迪振奋人心的言辞与越南战争中的“多米诺骨牌”理论共同作用，酿成了 70 年代福特和卡特治下出现的幻灭与弊端。冷战终结和单极格局导致克林顿和小布什对外增加了军事干预。2003 年对伊拉克的入侵造就了奥巴马和特朗普任内盛行的外交政策态度。

美国人对大规模军事干预一直都十分矛盾，起初的激情往往会逐渐褪去。就连 20 世纪 30 年代在面对希特勒构成的生存威胁时，富兰克林·罗斯福也没能通过武力予以回应，直到日本偷袭珍珠港后才正式宣战。而杜鲁门不得不“把美国人吓得半死”，以应对二战后苏联扩张带来的威胁。1950 年，他没有宣布在朝鲜半岛开战，而是将同年美国对朝鲜半岛的攻击行为描述为在联合国旗帜下的“警察行动”（police action）。在局势陷入僵局后，美国国内的支持逐渐减弱。

在冷战期间两极竞争的背景下，肯尼迪和约翰逊逐渐提高美国对越南战争的参与度。但无论是他们，还是尼克松，都未能成功争取到国际社会对这场战争的支持。到 1968 年，美国国内舆论出现了严重分歧。老布什很幸运，得到了戈尔巴乔夫的默许，发起联合国联合安全行动，在 1991 年将伊拉克赶出了科威特。他明智地保持有限的目标，维护国际同盟的完整性，同时保证军事行动的短暂性。1999 年、2003 年，克林顿和小布什均未能通过联合国安理会决议的路径，获得在科索沃和伊拉克使用武力的合法性，因此他们调动北大西洋公约组织，组建了一个“意愿联盟”，以期实现这一目的，但美国内外对这两次尝试的支持都随着时间的推移日渐减弱。

“9·11”事件及“伊斯兰国”崛起之后，应对恐怖主义的需要使得美国能够在阿富汗和中东地区持续使用武力。然而，特朗普在 2017 年《美国国家安全战略》报告中承诺，美国政策的重心将是大国竞争，而非恐怖主义或国家缔造。特朗普凭直觉感受到，相较于诉诸武力来促进自由民主等价值，使用武力来维护安全更能获得舆论支持。美国人关心对自由价值的促进，但如果其成本明显超过收益，那就另当别论了。不过，在华盛顿，“美国政治推动着军事干预主义，即使民众对此持审慎态度”。奥巴马的顾问本·罗兹认为：“即使在叙利亚上演的红色警戒故事表明大众舆论对战争心存怀疑，但国家安全讨论的政治框架仍是一样的：采取更多的行动才够强硬，其他做法都是软弱的表现。”[8]

美国的信誉问题使许多任总统都遭遇了艰难的道德困境。奥巴马认为，仅仅为了表现强硬而开战是错误的决定，他的这种想法是正确的。然而，强硬的名声可能会影响到更广义层面的国际秩序，因为后者依托的正是美国的实力。现在回过头看，奥巴马拒绝轰炸叙利亚的决定令他付出了巨大的代价，尽管美国国会和公众在那时支持他的策略，而且他通过外交途径消灭的化学武器可能比用轰炸消灭的还要多。在越南战争中落败以后，福特虽然有其他选择，但他还是觉得自己要在“‘马亚圭斯’号事件”中表现得强硬一些。另一方面，我们永远无法完全明白不同的问题之间会产生多么紧密的联系。在冷战高峰时期，肯尼迪准确识别了古巴问题与柏林问题之间的紧密关联，而约翰逊和尼克松可能高估了越南战败与世界两极均势之间的联系，毕竟当时中国与苏联的关系已经开始出现裂痕。需要再次强调的是，优秀的情境智力对道德后果而言至关重要。

由于公众对大规模军事干预缺乏兴趣，关键问题往往在于，美国应该在怎样的限度内使用非军事干预手段来推广自己的价值观。冷战期间与苏联展开竞争时，艾森豪威尔、肯尼迪等人常将情报机构开展的秘密行动作为一种解决方案；但当这些活动日后大白于天下时，它们对美国与其他国家的关系以及美国的信誉造成的损害比预想中的更高。一项严谨细致的研究总结道：“美国在冷战期间进行的秘密和公开的政权变更行动中，大部分都没有像谋划者预想的那样奏效……我们没有理由去相信它们在美国的最终胜利中起到了决定性作用。”中央情报局前局长詹姆斯·伍尔西曾提到，他认为在冷战期间产生了重大影响的两次秘密行动：一次是自由欧洲电台（Radio Free Europe）的建立，另一次是美国在苏联入侵阿富汗后为“圣战者”提供的援助。另一位中央情报局前局长理查德·赫尔姆斯（Richard Helms）曾批评美国在冷战期间把秘密行动当作“政治链锯”，并总结称：“在最佳的状态下，秘密行动应该被用作锋利的手术刀。不能常用，一定要审慎，以免刀刃变钝。”[9] 在肯尼迪兄弟主持下秘密进行的“猫鼬行动”，催生出古巴导弹危机。冷战秘密行动所谓的好处，似乎并没有超过它们的道德成本。

就公开干预而言，“吸引力”这一“软实力”作为侵入性最低的行动，可以通过多种途径进行提升。比如，闪耀着光辉的“山巅之城”的模范作用、话语和广播、经济和卫生援助，以及对大学和非营利组织等公民社会制度的支持等。当对人权的口头或经济支持，或对沙特阿拉伯和菲律宾等国的制裁与军售削减措施得罪了威权主义领袖、阻碍了美国外交政策的其他方面时，就会引起更多的争议。

这种价值纠纷是正常的，在民主制度中也在所难免。美国人对缅甸等国家的人权问题抱有一定程度的世界主义关切，但正如卡特所发现的，不能把促进人权和民主作为唯一的重心。外交政策涉及不同目标间的权衡取舍，其中包括自由主义价值。否则，我们就只有人权政策，而非外交政策。

四、未来道德外交政策面临的挑战

如前所述，未来的美国总统将会面临两种全球权力的转移：一种是横向的，另一种是纵向的。它们将影响 21 世纪美国外交政策的环境。横向的权力转移指的是亚洲的崛起，或者更准确地说，是亚洲的复苏。在 19 世纪工业革命提振欧洲与北美的经济之前，亚洲人口超过全球总数的一半，经济体量也占全球规模的一半。到 1900 年，亚洲人口仍占世界人口的一半，但它在全球经济中的占比缩减到了 20%。自二战后日本实现两位数的经济增长（这是当时美国的一个政策目标）起，随着东南亚、中国和印度纷纷跟上日本的脚步，全球经济比例开始回归到更正常的水平。这其中尤其重要的便是中国力量的崛起，以及世界陷入“修昔底德陷阱”（Thucydides trap）的危险：当一个占据主导地位的大国因为一支新兴大国的崛起而产生恐惧时，就会爆发一场毁灭性的战争。[10] 有些人认为，21 世纪的世界将会受到一场霸权转移战争的重创，就像 20 世纪英国受到日益强大的德国的挑战时那样。

另一种权力转移是纵向的，得益于技术的驱动。信息革命肇始于 20 世纪 60 年代，其“摩尔定律”指出，计算机芯片的处理能力每两年就会翻一番。如今，这场革命正给前所未有数量的行为体提供了空前多的信息。第二种权力转移，有时被称为“新封建制度”，因为主权国家会与各种其他行为体共享权力。技术会赋予非国家行为体权力。非国家行为体不会取代主权国家，但会走上以往只由政府表演的舞台，创造新的工具、问题及潜在的同盟，从而使舞台变得拥挤。* 此外，技术也增强了经济、政治和生态层面的相互依存性，缔造了更多的跨国联系与问题——这些联系与问题往往脱离了政府的控制，但又影响着它们之间的关系。这种全球相互依存的情况也在社会中产生了再分配效应，而这反过来也改变着影响美国外交政策的国内政治。

这两种权力转移都给过去70年维持的自由主义国际秩序带来了挑战。供职于《金融时报》的马丁·沃尔夫（Martin Wolf）等备受敬重的评论家认为："一方面，我们处于一段经济时期的末期，这个时期便是西方世界领导的全球化时代；另一方面，我们也处于一个地缘政治时代的尾声，这个时代是美国主导的全球秩序在冷战后的'单极时刻'。问题是，二战后时代的瓦解会不会像20世纪上半叶那样，迎来去全球化和冲突的时期；又或者，我们会不会进入这样一个新时期：以中国和印度为代表的非西方大国在维持合作式全球秩序过程中发挥出更大的作用。"[11] 这样的新世界为美国的道德外交政策带来了新的挑战。

五、中国的崛起

对于美国和世界其他各国而言，若不能成功应对中国的崛起，就可能面临灾难性的后果。罗伯特·布莱克威尔认为，美国历任总统对中国致力于成为亚洲第一大国乃至世界第一大国这一长期目标的误解，连同越南战争和伊拉克战争一起，并称为二战结束以来美国外交政策中最具破坏性的三大错误。[12] 此外，守成大国与崛起大国之间的相互影响可能会引发误判，进而导致21世纪的形势分崩离析，正如1914年对20世纪的世界造成的毁灭性影响一样。许多观察人士认为，中国的崛起将宣告美国时代的终结，但是对中国实力

* 在欧洲国家中，至少丹麦的外交部在硅谷和北京设立了技术大使职位及办公室。脸书（Facebook）的跨国用户数量比中国和美国的人口加起来还多。

的高估或低估同样危险。低估会滋生自鸣得意的情绪，而高估则容易制造恐慌——二者都有可能引发误判。历史上充斥着诸多对权力均势变化的错误认知。[13] 自 1945 年以来，美国在世界总产值中由被人为抬高的份额回归正常水平，尼克松和基辛格却将其解读为“衰落”。他们宣称世界进入“多极化”，但实际上在接下来的 20 年里，世界呈现的仍是单极格局。与此同时，那些对尼克松于 20 世纪 70 年代提出的缓和政策持反对意见的人夸大了苏维埃政权，该政权随后解体。之后，小布什又曲解了美国权力的单极影响。事实证明，相较于控制城市丛林社会变革的国内政治，美国对全球共同的空、海、太空等领域的统领要容易得多。[14]

与当前的普遍看法相反的是，中国尚未取代美国成为全球最大的经济体。若以购买力平价计算，中国的经济总量在 2014 年就已超过美国，但购买力平价只是经济学家用于比较福利估值的一种有效手段，而非用于衡量实力。例如，石油和喷气发动机是按照当前汇率进口的，依这一标准来看，中国的经济体量大约是美国的 2/3。[15] 此外，国内生产总值（GDP）是一个非常粗略的国力衡量标准。自 1839 年与英国的鸦片战争起，中国在这场“百年国耻”的前半个世纪里拥有全球最高的 GDP（甚至在军事上也是这样）。[16] 把人均收入纳入为一项计算指标可以更好地反映复杂的经济情况，而美国人均收入是中国人均收入的好几倍。

许多经济学家预计，中国有朝一日将超越美国成为全球最大的经济体（将 GDP 转换成美元计），但这一刻到来的具体时间点从 2030 年到 21 世纪中叶皆有可能，这取决于他们对中美经济增长率的假设。但无论以何种标准衡量，中国经济的引力作用都在不断增强。克林顿执政时期的财政部长劳伦斯·萨默斯（Lawrence Summers）曾针对未来的外交政策提出过一系列问题：“美国能否想象，到 2050 年，自己的经济体量仅为世界头号经济体的一半，而且这样的全球经济体系仍是可行的？一个政治领导人能否承认这样的现实，并允许就这种世界的面貌展开磋商呢？美国不大可能接受自己的经济体量被这般远远甩开，那它有办法阻止这种情况发生吗？有办法在不引发冲突的前提下压制中国吗？”[17]

众所周知，修昔底德曾将伯罗奔尼撒战争归结于两个原因：新兴大国的崛起，守成大国由此产生的恐惧。大多数人都把注意力放在他这句话的前半句，其实后半句与美国更加息息相关。萨默斯对美国外交政策能否阻止中国经济崛起的前景提出了合理质疑，但如果我们能善用自己的情境智力，就能避免人们对可能引发新冷战或热战的过度恐惧。

即使终有一日中国在总的经济体量上超过了美国，这也不是衡量地缘政治实力的唯一标准——看看美国在20世纪上半叶的经历就知道了。经济实力只是这个等式的一部分，中国在军事和“软实力”指标方面均大幅落后于美国。美国的军事支出是中国的好几倍。尽管近年来中国的军事能力在不断提升，但分析人士在仔细研究双方的军力对比后得出结论：中国尚不能在全球范围内与美国平起平坐，只要美国保持其与日本的盟友关系及在日本的军事基地，中国就无法将美国逐出西太平洋。据兰德公司估计，中美双方都需要为一场无核战争付出巨大的代价，对中国而言尤为如此。[18] 而在“软实力”方面，舆论调查结果以及伦敦咨询公司波特兰（Portland）近日发布的一项指标显示，中国位列第26位，美国则名列前茅。[19]

另一方面，中国庞大的经济体量也很重要。美国曾是世界上最大的贸易国，也是最大的双边债权国。但今天，中国是近100个国家的第一大贸易伙伴，而以美国为最大贸易伙伴的国家只有57个。中国计划在未来十年通过“一带一路”倡议向基础设施项目提供逾1万亿美元贷款，美国却削减了其对外援助资金。中国在经济方面取得的成功提高了“软实力”，而政府对其庞大市场的准入控制则保障了“硬实力”。此外，中国的制度实践使其经济实力容易为政府支配。中国将从其庞大的市场规模及其海外投资和发展援助中获取经济实力。在当今这个人工智能时代，全球七大巨头公司（谷歌、脸书、亚马逊、微软、百度、阿里巴巴、腾讯）有近半数是中国企业。[20] 中国人口基数庞大，拥有全球最大规模的互联网，其数据资源已成为世界政治领域的“新石油”——这一切都将使中国成为大数据界的沙特阿拉伯。总体而言，相较于美国，中国的实力很可能将进一步提升。

中国是一个实力强劲的国家，但同样存在着重大劣势。无论中国政府当下采取何种行动，美国的一些长期实力优势都将维持下去。一个是地理因素。美国四面环海，与邻国有望保持长期友好关系；中国同印度、日本和越南存在领土争端，这些都限制了其“软实力”。能源是美国的另一大优势。十年前，美国近乎无可救药地依赖进口能源。如今，页岩气革命已让美国从能源进口国转型成为能源出口国，国际能源署预计北美有望在未来十年内实现自给自足。而与此同时，中国越来越依赖能源进口，且其进口的大部分石油都通过印度洋和南海运输，而美国及其他国家在印度洋和南海都维持着重要的海军存在。要想解决这一问题，可谓困难重重。[21]

美国的金融实力得益于其庞大的跨国金融机构及美元的作用。纵观世界各国政府持有的外汇储备，人民币仅占 1.1%，而美元占比则高达 64%。尽管中国渴望发挥更大的作用，但可靠的储备货币有赖于货币自由兑换、深化的资本市场。虽然中国可以抛售其持有的大量美元，但此举对本国经济的影响可能不亚于对美国经济的损害。尽管美元不可能永远占据主导地位，且美国对金融制裁的滥用会刺激其他国家寻求可替代的金融工具，但人民币在短期内不大可能取代美元。

美国在人口方面同样具有优势。据估计，美国是目前各国中唯一能保住当前人口排名（第三）的主要发达国家。虽然近年来美国人口增长率有所放缓，但不会像俄罗斯、欧洲、日本那样出现人口萎缩的情况。在未来 15 年内，全球最大的 15 个经济体中有 7 个将面临劳动力萎缩，而美国的劳动力人口可能会增加 5%，中国的劳动力人口则将减少 9%。[22] 中国第一人口大国的称号很快将让给印度，其劳动力人口已在 2015 年达到峰值。中国人有时候会说，他们担心自己“未富先老”。

在 21 世纪引领经济增长的关键技术（生物、纳米、信息）发展方面，美国一直处于最前沿，且美国研究型大学在高等教育领域也处于主导地位。在上海交通大学2017年发布的一份世界大学排名中，全球前20强大学有16所在美国，而中国无一上榜。与此同时，中国正斥巨资投入研发工作，目前在某些领域已具备极强的竞争力，并设立了到2030年成为人工智能领域领军者的目标。一些专家认为，由于中国拥有巨大的数据资源，在数据使用方面缺乏隐私限制，且相信机器学习的进步更需要训练有素的工程师而非顶尖科学家，因此中国有望实现其在人工智能领域的目标。[23] 机器学习作为一种影响到许多领域的通用技术，极具重要性，从这个层面看，中国在人工智能方面的进步具有特殊意义。

中国的技术进步不再只是依样画葫芦。美国要想成功应对中国的技术挑战，更多的是取决于内部完善而非外部制裁。[24] 然而，那些宣称"中华治世"（Pax Sinica）即将到来和"美国世纪"行将结束的人，并未考虑到实力因素的方方面面。* 对美国而言，自鸣得意固然危险，缺乏自信和夸大恐惧同样危险，因为这会导致过度反应。

在歇斯底里的状态下，美国可能会把一手好牌打得稀烂。背弃盟国与国际机构这张好牌就是一个很典型的例子。另一个可能会犯的错误是试图切断所有入境移民的通道。当新加坡前总理李光耀被问及为何认为中国的整体实力在短期内无法超越美国时，他表示，美国有能力吸收全球人才为己所用，将他们的多样性和创造力重新组合在一起。[25] 如果美国放弃了对外结盟和对内开放这两张好牌，那么李光耀的想法可能就是错误的。

随着中国实力的增强，许多观察家担心美国注定与中国要有一战，但很少有人考虑到与之相对的破坏性危险。中国或许会像20世纪30年代的美国一样，选择在国际秩序中做一个"搭便车者"，而不是充当变革型力量。中国清楚自己得益于1945年以后的国际秩序。在联合国安理会中，中国是拥有否决权的五国之一。当前，中国是

---

* 麻省理工学院前教务长、中央情报局前局长约翰·多伊奇（John Deutch）认为，如果美国在创新潜力方面取得潜在进步，"中国的飞跃充其量可能只是朝着缩小与美国当前在创新领导力方面的差距迈出了几步而已"。但请注意，他用了"如果"一词。

联合国维和部队的第二大出资国，曾参与抗击埃博拉病毒、应对气候变化等联合国项目。此外，中国也从世界贸易组织、国际货币基金组织等经济机构中受益良多，并对2015年通过的《巴黎气候协定》采取支持态度。

另一方面，中国设立了亚洲基础设施投资银行[1]（Asian Infrastructure Investment Bank，简称AIIB），启动了“一带一路”项目，有些人认为该国际基础设施项目是一种经济攻势。

迄今为止，中国尚未试图颠覆自己从中获益的世界秩序，而是试图增强其在这一世界秩序中的影响力；但随着中国实力的增强，这种情况或许会发生改变。[26] 人有时吃着吃着胃口就变大了。特朗普政府给中国贴上了“修正主义国家”的标签，但就目前而言，中国实行的仍是温和的修正主义。与一些极端修正主义国家不同，中国志不在于掀翻牌桌，而是希望能在牌桌上扩大赢面。正如兰德公司的一项研究结论所示：“不加区分地谈论中国与‘整个’国际秩序间的互动并不完全准确——中国在针对不同的国际秩序要素时会表现出显著差异的立场。”[27] 与此同时，中国不断增长的经济实力将给美国及国际秩序带来各种问题，市场准入、技术转让、为支持国内领军企业而指导发布的国家产业政策、产能过剩以及知识产权问题等多个方面都有可能出现摩擦。美国需要调整其对待开放国际经济的方式，从而更严格地监督威胁到国家技术与安全目标的中国贸易和投资。

随着中国实力的增强，美国的自由主义国际秩序将不得不发生改变。中国对美国主宰的理念毫无兴趣。对于美国人而言，明智的做法是抛开“自由主义式”或“美国式”的概念，转而考虑构建一个“开放且基于规则的”世界秩序。这将意味着依照罗尔斯的理解，将自由主义视作制度合作而非推动民主的手段，以此构建一个开放的国际秩序。威尔逊遗产的后半部分或许仍是一个出人意料但令人欣喜的长期结果，因为与冲突的选项相比，这种情况会提高长期多

1　简称亚投行。

元化（long-term pluralization）[1]的可能性。

随着中国、印度等国的发展，美国在世界经济中所占的份额将低于 21 世纪初的水平，而其他国家的崛起将使美国更加难以组织推动全球公共产品的集体行动。但在未来数十年内，任何一个国家——包括中国在内——都无法在国力资源总量意义上取代美国。俄罗斯正处在“人口衰退”中，且严重依赖能源而非技术出口；印度和巴西（经济体量均为 2 万亿美元）仍是发展中国家。尽管俄罗斯与中国针对美国结成了权宜联盟（alliance of convenience），但是双方不太可能像 20 世纪 50 年代中苏那样结成真正联盟。[28]

亚洲经济的快速增长促使权力横向转移到该地区，但亚洲内部也形成了权力均势。中国的实力受到日本、印度和澳大利亚等国的制衡。美国仍将在亚洲的权力均势中发挥关键作用。[29] 如果美国维持其联盟关系，那么中国将美国逐出西太平洋的可能性，可以说是微乎其微，更不用说主宰世界。与道德外交政策更相关的问题在于，中美双方能否形成某种心态，使它们能在全球公共产品的生产中展开合作？这一点尚未可知。中国现实主义学者阎学通[2]推断，随着单极格局和美国霸权的终结，中国将小心翼翼地避免战争，“中美两极格局的国际秩序（中）……世界各国将会根据具体问题在中美两国间形成灵活的问题性联盟，这种模式完全不同于……严格对立的集团……大多数国家……（会）采取双轨外交政策，在某些问题上站在美国一边，而在另外一些问题上站在中国一边”[30]。中美关系是一种有合作的竞争（a cooperative rivalry），成功的“巧竞争”（smart competition）战略需要对这两方面给予同等关注。[31] 但要想构建这样的未来，需要良好的情境智力和双方的悉心管理，同时不能出现重大误判。

1　译者其实更倾向于在此将奈教授的这一表述译为“多元共存”。

2　著名国际关系理论家，清华大学国际关系研究院院长，世界和平论坛秘书长，兼任中国国际关系学会副会长、中华美国学会副会长，代表作有《大国领导力》《道义现实主义与中国的崛起战略》。

六、技术、跨国行为体与“熵”[1]

美国总统将会面临因权力纵向转移而引起的棘手问题：政府权力的分散。国家间的权力转移在世界政治中司空见惯，但受技术驱动、从国家向非国家行为体的权力转移带来一个全新而又陌生的难题。技术变革使得金融稳定、气候变化、恐怖主义、网络犯罪和大流行病等一系列跨国问题被提上全球议程，同时削弱了政府的响应能力。政府控制范围之外的跨国关系领域包括形形色色的行为体，比如，通过电子手段转移资金的银行家和罪犯，转移武器、传输计划的恐怖分子，威胁网络安全或利用社交媒体破坏民主进程的黑客，以及大流行病、气候变化等生态威胁。

复杂性也在与日俱增。现实主义的心理地图提出了两种未来模式：大国冲突，或者像 19 世纪在欧洲内部那样进行的大国协调。不过，第三种出乎意料的模式可能涉及“熵”——一种无法完成工作的状态。在那个世界中，如果你问：“下一个是谁？”，只会得到如此回答：“没有人了。”[32]

虽然这个回答过于简单，但它确实表明了一些重要的趋势，这些趋势将带来新的外交政策挑战。飞速的技术变革正将新的问题提上议程，也让今后的美国总统面临着艰难的道德抉择。我们都已看到杜鲁门、艾森豪威尔和肯尼迪是如何就核裂变这一变革性技术做出关键道德抉择的，但核电站和核武器的规模很大，肉眼可见，且受到一定程度的政府控制。而信息、生物技术的许多新发展都是在私营部门里进行，其去中心化的特点将赋予非国家行为体以权力，使得政府难以进行监督或控制。[33]

无论是维基解密（Wikileaks）、全球企业、非政府组织、恐怖

1　entropy，物理学名词。热力学体系中，不能利用来做功的热能可以用热能的变化量除以温度所得的商来表示，这个商叫作“熵”。广义讲，“熵”反映的是一个系统的混乱程度：一个系统越混乱，“熵”就越大，反之越小。“熵增加”原理指的是一个孤立系统内的自发过程，都是朝越来越混乱的方向发展，再简单讲即是“无序状态”。

分子还是自发社会运动，任何个人与民间组织都被赋予权力，在世界政治中直接发挥作用。信息的传播意味着权力将进行更广泛的分配，非正式的网络也将削弱传统官僚政治的垄断能力。互联网上信息的传输速度意味着政府对其议程的控制将被削弱，并呈现出新的脆弱性。

孤立不是选项，独善其身并不可取。美国本土东、西两大海洋在保障美国国家安全方面的作用已大不如前。20 世纪 90 年代，在美国轰炸南联盟和伊拉克时，两国领导人斯洛博丹 · 米洛舍维奇和萨达姆 · 侯赛因都无法对美国本土予以还击。1998 年，克林顿对苏丹和阿富汗的“基地”组织目标实施了巡航导弹袭击。但在 2001 年，一个非国家行为体把美国的商用飞机变成巨型巡航导弹，在美国杀害了 3000 名民众（伤亡人数远超日本对珍珠港的袭击）。美国的电网、空中交通控制系统和银行很容易受到来自境内外各个地方的电子攻击。海洋对此无能为力。只消数秒，美国便能受到从十英里乃至一万英里之外的地方发起的网络攻击。* 奥巴马执政时期的国防部长莱昂 · 帕内塔（Leon Panetta）曾警告过“网络珍珠港”的危险，但最难制止的一些攻击发生在未上升到武装冲突高度的“混合战”这一“灰色地带”。

不只是基础设施，美国的民主自由也一样容易遭受网络攻击。2015 年，朝鲜为了对一部嘲讽其领导人的好莱坞喜剧电影表示抗议，针对索尼影业成功发起了一次网络攻击。而在 2016 年，俄罗斯利用美国的社交媒体干预了美国总统选举。[34] 许多观察人士认为，由于脸书、谷歌、推特等最大型的跨国社交媒体公司都起家于美国，它们便成了美国权力的工具，但在 2016 年，俄罗斯却将它们变成了对付美国的武器。

20 世纪 90 年代的一大特征是，人们对互联网的去中心化和民主化影响持一种自由主义的乐观态度。小布什政府和奥巴马政府推动

---

* 这并不意味着所有网络行为体都是平等的。为一些复杂的网络攻击做准备需要很长的时间，还需要有主要国家情报机构相关的大量资源。

了互联网自由议程（Internet Freedom Agenda），其中包括提供津贴与技术，帮助一些国家的异见人士进行交流。如今，这种预想中的不对称性似乎已经出现逆转。独裁政权能够通过控制信息流来保护自己，而民主国家的开放性让独裁政权有了可加以利用的漏洞。信息战并非新鲜事物，但是相较于派遣训练有素、有被捕风险的间谍的做法，进行跨境电子攻击的成本更低、更加迅速，也更为容易。除了互联网之外，大数据和人工智能也让保护民主不受信息战影响的问题变得愈加复杂。尽管一项成功的战略必须包括国内复原力、威慑力和外交，但战略的实施过程又将向外交政策中的道德手段提出新问题。*在鉴别虚假新闻和言论方面，私营企业比政府发挥了更大的作用。法治、信任、真相和开放让民主国家更易受到攻击，但这些方面也是我们想要捍卫的重要价值观。

任何用来抵御网络信息战的政策都必须先遵循“希波克拉底誓言”。对于总统而言，通过秘密的信息作战进行回应具有极大的诱惑力。如我的一位现实主义友人所说：“在战斗中，你可以使用你所拥有的任何武器。”在混合战年代，培养并制定美国的“政治战”能力与战略或许合乎情理，但总统们必须对战略进行密切的监控。[35]公共外交和传播都应该是公开的。如果我们像冷战时期一样效仿威权国家、使用秘密信息战等重大计划，那将大错特错。这样的行为藏不了太久，而且一旦暴露，就会削弱我们的“软实力”，正如 20 世纪 70 年代中央情报局被揭露的许多秘密行动一样。一些人认为，在同威权体制的信息斗争中，民主国家应使用一切可利用的武器，无须担心软硬实力间的细微差别。但从长远来看，我们很难将这两种实力成功结合起来，而政治战中的一些明箭可能会像回力镖一样让我们自食其果。从长远角度来看，威权国家中央政府对信息的操纵会让它们变得敏感脆弱，开放性则会让民主国家更具复原力——

* 我在《在网络信息战时代保护民主》（Protecting Democracy in an Era of Cyber Information War，胡佛研究所研究报告系列，2018 年 12 月）一文中，概述了一项针对复原力、威慑力和外交的战略。

但前提是我们能够保持这种开放性。

政府制定网络空间规范的任务才刚刚开始。1945 年出现了极具破坏力的核武器新技术，各国花了 20 多年才建立起应对的制度。1963 年，肯尼迪签署《部分禁止核试验条约》；1968 年，约翰逊签署《不扩散核武器条约》；1972 年，尼克松促成《第一阶段削减战略武器条约》。网络安全也处于类似的阶段。1996 年，克林顿首个任期结束之际，仅有 3600 万人（约占世界总人口的 1%）使用互联网。在不到 20 年后的 2017 年初，当特朗普就任美国总统时，已有 37 亿人（约占世界人口的一半）使用互联网。20 世纪 90 年代末，随着用户数量的激增，互联网成为经济、社会与政治互动的重要基础。无论民粹主义政客喜欢与否，这一全球化趋势都很受欢迎。

全球相互依存的增强不仅创造了经济机遇，也带来了漏洞与不安全感。一些专家预计，随着大数据、机器学习和物联网的出现，到 2030 年，互联网连接数量可能会增长到近 1 万亿。这就意味着，潜在的攻击面将大幅扩张，从工业控制系统，到心脏起搏器，再到自动驾驶汽车，无一幸免。网络领域将有可能出现私人冲突与跨国冲突。[36] 除非未来的美国总统认为自己可以切断美国与互联网的联系，否则，网络时代的道德外交政策就不仅需要防御和威慑，还需要在规范制定和制度发展方面发挥领导作用。[37] 随着人工智能、基因组学（genomics）和其他生物技术的重要性与日俱增，这一问题将会更加突出。

机器学习和人工智能算法将制造出令政策制定者难以理解的复杂问题，并产生困难的全新道德抉择。今天的自主武器主要是用于对抗来袭威胁的静态系统，以及像无人机一样可以通过人在“回路”的方式远程扣动扳机的攻击系统。但是，由于成群的无人机是在人工智能的指导下即时传递大范围内多个目标的信息，这使得已在“回路”上的人难以始终掌握足够多的信息以在必要时介入。

奥巴马在对无人机袭击制定限制条件时，为解决这项技术的初期问题伤透了脑筋。[38] 这个问题影响到有针对性的袭击和暗杀问题。在越南战争和“水门事件”发生后的国会听证会上，20 世纪 50、60

年代的暗杀阴谋被一一揭露，福特发布了一项行政命令，禁止将暗杀作为一种可接受的外交政策手段。里根后来又重新颁布了该命令，但在其 1986 年对卡扎菲发动的报复行动中，又让能否采取暗杀手段的问题变得更加模棱两可。暗杀不排除根据战争规则将领导人作为攻击对象的做法，尽管“战争状态”一词的含义已变得十分模糊。2011 年，奥巴马凭这一理由对身在也门、卷入反恐战争的美国公民安瓦尔·奥拉基（Anwar Awlaki）发动了无人机袭击。然而，当自主系统长期涉及广泛的领域时，美国总统将面临怎样的道德抉择？

在信息革命和全球化的影响下，世界政治正在发生变化，这意味着美国即使仍是第一大国，也无法独自实现其订立的许多国际目标。例如，国际金融稳定对美国的繁荣至关重要，但这种稳定离不开美国与其他国家的合作。国家之间的相互依存持续增强。无论经济全球化有哪些潜在的阻碍因素，环境全球化都将继续推进。气候变化和海平面上升将影响每个人的生活质量，但美国人是无法独自解决这一问题的。在当今世界，从毒品、传染病到恐怖主义，所有事物的跨境传播都越来越容易，各国必须利用“软实力”发展网络，建立相应的机制和制度，以应对共同面临的威胁和挑战。

这就是为什么美国例外主义的第三个方面——体量——将具有更大的道德意义。如前所述，公共产品（比如人人都能呼吸、无法将任何人排除在外的洁净空气）的一个典型问题在于，如果最大的消费国不带头，其他国家就会搭便车，如此一来，相关公共产品将面临停产。在“新封建主义”背景下，第一大国比以往任何时候都需要在组织全球公共产品生产方面发挥领导作用。特朗普的《美国国家安全战略》报告[1]关注不同国家间的大国竞争，但对这些日益重

1　2017 年 12 月 18 日，特朗普发布其总统任内首份《美国国家安全战略》报告。迄今，共有 7 位总统、10 届政府发布了 18 份《美国国家安全战略》报告，包括里根政府 2 份（1987 年、1988 年），老布什政府 3 份（1990 年、1991 年、1993 年），克林顿政府 7 份（1994 年、1995 年、1996 年、1997 年、1998 年、1999 年、2000 年），小布什政府 2 份（2002 年、2006 年），奥巴马政府 2 份（2010 年、2015 年），特朗普政府 1 份（2017 年），以及拜登政府的《国家安全战略过渡指针》（Interim National Security Strategic Guidance，2021 年 3 月）。

要的跨国安全威胁鲜少提及。正如技术专家理查德·丹泽（Richard Danzig）总结道："21 世纪的技术不仅是在全球范围内分布，其后果也具有全球效应。病原体、人工智能系统、计算机病毒以及其他国家无意间释放的辐射，都可能给我们和他们自身带来问题。我们必须商议出报告的制度、共同的控制措施、共同的应急计划，以及规范和条约，作为缓解诸多共同风险的手段。"[39] 这些问题靠关税和壁垒是无法解决的。

在一些军事和经济公共产品领域，美国的单边领导或许能解答一大部分问题。例如，美国海军在维护海洋法和捍卫航行自由方面发挥着至关重要的作用；在 2008 年金融危机中，美联储扮演了"最后贷款人"的关键角色。[40] 在新的跨国问题上，美国的领导地位固然重要，但要想取得成功，还是需要其他国家的合作。举个例子，美国无法凭借一己之力应对全球气候变化问题。而在应对地缘经济挑战时，美国将必须同欧洲（比中国更大的经济体）展开更紧密的合作，而不是像特朗普政府一样对此不屑一顾。

从这个意义来讲，权力变成了一场"正和博弈"。只考虑把美国的权力凌驾于其他国家之上是不够的。我们还必须思考实现共同目标的力量，这包括与他国共享权力。在许多跨国问题上，赋予他国权力有助于美国实现自身目标。如果中国能提高能源效率和减少二氧化碳排放，美国也将从中受益。在这个世界上，网络和连通性成为相关权力的重要来源。在一个日益复杂的世界中，网络联系最多的国家才是最强大的。之前，在澳大利亚罗伊国际政策研究所（Lowy Institute）发布的全球现有国家排名中，美国在大使馆、领事馆和使团数量方面均位列第一。华盛顿约有 60 个协约盟友，中国则没有几个。[41]

过去，美国的开放性增强了其建立网络、维护制度、维系盟友的能力。但这种开放性和同世界其他国家交往的意愿在美国国内政治中是否依然可以延续？或者说，我们会在 21 世纪看到同 20 世纪 30 年代相类似的情况吗？即使美国继续持有比其他国家更多的军事、经济和"软实力"资源，它可能也不会选择将这些资源转化为在全球舞台上有效的权力行为。在两场世界大战之间，美国就没有选择这么做。美国前国务卿马德琳·奥尔布赖特曾在 2018 年表示："我担心 20 世纪 20、30 年代盛行的国际形势会卷土重来。"[42]

如果说美国未来安全与繁荣的关键在于了解"权力共享"与"权力凌驾"的同等重要性，那么特朗普政府前几年的表现并不令人满意。"美国优先"意味着每个国家都把自身利益放在首位，但重要的问题在于如何广义或狭义地定义这些利益。特朗普倾向于采取短期的、零和式的交易性解读，对制度和未来的长期影响关注甚少。美国已经远离了长期开明的利己主义。或许对于美国开放秩序的未来而言，主要威胁不是来自外部，而是源于内部？

七、权力转化与来自内部的威胁

在 2016 年总统选举中，美国两大政党都出现了对全球化和贸易协定的民粹主义反应。民粹主义通常意味着抵制精英群体，包括过去 70 年来支持自由主义国际秩序的制度及其推动者。如第一章所述，民粹主义不是新生事物，而且就像南瓜派一样富有美国特色。部分民粹主义反应有益于民主的发展［比如，安德鲁·杰克逊（Andrew Jackson）或 20 世纪初的进步时代］，而 19 世纪抵制移民的"一无所知党"，或 20 世纪的前参议员乔·麦卡锡（Joe McCarthy）和前州长乔治·华莱士（George Wallace）等其他本土主义的民粹主义者，则强调仇外与偏狭。在近来的美国民粹主义浪潮中，二者兼而有之。

民粹主义反应的根源，既有经济上的，也有文化上的，它们是重要的社会科学研究课题。[43] 因外国竞争而失去工作的选民往往会支持特朗普，年长的白人男性等群体也倾向于支持特朗普，因为自 20 世纪 70 年代起，使得种族、性别和性向等价值观发生改变的文化战（culture wars）让他们失去了原有的地位。阿兰·阿布拉莫维茨（Alan Abramowitz）表示："在共和党初选中，种族仇恨是促使特朗普脱颖而出的最有力单一因素。"但这些解释并不相互排斥，且特朗普“通过辩称非法移民夺走了美国公民的工作，将这些问题明确联系在一起”[44]。即使没有经济全球化或自由主义国际秩序，美国国内的这些文化和人口变化也会催生出某种程度的民粹主义，正如我们在 20 世纪 20、30 年代看到的那样。随着机器人像贸易一样带来各种失业问题，以及文化变革持续加剧分化，民粹主义很可能会存续下去。

这给支持全球化和开放经济的政策精英们上了一课：他们不仅必须更加关注经济不平等问题，还得更加注意向受到国内外变革影响的人们提供进行调整所需要的帮助。[45] 人们对移民的态度会随经济的增长而改善，但这仍是一个情感上的文化问题。皮尤（Pew）的一项调查显示，2015 年，51% 的美国成年人表示移民让国家变得更强大，41% 的人认为他们是负担；在 2010 年年中，当时经济大衰退的影响到达了顶峰，50% 的美国成年人认为移民是国家的负担。[46] 移民是美国长期比较优势的一个源起，但政治领导人若想抵御本土主义者的攻击，尤其是在经济压力大的时期和地方，他们就必须证明自己有能力管理好国家的边境。

尽管如此，人们还是不应该从 2016 年选举的激烈言辞，或者特朗普精明地通过社交媒体利用文化分裂问题操纵新闻议程的手段中，过度解读美国公众舆论的长期趋势。虽然特朗普赢得了多数选举人团票，但他得到的普选票落后对手 300 万张，而且外交政策也不是主要议题。芝加哥全球事务委员会（Chicago Council on Global Affairs）2016 年 9 月的一项民意调查显示，65% 的美国人认为，全球化虽然对就业产生了一定影响，但对美国总体来说还是有利的。[47] 尽管民意调查向来容易受到问题设计和顺序陷阱的影响，但“孤立主义”这一标签并不能准确地描述当前美国人的态度。

一些美国人担心美国在能否负担得起维持开放的国际秩序的经济成本，但美国目前在国防及外交事务上的支出约占其 GDP 总额的 3.5%。即使算上与情报或退伍军人事务相关的隐性成本，这一支出在 GDP 中的占比尚不足冷战巅峰时期的一半。在艾森豪威尔时代，这一比例超过 10%。联盟的费用并不昂贵；日本承担了驻日美军的大部分费用。这里的问题不是“大炮与黄油”之争，而是大炮、黄油和税收的三方之争。除非美国愿意通过提高财政收入来扩大预算，否则国防支出将与国内教育和基础设施维护以及研发支出等重要投入陷入零和博弈。尽管存在不同的政治论调，但严谨的分析表明，美国仍是所有主要发达国家中税赋最轻的国家之一。经合组织（OECD）成员在 2012 年的平均所得税率比美国高出 10%。

维护开放的国际秩序在美国国内面临的另一大挑战是由来已久的对外干预问题。美国应该以何种方式和手段干预其他国家的内政？在跨国恐怖主义、跨国难民危机和人道主义危机盛行的年代，某种程度的干预可能持续存在。然而，中东地区可能会经历数十年的政治和宗教革命，就像德国在 17 世纪经历了三十年战争一样。这些危机都让干预变得充满诱惑力，但美国绝不应该实施入侵和占领，或者强推民主。在民族主义和各国人口都受到社会动员的年代里，即使外国占领在一开始是受欢迎的，最终也必然会滋生怨恨，正如克林顿在索马里、小布什在伊拉克的经历。对于支持开放的国际秩序所需的国内共识而言，过度承诺的极大化比收缩造成的伤害更大。肯尼迪和约翰逊对越南战争的升级导致了美国在 20 世纪 70 年代的内向型态势，小布什 2003 年入侵伊拉克的决定也是如此。这些艰难的道德抉择在于，要在不发动大规模军事干预的情况下找到介入的形式。

要想维系国内对开放国际秩序的支持，关键问题在于政治极化，以及在外交政策问题上使用煽动性策略的趋势。这类策略削弱了美国为应对其所面临的跨国新挑战而增强制度、构建网络和制定政策的能力。本土主义者的煽动削弱了美国的“软实力”。国际公众舆论民意调查显示，自 2017 年以来，美国的吸引力有所下降。国内政治僵局往往会阻碍美国在这方面的国际领导力。早在特朗普之前，尽管时任美国国务卿和国防部长都提出过恳请，但国会参议院仍拒绝批准美国加入《联合国海洋法公约》（UN Convention of the Law of the Sea）。第一位通过单方面向盟友征收关税、打破布雷顿森林体系规则以争取国内选票的美国总统是尼克松，而非特朗普。[48] 在引领应对气候变化方面，美国国内存在强烈反对为碳排放定价的声音。这些态度削弱了美国在提供全球公共产品方面的领导能力。

对未来的美国总统而言，外交政策中的价值推广的另一重要方面在于维护国际秩序与制度。如第一章所述，威尔逊的自由主义遗产存在于两个层面上：推广自由民主，以及创造能让各国更好合作的制度。制度是通过创造全球公共产品推广价值的一种间接方式。正如现实主义者描述的，秩序有赖于相对稳定的权力分配，但同样受益于管理安全、经济问题和生态相互依存的合法化制度体制。制度有助于延伸未来的影响，推动互惠与合作。

北约这样的联盟可以影响人们的预期，而联合国、国际原子能机构、《不扩散核武器条约》等机构和制度的存在也增强了安全性。开放的市场和经济全球化或许具有破坏性，但同样可以创造财富（尽管财富往往分配不均）。维系金融稳定对数百万美国人和美国以外的人的日常生活都至关重要，尽管他们可能要到金融动荡时才会意识到这种重要性。无论本土主义者在政治上的强烈反应对经济全球化产生了怎样的影响，生态全球化仍将继续下去。温室气体和大流行病无主权边界之分。否定科学的政策并不会逆转物理之力。

各国需要构建一个框架以加强在利用海洋与太空、应对气候变化及大流行病方面的合作。将这样一个框架作为自由主义国际秩序容易混淆抉择，因为它将威尔逊自由主义遗产的两个方面合二为一了：直接推广自由民主价值观，以及构建一个能推动全球公共产品的制度框架。总统在推广民主和人权方面所选择的政策干预程度，或许有别于对旨在应对安全、经济和生态相互依存的制度的支持程度。威尔逊自由主义遗产的两个方面是可以分别进行探索追求的。

2019 年，在特朗普上任两年之后，在先前确定的所谓自由秩序的四大要素——安全、经济、全球公域和价值观（比如，人权、民主）方面，政府的表现好坏参半。虽然特朗普政府削弱了美国的联盟体系，但并未将其完全摧毁。限制大规模杀伤性武器扩散的安全体制虽遭挑战，但也仍在那里。在经济制度方面，贸易体制受到的损害似乎比货币秩序更大（美元仍占主导地位）。在全球公域方面，特朗普政府宣布美国退出《巴黎气候协定》，但美国的市场力量和地方努力仍在产生影响。

而在价值观方面，相较于先前美国历任总统而言，特朗普较少关注人权问题，且经常向威权主义领导人敞开怀抱。但价值观是美国“软实力”的重要组成部分。美国“出价能力不一定比中国高，因为中国手头有更多的现金可以在海外使用，但美国可以在游说和激励方面胜过中国”[49]。特朗普政府的一些辩护者认为，特朗普一反常规的风格及打破陈制的意愿将在朝鲜核武器等问题上取得重大进展。但即使如此，正如《经济学人》所指出的，使用“破坏球”所产生的制度成本可能会削弱美国处理我们在这里讨论的新型跨国问题的能力。[50] 如果这被证明是真的，那么我们的国家安全、繁荣和生活方式将付出巨大代价。

八、结　语

在未来几十年内，美国将保持全球领先军事大国的地位，而其军事力量仍将是全球政治实力中的重要因素。换言之，体量作为美国例外主义的第三种源起，仍将发挥重要作用，且“国家间能力分配的变化程度或速度远不及人们普遍认为的那样”[51]。中国将会逐步缩小与美国之间的差距，如果不出意外，美国很有可能仍是全球总体实力最强的国家。

华盛顿关于美国应如何发挥自身实力的普遍看法正在发生翻天覆地的变化。一种被称为“离岸制衡”（offshore balancing）、“收缩”（retrenchment）、“脱离接触”（disengagement）或“克制”（restraint）的宏大战略方针近来颇受欢迎，这反映了美国公众舆论在冷战后的转变。甚至在 2017 年特朗普政府上台前，就有一些学者和评论家对 1945 年后的秩序提出了质疑。美国的外交政策总是徘徊在过度伸张和收缩之间。[52] 早在特朗普当选总统之前，美国就已开始了针对单极幻象的一轮收缩政策。

与此同时，军事力量犹如一把钝器。试图占领并控制其他国家民族主义和宗教人群的国内政治注定走向失败，其结果必将适得其反。在应对气候变化、金融稳定或互联网治理规范等一系列跨国问题时，都不应该诉诸军事力量。海军实力不会孕育出网络力量。维护网络、与（国际）机构协作、为网络和气候变化等新领域建立规范和制度，均创造了补充美国“硬实力”资源所需的“软实力”。然而，这种类型的权力恰恰遭到了特朗普单边主义政策的削弱。

“自由主义国际秩序”或“美国治下的和平”，曾被用于形容二战后的那段时期，但现在再用这样的词汇来描述美国的国际地位显得有些过时。尽管如此，各个大国仍需带头创造公共产品，否则将出现供不应求的情况，这会让包括美国人在内的各国人民蒙受损失。基于规则的开放国际秩序涵盖政治军事事务、经济关系、生态关系和人权等领域。这些领域在多大程度上相互依存？ 1945 年的红利逐渐消散之后还将留下什么？让我们拭目以待。

可以肯定的是，要想从国际问题中抽身是不可能的，独善其身的选项也是不可行的。将民族主义与全球化对立起来是错误的选择。正如我们所见，人类可以有多重身份。问题的关键不在于国家认同或全球关切，而是强烈的国家认同和全球关切。正如一位历史学家所说：“无论喜欢与否，人类都面临着三个共同问题，它们让各国之间的国界沦为笑柄，只有通过全球合作才能解决。”这三个共同问题分别是：核战争、气候变化和技术颠覆。[53]

对于未来的美国总统而言，重要的道德抉择将在于参与和介入的领域及方式。美国的领导地位并不等同于霸权、主导或军事干预。即使是在全盛时期，美国也总是需要其他国家的帮助。在 1945 年后占据全球优势地位的 70 年里，美国一直发挥着不同程度的领导力和影响力。美国一直依赖与其他国家建立的多层级合作伙伴关系网络，只有总统明白这一点，美国才能最有效地发挥作用。1989 年后的（控制意义上的）霸权和单极化一直都是幻象。如今，随着幻象的消逝，领导力所涉及的道德抉择变得愈发清晰。

海外的合作伙伴会根据自身意愿向美国提供帮助，而这种意愿不仅受到美国的军事和经济“硬实力”的影响，还受到其“吸引力”这一“软实力”的影响——这种吸引力基于开放而非本土主义的民族文化，基于美国的自由民主价值观及其政策，当它们以他国眼中的合法方式加以制定时。像杰斐逊那样尊重全人类的意见，或像威尔逊那样运用（国际）制度来鼓励互惠互利和未来长期影响，都是美国外交政策取得成功的关键。国际秩序依托于主导国家将权力与合法性结合起来的能力。道德很重要，在三个维度上都是如此，因为它们是国际秩序成功运作的一部分秘诀所在。

如今，随着美国的优势逐渐式微、世界形势日趋复杂，第 46 任美国总统将面临界定外交政策的道德挑战：既要保证美国在其他国家的配合下提供全球公共产品，又要在运用“硬实力”的同时也能使用“软实力”来吸引其他国家的合作。我们已经看到，1945 年后美国优势时代的成功正是依托这一模式。我们需要保持权力凌驾的同时，也能实践权力共享。这是不变的道理，而且会随着 21 世纪新型跨国问题的出现而更加突出。今后，美国外交政策的成功所受到的威胁，或许更多来自本土主义政治的崛起，而不是国外其他什么力量的崛起或衰落。然而，本土主义政治把我们的道德视野局限在了美国国内。

〖注释〗

［1］Henry Kissinger, *World Order* (New York: Penguin, 2014).

［2］Page and Bouton, *The Foreign Policy Disconnect*.

［3］Michael McFaul, *Advancing Democracy Abroad: Why We Should and How We Can* (Stanford, CA: Hoover Institution, 2010), 160.

［4］Sullivan, "What Donald Trump and Dick Cheney Got Wrong About America."

［5］Gardiner Harris, " Pompeo Questions the Value of International Groups Like UN and EU," *New York Times*, December 4, 2018.

［6］Allen Buchanan and Robert O. Keohane, "The Legitimacy of Global Governance Institutions," 405.

［7］Sestanovich, *Maximalist*.

［8］Rhodes, *The World as It Is*, 276.

［9］Lindsey A. O'Rourke, *Covert Regime Change: America's Secret Cold War* (Ithaca, NY: Cornell University Press, 2018), 225, 226, 236.

［10］Graham Allison, *Destined for War*. Michael Beckley challenges this analysis and argues that power transition theory is littered with false positives and false negatives. "The Power of Nations: Measuring What Matters," *International Security* 43, no. 2 (Fall 2018), 42–43. Kori Schake argues that there has been only one successful peaceful transition. *Safe Passage: The Transition from British to American Hegemony*. Cambridge, MA: Harvard University Press, 2017.

［11］Martin Wolfe, "The Long and Painful Journey to World Disorder," *Financial Times*, January 5, 2017. See also, Fareed Zakaria, "The Self-Destruction of American Power," *Foreign Affairs* 92 (July/ August) 2019, 10-16.

［12］Robert Blackwill, *Trump's Foreign Policies Are Better Than They Seem*, 9–10.

［13］Joshua Shifrinson, *Rising Titans: Falling Giants* (Ithaca, NY: Cornell University Press, 2018).

［14］Barry Posen, "Command of the Commons," *International Security* 28, no. 1 (Summer 2003), 5–46.

［15］"World GDP Ranking 2016," *Knoema*, April 10, 2017, ranks China first if purchasing power parity is used.

［16］Beckley, 22.

［17］Lawrence H. Summers, "Can Anything Hold Back China's

Economy?" *Financial Times*, December 3, 2018.

[18] Terrence Kelly, David Gompert, and Duncan Long, *Smarter Power, Stronger Partners, Vol. I: Exploiting US Advantages to Prevent Aggression* (Santa Monica, CA: RAND Corporation, 2016).

[19] Portland Consultancy, *The Soft Power 30*.

[20] Kai-Fu Lee, *AI Superpowers: China, Silicon Valley, and the New World Order* (Boston: Houghton Mifflin, 2018), 83.

[21] Meghan O'Sullivan, *Windfall: How the New Energy Abundance Upends Global Politics and Strengthens America's Power* (New York: Simon & Schuster, 2017).

[22] Adele Hayutin, *Global Workforce Change: Demographics Behind the Headlines* (Stanford, CA: Hoover Institution, 2018). See also Nicholas Eberstadt, "With Great Demographics Comes Great Power," *Foreign Affairs* 98 (July/August) 2019, 149.

[23] Lee, *AI Superpowers*.

[24] John Deutch, "Assessing and Responding to China's Innovation Initiative," in *Maintaining America's Edge, ed. Leah Bitounis and Jonathon Price* (Washington: Aspen Institute, 2019), 163.

[25] Conversation with Lee Kuan Yew, Singapore, September 22, 2012. See also Nye, *Is the American* Century Over?, 77.

[26] Ceri Parker, "China's Xi Jinping Defends Globalization From the Davos Stage," *World Economic Forum*, January 27, 2017; "Statement by Wang Yi," filmed February 17, 2017, Munich Security Conference, 23:41. See also G. John Ikenberry and Shiping Tang, "Roundtable: Rising Powers and the International Order," *Ethics and International Affairs*, 32 (Spring 2018) ,15-44.

[27] Michael Mazarr, Timothy Heath, and Astrid Cevallos, *China and the International Order* (Santa Monica, CA: RAND Corporation, 2018), 4.

[28] Bobo Lo, *A Wary Embrace: What the Russia-China Relationship Means for the World* (Docklands, VIC: Penguin Random House Australia, 2017).

[29] Bill Emmott, *Rivals: How the Power Struggle Between China, India and Japan Will Shape Our Next Decade* (New York: Houghton Mifflin Harcourt, 2008).

[30] Yan Xuetong, "The Age of Uneasy Peace," *Foreign Affairs* 98 (January/February 2019), 46.

[31] Orville Schell and Susan L. Shirk, chairs, *Course Correction: Toward an Effective and Sustainable China Policy* (New York, Asia Society Task Force, February 2019).

[32] Randall Schweller, "Entropy and the Trajectory of World Politics:

Why Polarity Has Become Less Meaningful," *Cambridge Review of International Affairs* 23, no. 1 (March 2010).

［33］For more detail, see my "Nuclear Lessons for Cyber Security," *Strategic Studies Quarterly* 5 (Winter 2011), 18.

［34］David Sanger, *The Perfect Weapon: War, Sabotage and Fear in the Cyber Age* (New York: Penguin Random House, 2018). See also P. W. Singer and Emerson Brooking, *Like War: The Weaponization of Social Media* (Boston: Houghton Mifflin, 2018).

［35］Charles Cleveland, Ryan Crocker, Daniel Egel, Andrew Liepman, and David Maxwell, "An American Way of Political Warfare: A Proposal," in *Perspective* (Santa Monica, CA: RAND Corporation, 2018).

［36］Joseph Nye, "Normative Restraints on Cyber Conflict," *Cyber Security: A Peer-Reviewed Journal* 1, no. 4 (2018), 331–42.

［37］Nye, "Normative Restraints on Cyber Conflict."

［38］Peter Baker, "In Shift on Terror Policy, Obama Took a Long Path," *New York Times*, May 28, 2013, A1.

［39］Richard Danzig, "Technology Roulette," in Bitounis and Price, *Maintaining America's Edge*, 2019.

［40］Adam Tooze, "The Forgotten History of the Financial Crisis," *Foreign Affairs* 97 (September/ October 2018), 208.

［41］Nye, *Is the American Century Over?*.

［42］Madeleine Albright, *Fascism: A Warning* (New York: HarperCollins, 2018), 223.

［43］Ronald Inglehart and Pippa Norris, "Trump, Brexit, and the Rise of Populism: Economic Have-Nots and Cultural Backlash," Harvard Kennedy School, Faculty Research Working Paper Series, 2016.

［44］Alan I. Abramowitz, *The Great Alignment* (New Haven, CT: Yale University Press, 2018), 153.

［45］Jeff Colgan and Robert Keohane, "The Liberal Order Is Rigged," *Foreign Affairs* 96 (May/ June 2017); Dani Rodrik, *Straight Talk on Trade: Ideas for a Sane World Economy* (Princeton, NJ: Princeton University Press, 2018).

［46］"U.S. Public Has Mixed Views of Immigrants and Immigration," Pew Research Center, September 28, 2015, chapter 4; "Most Say Illegal Immigrants Should Be Allowed to Stay, But Citizenship Is More Divisive," Pew Research Center, March 28, 2013.

［47］Dina Smeltz, Craig Kafura, and Lily Wojtowicz, "Actually, Americans Like Free Trade," Chicago Council on Global Affairs, September 7, 2016.

［48］ Bowles, *Nixon's Business*, 179.

［49］ Sullivan, "What Donald Trump and Dick Cheney Got Wrong About America."

［50］ "Present at the Destruction," *The Economist*, June 9, 2018, 21.

［51］ Stephen Brooks and William Wohlforth, *America Abroad: The United States' Global Role in the 21st Century* (Oxford: Oxford University Press, 2016), ix.

［52］ Sestanovich, *Maximalist*.

［53］ Yuval Noah Harari, "Moving Beyond Nationalism," *The Economist*, The World in 2019, 92.

致　谢

在我几十年的教学生涯中，成百上千的人——家人、师长、朋友、学生和同事——对我产生过影响。没有人是一座孤岛。承蒙他们的厚爱，我向其中很多人请教了问题、借用了观点，也获得了未料之灵感。我感谢他们所有人，然而由于不可能记下自己曾经参与的每一次讨论，我无法将他们一一列出。但我必须在此提及我的已故同事斯坦利·霍夫曼，他作为一名自由现实主义者，是该领域的思想先行者。还有罗伯特·基欧汉（Robert O. Keohane）和格雷厄姆·艾利森（Graham T. Allison），一起共处的学院岁月中，他们曾在许多次远足和钓鱼活动中“折磨”过我。

我还要感谢那些耐心阅读并对手稿不同部分做出点评或在交谈中与我分享经历并帮助我修正错误的人们。由于难以恰当地排序致谢，所以我在此仅按字母顺序列出：阿米塔夫·阿查亚（Amitav Acharya）、尼古拉斯·伯恩斯、彼得·菲弗、尼尔·弗格森、戴维·葛根、艾伦·亨里克森（Alan Henrikson）、塞思·约翰逊（Seth Johnson）、艾琳·卡马克（Elaine Kamarck）、安妮·卡拉莱克斯（Anne Karalekas）、南希·科恩（Nancy Koehn）、马特·科哈特（Matt Kohut）、尤金·科根（Eugene Kogan）、斯蒂芬·克拉斯纳（Stephen Krasner）、肖恩·林–琼斯（Sean Lynn-Jones）、弗雷德里克·罗格瓦尔（Fredrik Logevall）、史蒂文·米勒（Steven E. Miller）、莫莉·奈（Molly Nye）、梅根·奥沙利文（Meghan O’ Sullivan）、罗杰·波特（Roger Porter）、苏珊·赖斯（Susan Rice）、马蒂亚斯·里斯、戴维·桑格、玛丽·萨罗特（Mary Sarotte）、温迪·谢尔曼（Wendy Sherman）、约书亚·希弗林森（Joshua Shifrinson）、凯瑟琳·西金克（Kathryn Sikkink）、托尼·史密斯（Tony Smith）、詹姆斯·斯坦伯格（James Steinberg）、杰克·沙利文、亚历克斯·沃文（Alex Vuving）、卡尔德·沃尔顿（Calder Walton）、戴维·韦尔奇（David Welch）、文安立（Arne Westad）、肯尼思·温斯顿（Kenneth Winston）、菲利普·泽里科夫（Philip Zelikow）、罗伯特·佐利克。我还要感谢哈佛大学肯尼迪政府学院应用史学研究小组的成员们，他们曾与我就本书初始部分的一个章节进行过讨论。对一些与我就近几届美国政府事务交流过的人士，比如布伦特·斯考克罗夫特，在正文和注释中提及了，但也有一些人希望隐去姓名，我也对此做了简要说明。

我还得到了诸多机构（比如，哈佛大学肯尼迪政府学院及其贝尔福科学与国际事务中心、公共领导力中心，以及斯坦福大学胡佛研究所）的支持，在写作本书期间接待了我。雷切尔·达姆（Rachel Damle）帮助我完成了脚注，丽莎·麦克菲（Lisa MacPhee）是一位精明能干的助理，戴维·麦克布莱德（David McBride）是一位聪明的编辑。当然，对任何一位作者来说，最重要的支持来自精神层面，为此，我深深地感谢我的家人，尤其是我生命的中心——莫莉。

约瑟夫·奈

2020 年 1 月于马萨诸塞州莱克星顿

附　录　美国历任总统简表（1789 年至今）

任次	中文姓名	英文姓名	任期	党派	届次	生卒年月	备注
1	乔治·华盛顿	George Washington	1789-04-30—1797-03-04	无党派	1 2	1732-02-22—1799-12-14	美国开国总统
2	约翰·亚当斯	John Adams	1797-03-04—1801-03-04	联邦党	3	1735-10-30—1826-07-04	老亚当斯
3	托马斯·杰斐逊	Thomas Jefferson	1801-03-04—1809-03-04	民主共和党	4 5	1743-04-13—1826-07-04	
4	詹姆斯·麦迪逊	James Madison	1809-03-04—1817-03-04	民主共和党	6 7	1751-03-16—1836-06-28	
5	詹姆斯·门罗	James Monroe	1817-03-04—1825-03-04	民主共和党	8 9	1758-04-28—1831-07-04	
6	约翰·昆西·亚当斯	John Quincy Adams	1825-03-04—1829-03-04	民主共和党 国家共和党	10	1767-07-11—1848-02-23	小亚当斯
7	安德鲁·杰克逊	Andrew Jackson	1829-03-04—1837-03-04	民主党	11 12	1767-03-15—1845-06-08	

任次	中文姓名	英文姓名	任期	党派	届次	生卒年月	备注
8	马丁·范布伦	Martin Van Buren	1837-03-04—1841-03-04	民主党	13	1782-12-05—1862-07-24	
9	威廉·亨利·哈里森	William Henry Harrison	1841-03-04—1841-04-04	辉格党	14	1773-02-09—1841-04-04	任期内病逝
10	约翰·泰勒	John Tyler	1841-04-04—1845-03-04	辉格党	14	1790-03-29—1862-01-18	副总统继任
11	詹姆斯·诺克斯·波尔克	James Knox Polk	1845-03-04—1849-03-04	民主党	15	1795-11-02—1849-06-15	
12	扎卡里·泰勒	Zachary Taylor	1849-03-04—1850-07-09	辉格党	16	1784-11-24—1850-07-09	任期内病逝
13	米勒德·菲尔莫尔	Millard Fillmore	1850-07-09—1853-03-04	辉格党	16	1800-01-07—1874-03-08	副总统继任
14	富兰克林·皮尔斯	Franklin Pierce	1853-03-04—1857-03-04	民主党	17	1804-11-23—1869-10-08	
15	詹姆斯·布坎南	James Buchanan	1857-03-04—1861-03-04	民主党	18	1791-04-23—1868-06-01	
16	亚伯拉罕·林肯	Abraham Lincoln	1861-03-04—1865-04-15	共和党 国家联合党	19 20	1809-02-12—1865-04-15	连任后 遇刺身亡
17	安德鲁·约翰逊	Andrew Johnson	1865-04-15—1869-03-04	民主党 国家联合党	20	1808-12-29—1875-07-31	副总统继任
18	尤利西斯·辛普森·格兰特	Ulysses Simpson Grant	1869-03-04—1877-03-04	共和党	21 22	1822-04-27—1885-07-23	
19	拉瑟福德·伯查德·海斯	Rutherford Birchard Hayes	1877-03-04—1881-03-04	共和党	23	1822-10-04—1893-01-17	

任次	中文姓名	英文姓名	任期	党派	届次	生卒年月	备注
20	詹姆斯·艾伯拉姆·加菲尔德	James Abram Garfield	1881-03-04—1881-09-19	共和党	24	1831-11-19—1881-09-19	任期内遇刺身亡
21	切斯特·艾伦·阿瑟	Chester Alan Arthur	1881-09-19—1885-03-04	共和党	24	1829-10-05—1886-11-18	副总统继任
22	斯蒂芬·格罗弗·克利夫兰	Stephen Grover Cleveland	1885-03-04—1889-03-04	民主党	25	1837-03-18—1908-06-24	
23	本杰明·哈里森	Benjamin Harrison	1889-03-04—1893-03-04	共和党	26	1833-08-20—1901-03-13	
24	斯蒂芬·格罗弗·克利夫兰	Stephen Grover Cleveland	1893-03-04—1897-03-04	民主党	27	1837-03-18—1908-06-24	
25	威廉·麦金利	William McKinley	1897-03-04—1901-09-14	共和党	28 29	1843-01-29—1901-09-14	连任后遇刺身亡
26	西奥多·罗斯福	Theodore Roosevelt	1901-09-14—1909-03-04	共和党	29 30	1858-10-27—1919-01-06	副总统继任并连任
27	威廉·霍华德·塔夫脱	William Howard Taft	1909-03-04—1913-03-04	共和党	31	1857-09-15—1930-03-08	
28	托马斯·伍德罗·威尔逊	Thomas Woodrow Wilson	1913-03-04—1921-03-04	民主党	32 33	1856-12-28—1924-02-03	
29	沃伦·加梅利尔·哈定	Warren Gamaliel Harding	1921-03-04—1923-08-02	共和党	34	1865-11-02—1923-08-02	任期内去世
30	约翰·卡尔文·柯立芝	John Calvin Coolidge Jr.	1923-08-02—1929-03-04	共和党	34 35	1872-07-04—1933-01-05	副总统继任并连任
31	赫伯特·克拉克·胡佛	Herbert Clark Hoover	1929-03-04—1933-03-04	共和党	36	1874-08-10—1964-10-20	

任次	中文姓名	英文姓名	任期	党派	届次	生卒年月	备注
32	富兰克林·德拉诺·罗斯福	Franklin Delano Roosevelt	1933-03-04—1945-04-12	民主党	37 38 39 40	1882-01-30—1945-04-12	病逝于第四届任期
33	哈里·杜鲁门	Harry S. Truman	1945-04-12—1953-01-20	民主党	40 41	1884-05-08—1972-12-26	副总统继任并连任
34	德怀特·戴维·艾森豪威尔	Dwight David Eisenhower	1953-01-20—1961-01-20	共和党	42 43	1890-10-14—1969-03-28	
35	约翰·菲茨杰拉德·肯尼迪	John Fitzgerald Kennedy	1961-01-20—1963-11-22	民主党	44	1917-05-29—1963-11-22	任期内遇刺身亡
36	林登·贝恩斯·约翰逊	Lyndon Baines Johnson	1963-11-22—1969-01-20	民主党	44 45	1908-08-27—1973-01-22	副总统继任并连任
37	理查德·米尔豪斯·尼克松	Richard Milhous Nixon	1969-01-20—1974-08-09	共和党	46 47	1913-01-09—1994-04-22	连任后因“水门事件”辞职
38	杰拉德·鲁道夫·福特	Gerald Rudolph Ford Jr.	1974-08-09—1977-01-20	共和党	47	1913-07-14—2006-12-26	副总统继任
39	詹姆斯（吉米）·厄尔·卡特	James（Jimmy）Earl Carter Jr.	1977-01-20—1981-01-20	民主党	48	1924-10-01—	
40	罗纳德·威尔逊·里根	Ronald Wilson Reagan	1981-01-20—1989-01-20	共和党	49 50	1911-02-06—2004-06-05	
41	乔治·赫伯特·沃克·布什	George Herbert Walker Bush	1989-01-20—1993-01-20	共和党	51	1924-06-12—2018-11-30	老布什
42	威廉·杰斐逊·克林顿	William Jefferson Clinton（Bill Clinton）	1993-01-20—2001-01-20	民主党	52 53	1946-08-19—	比尔·克林顿

任次	中文姓名	英文姓名	任期	党派	届次	生卒年月	备注
43	乔治·沃克·布什	George Walker Bush	2001-01-20—2009-01-20	共和党	54 55	1946-07-06—	小布什
44	贝拉克·侯赛因·奥巴马	Barack Hussein Obama	2009-01-20—2017-01-20	民主党	56 57	1961-08-04—	
45	唐纳德·约翰·特朗普	Donald John Trump	2017-01-20—2021-01-20	共和党	58	1946-06-14—	
46	乔·拜登	Joe Biden	2021-01-20—2025-01-20	民主党	59	1942-11-20—	
47	唐纳德·约翰·特朗普	Donald John Trump	2025-01-20—	共和党	60	1946-06-14—	

译后记　外交道德关乎大国兴衰

约瑟夫·奈教授所著《美国总统及其外交政策》一书的翻译工作，主体部分是在2020年疫情暴发后推进的。由于一时间无处可去、无会可参，翻译的速度在我那间小小书屋里大为提高了。

奈教授重新提出了一个他认为讨论已久但缺乏广度和深度的命题：对于一国的外交战略和政策而言，“道德重要吗？”这其实是这部著作英文版的主书名，副标题是“美国总统及其外交政策”。

一

奈教授在本书中探讨的其实是伦理与外交的关系问题，他使用的参照物是二战后美国历任总统外交政策的演变轨迹。尽管奈教授强调“这不是一部历史作品”，只提供“一种规范性思维的实践”，或者本书性质如其所说是“关于外交政策的道德推理”，但遍布书中各处的对1945年以来美国对外重大决策过程的勾勒，特别是那些困扰美国总统们的伦理难题，仍能为中国的美国研究学者和当代世界史学者们提供逻辑依据，帮助大家更加通透地理解美国的全球战略是如何一步步陷入今天这般道德深谷的。

奈教授罗列的那些伦理难题，存在于撑起美国式“例外主义”和影响国际社会所有成员行为方式的普遍价值之间，存在于由美国得天独厚的地理位置衍生出来的孤立主义，以及历经两次世界大战洗礼并作为全球强国粉墨登场过程中兴起的自由主义之间，存在于美国总统们的个人抱负、不断变幻的美国国家利益和公众好恶之间。

种种悖论之下，美国总统们的外交政策道德标尺不断游移，既可以为了发挥美国在国际上的持久作用而推动建立一套惠及世界的国际制度——就像富兰克林·罗斯福及其继任者哈里·杜鲁门在20世纪40、50年代做的那样；可以出于人道审慎而放弃曾经极力宣扬的政策选项——德怀特·艾森豪威尔在朝鲜战争期间数度拒绝了使用核武器的提议；也可以为了个人抱负而扭曲美国的世界主义目标——林登·约翰逊为了他的“伟大社会”计划能在国会顺利通过而放任甚至操纵越南战争升级；或者为了实现美国的世界主义目标而公然向公众撒谎——富兰克林·罗斯福为获取民众对美国参与欧洲战事的支持编造了德国潜艇攻击美军“格里尔”号驱逐舰的故事，小布什轻信假情报错误发动了第二次海湾战争。这些事例当中，决策逻辑线条的相互冲突使得读者无法不意识到，对美国外交而言，并不真正存在一套像某些美国人宣扬的放之四海皆准的道德体系。

冷战终结后，独享“单极时刻”的美国迷失在权力傲慢之中，对外接连犯下战略失误，在内日益陷入政治极化、社会分化的沼泽，“美国的衰落”再度成为其国内外广泛讨论的话题，且随着应对疫情的失败及所产生的广泛影响，越来越像一个客观趋势。奈教授承认制度的伦理作用——“在努力思考如何发挥美国的作用使世界变得更美好方面，美国总统不仅宣示美国的价值观，也在思考如何依托世界政治的机制框架，使美国的价值观更有可能得到实现”。然而，近年发生的事件，是那个叫唐纳德·特朗普的总统亲手砸碎了美国价值观赖以依托的国际机制。

奈教授的研究可以印证，美国总统们的外交政策道德曲线与美国国力的长消和国运的兴衰有着密切的关联。老布什在冷战结束后提出了“世界新秩序”，却对国际形势的急剧变化缺乏把握，只能以审慎的方式在机会主义和现实主义之间求取平衡，从而为了追求长期稳定而自行限制短期目标。克林顿在美国经济的“黄金增长”期内未能采取实质行动阻止卢旺达种族大屠杀。那两个时段的美国均处在全球战略扩张的巅峰期或回升期，社会层面的普适道德感爆棚，两位总统皆因审慎而受到道德苛责，“罪名”被归结于“没有承担更多风险去确定更为变革性的目标”。反观奥巴马，碌碌无为的审慎、夸夸其谈的理想却成了令他饱受赞誉的“美德”，甚至在什么都还没做的时候就获得了诺贝尔和平奖。奥巴马在 2012 年、2013 年避免叙利亚“人道灾难”的努力相当软弱，甚至自行修改“化武即动武”的红线，虽然也被批评为“没有承担更多风险”，但是相比他的两位前任总统的遭遇却是温和了许多。

从奈教授作品可以看到，美国的外交政策实践从来都不缺乏谎言，谎言更是贯穿美国参与和发起的每一场战争的全过程。奈教授写道，“马基雅维利主义的诓骗术通常是一套聪明战略的一部分”。他也指出，纯粹为了私利而进行的诓骗只是对他人自私自利的操弄，随着时间推移，关注和信任会逐渐减少。奈教授的这一观点可被解读为：第一，美国对外政策的短期利益和长远利益在大多时候并不一致，相互之间的矛盾迫使美国总统们在每一个重大决策的关口都不得不有所取舍，而反映长远眼光的政策很难向公众兜售，美国政治制度的瑕疵使总统们往往倾向于向眼前利益妥协；第二，美国全球战略的伸缩、对外政策的调整与国内政治的演变有着直接的相互作用关系，为对外政策服务的诓骗术所产生的道德后果最终要转化为国内政治压力，变成总统权力面临的挑战。因此，奈教授得出了一个对全球政治具有一定普遍意义的结论：美国总统的最重要道德技巧之一是设计、维护相关体系和制度，而不只是为了做出即刻决定。遗憾的是，许多国家国内政治和外交政策的现实经常为奈教授的这一结论提供相反的注解。

奈教授列举的实例当中，最令我印象深刻的并非罗斯福，也非肯尼迪，或者克林顿——在美国人眼里，这些总统的表现足以归入美国历任总统业绩排行榜的“伟大”区间，而是林登·约翰逊，他的执政期也许是中国的美国政治研究相对粗疏的一个阶段。这位因肯尼迪遇刺而“幸运”扶正的美国总统出身贫寒，见惯了南方州的种种不公，因而把普及投票权和推行反贫困计划当作自己的使命，并将其冠之以“伟大社会”计划。从这个角度看，林登·约翰逊是成功的。他在短暂的任期内领导并实施了广泛的社会改革，国会配合他的政策通过了 400 多项立法，包括著名的 1964 年《民权法案》。

但他在经济和外交上又是失败的，其为推行“伟大社会”计划而实施的诸项高福利政策要靠巨额赤字财政支撑，其明知美国陷入越南的危险性，却为保证国会对社会改革的支持不流失、民众对“伟大社会”计划的关注不分散，以及维护自己的“勇者”形象不下滑而主动选择推动战争升级。随着越战升级行动在每个环节上归于失败，约翰逊不得不用更多的谎言去圆自己最初的假话，并为避免引发“大炮还是黄油”的争论而拒绝增加赋税，最终陷在自己挖掘的深坑里，主动放弃谋求连任。

林登·约翰逊的失败及其后续发展，生动演绎了政治家为个人短期利益放弃国家长远利益的危害，以及美国总统是怎样为了坚持在某些事情上的“道德”而在其他事情上“不道德”。由于约翰逊偏执地向拉丁美洲的国别政策注入他个人对民主的理解，部分拉美国家的军政府认为自己被美国抛弃，美国在拉美的影响力下降，冷战的天平开始向苏联倾斜。由于约翰逊放任越南战争升级，越战在他任内彻底成为“美国的战争”，美国民众在二战后建立起来的强大自信开始瓦解。约翰逊对个人精神的捍卫也损毁了美国国家精神的柱石，其综合效应在他下台后仍延续了很久，并为尼克松时期的调整、里根时期的变革埋下伏笔——那是一段漫长的酝酿着再扩张的战略收缩期，对今日世界的面貌也产生了重大影响。

历史演进总是环环相扣。我们今天正在目睹的一切并非孤立、偶然发生的，当然更不是简单重复的，在很大程度上是过去众多事件影响积累、叠加的结果，也是周期律的反映。经过几任总统的调整和变革，美国的全球战略现已从冷战后的扩张期重返收缩期，并且再度上演国家精神的坍塌。

二

奈教授采用了一种有着三个维度（意图、手段和后果）的道德推理的方法论，来研究道德在美国历任总统制定外交政策时发挥的作用。研究显示，美国总统们在制定和实施外交政策时要实现意图、手段和后果之间的良好匹配是一件多么困难的事，某一维度上的道德并不意味着其他维度上的必然道德，某一维度上的不道德也并不意味着其他维度上的必然不道德。

为了使三个维度上的阐析能给读者以直观的感受，奈教授设计了一张“计分卡”，并给二战结束至今每位美国总统的外交政策道德水准进行综合评分。读者可以看到，富兰克林·罗斯福、约翰·肯尼迪、吉米·卡特、老布什、比尔·克林顿、贝拉克·奥巴马的得分都不错。他们或者有效地推进了国际制度的设计和发展，或者心口如一地在世界上代表了美国引以为傲的价值观，或者灵活机动地处理了美国在世界上遇到的棘手问题，或者较好地维护了美国与盟友伙伴的关系。林登·约翰逊和特朗普得分之差则是显而易见的。

特别是特朗普。尽管奈教授小心翼翼地强调他对特朗普的评分是在其2016至2020年任期尚未结束时做出的，“现在就评估收益，进而进行平衡的净评估，仍为时尚早”，“对一名美国总统的正确评价需要经得起时间的检验——有时需要几十年的时间”，但众多读者恐怕在看到奈教授的评分之前，很早就已在内心给特朗普打下了“差评”。引用奈教授的话讲：“特朗普拒绝了自由主义国际秩序，质疑美国的对外同盟关系，攻击国际多边机制，从奥巴马政府达成的贸易和气候协定中退出，投入与中国的贸易战中，并把美国的中东政策重新聚焦于沙特和伊朗。他承诺‘让美国再次伟大’，却是通过做交易的狭隘方式，以及挑战传统智慧的破坏性外交。”

奈教授的这部作品英文版在美国出版时，疫情还未出现，人们尚无法预知冷战后最重要的一道历史分水岭即将到来，更不用说前瞻它可能给特朗普的政治命运、美国的国内政治生态和国际影响力造成的巨大甚至是颠覆性的冲击。本书中文版正式出版前，2020年美国总统选举已经尘埃落定，当选总统拜登誓言，以应对疫情、促进经济复苏、推动种族平等、应对气候变化为优先要务，治愈美国的创伤，恢复美国在世界上的领导力。沉沦在疫情中难以自拔的美国，即将再度踏上自我调整之路。然而，特朗普将美国国内政治绝对凌驾于全球公益之上的政策，及其从目标、传统、原则到方式的错配，已经导致美国在世界上的道德形象和价值号召力全方位崩塌，连其盟友伙伴也意识到“走自己的路”和“战略自主”的重要性，美国外交政策道德水准的重建恐怕不是在短时间内通过矫正姿态就可以实现，至少其外交政策道德水准已不再具有普适意义。而这恰恰可以为再度引起美国国内外热烈讨论的“美国衰落论”提供一个清晰的注脚。

奈教授在本书中把奥巴马和特朗普归在一个章节里加以讨论，并以“21 世纪的权力转移”为该章命名。在他看来，小布什以降的美国总统必须告别驱动小布什时期外交政策的“单极傲慢”，着力应对全球权力分配的两个重大转变：一是不同国家之间的“横向”权力转移——这里的主要矛盾显然是美国这个守成大国如何应对中国这个崛起大国的成长；二是由技术驱动的权力从国家向非国家行为体的“纵向”扩散——随着信息技术的发展，越来越多事情的发生超出了强大国家的控制范围，美国必须与其他国家学会“分享”权力，才能合作应对错综复杂的全球性挑战。奥巴马和特朗普均非孤立主义者，但都在收缩期主政美国——这种收缩反映了美国公众的态度。奥巴马和特朗普以不同方式推动了美国外交政策的收缩，但更多收缩的是手段而非目标。

这是一个相当有趣且重要的视角，有助于我们全面理解今日美国和世界之变化。尽管奥巴马和特朗普拒绝承认美国的衰落趋势，分别誓言“让美国再当 50 年世界领导人”和“让美国再次伟大”，但他们各自的政策取向——一种是自由主义、全球协作的，一种是保守主义、“美国优先”的，均没能成功应对奈教授开列的权力转移挑战，一个被批评“太过软弱”，一个被指责用挑起对外摩擦的“不定向导弹”搞乱了世界。正常的逻辑是，如果两种路线均无法挽回美国的衰落命运，那么依美国的自我调整和修复能力，这两种路线碰撞出一条“中间路线”则成为可能，拜登在竞选和候任期间所显示的融合民主党建制派、进步派甚至部分共和党主张的政策取向，似乎也在喻示这一点。但是，尽管特朗普被对他忍无可忍的城市精英们选下了台，他和他所代表的主义却没有退席。在 2020 年大选中投给特朗普的7500万张普选票意味着，共和党极有可能在今后几年里加速完成“特朗普化”，或者将“特朗普遗产”“共和党化”。因此，美国内外政策的政党分化和价值分野会继续扩大，也会因其在不长周期内的剧烈摇摆而给世界源源不断地注入动荡和分裂因素。

留给后任美国总统的并非简单的“道德选择”难题，而是如何处理战略收缩与维护美国全球领导力之间的矛盾。今后一个时期的美国注定更加内向而分化，国内政治的需要将持续压倒国际政治的考量，用奈教授的话来讲就是“本土主义政治的崛起”把美国的道德视野局限在了美国国内。这样的美国不大可能在短时间内修补公众对政府信心的丧失和国际社会对美国信任的丧失，不大可能在短期内成功应对奈教授在本书中罗列的以“21世纪的权力转移”为核心内容的诸多挑战。

三

在诸多挑战中，奈教授对“中国的崛起”着墨颇多，这些文字自然也是本书最值得中国读者咀嚼的内容。

奈教授认为，低估或高估中国崛起给美国带来的挑战都不对。即使中国在总的经济体量上超过美国，但这也不是衡量实力的唯一标准。中国在军事和“软实力”指标方面均大幅落后于美国，美国也将在金融、科技实力乃至人口结构等方面保持相对于中国的优势。奈教授最担心美国“在歇斯底里的情况下”“将一手好牌打得稀烂”，比如与盟国翻脸、关闭移民通道。奈教授也向中国发出提醒：“中国尚未试图颠覆自己从中获益的世界秩序，而是试图增强其在这一世界秩序中的影响力；但随着中国实力的增强，这种情况或许会发生改变。人有时吃着吃着胃口就变大了。”不过，奈教授也判断，对于现行世界秩序，中国志不在掀翻牌桌，而是希望能在牌桌上扩大赢面。奈教授向第46任美国总统（他写完本书时，人们尚无法判断特朗普或拜登谁会赢得2020年大选）提出应对之道，除了不能放弃对外结盟和对内开放“这两张好牌”，还有“调整对待开放国际经济的方式”，“更严格地监督威胁（美国）国家技术与安全目标的中国贸易和投资”。从更宏观层面看，奈教授主张放弃“自由主义式”或“美国式”这样的概念，转而考虑构建一个“开放且基于规则”的世界秩序。奈教授也主张，美国与中国的关系应是一种“有合作的竞争”，美国需要对中国施行“巧竞争”战略，并对两国关系中的合作面和竞争面给予同等关注。

特朗普在任四年，宣布大国竞争回归美国全球战略核心部，针对中国接连出台极端的打压措施，致使中美关系急剧恶化。疫情不仅打乱了特朗普政府压制中国的全盘部署，也颠覆了美国相对于中国的所谓道德和制度优势，使得其极具进攻性现实主义色彩的对华政策最终归于失败。然而在美国，有观点认为，特朗普也取得了一个“最大的成功”，那就是粉碎了主导美国对华政策几十年的“负责任的利益攸关方”共识，取而代之的是一种战略竞争的新范式。这是美国战略思想中一次极为重要的概念转变，几乎肯定会对美国和世界产生深远影响。

随着美国权力过渡的展开，新一轮涉及对华政策的对外政策讨论也在进行，奈教授的声音有一定的代表性。在竞选和候任期内，拜登团队已经释放出修补盟友关系、重返多边机制、重振美式价值观、恢复美国全球领导力的信号。由于美国内忧外患，且财政赤字和债务压力巨大，拜登执政初期将不得不集中精力应对疫情、经济衰退、政治撕裂等内部问题。其对外投放能力有限，只能侧重以“道德的力量”应对挑战，包括在中国问题上。拜登团队的对华政策延续战略竞争的大框架，优先处理经济、科技竞争，同时加强与盟友伙伴国家的对华政策协调，力求重构针对中国的“价值联盟”。这种趋势喻示着在新的政治周期里，中美在人权和意识形态等领域的斗争将会有增无减。这归根结底是一种占据道德制高点的争夺，在疫情中跌落“神坛”的美国要对中国发起道德反攻。两国如果不能在美国短暂的政治过渡期里建立最起码的管控彼此关系的共识并避免双边议程被敏感个案掀起的波澜所劫持，那么重返全域型对抗氛围的可能性仍是存在的，并不以民主党在执政理念上相对于“特朗普共和党”的差异为转移。

奈教授的这部作品启发我们进行相当具有现实意义的思考：如果与中国的竞争成为美国全球战略优先处理的目标，同美国的斗争成为中国对外关系当中的主要矛盾所在，那么这场注定不断深化的世纪摩擦是否也是一场外交道德的竞赛？

应当承认，道德外交的问题不只是美国领导人面临的挑战，也是世界其他大国需要妥善处理的普遍问题。一个国家外交政策的道德水准固然如本书所述取决于意图、手段和结果三者之间的平衡，以及公众与外交政策制定者之间的互动，但外交政策目标本身的正义性应是至高无上的。脱离了目标的正义性，道德外交无从谈起。在许多中国人眼中，美国外交政策的根本目标在于护持其世界霸权，对华政策的目标则是颠覆中国的制度、阻挠中国的发展，因而是非正义的。而在很多美国人眼中，中国外交政策的目标是挑战美国的全球领导地位并取而代之，对美外交是“欺骗性外交”，因而也是非正义的。如果双方均按此逻辑设置对对方的政策手段并寻求其相应后果，将彼此的矛盾视为一场正邪之争，似乎就没有什么调和的余地了，中美关系将注定滑向恶性冲突。事实真是如此吗？双方该如何向对方解释自己的战略目标呢？很有必要开展坦诚的对话，避免根本性的战略误判。

设若中美两国外交政策的目标均是合情合理的，并非以消灭或取代对方为己任，就竞争性大国关系而言，双方以道德的方式竞争，还是以不道德的方式竞争，其重要性便会突出起来。程序的正义性与目标的正义性一样，不仅关乎两国自身的对外战略和国内政治稳定，也关乎人类文明的发展前景。如果不择手段压制竞争对手国家发展崛起，阻挠其在国际体系内占据更大决策份额——特朗普政府对中国所做的那样，是一种不道德，那么中国在维护自身合理发展权利的时候需要秉持什么样的外交道德？这是应当引起已迈入新时代的中国外交人警觉和深思的问题。

中国是一个传统上高度重视外交道德的国度，从古代延绵千年的“内圣外王”思想和对周邻国家的“厚往薄来”，到新中国倡导的

“和平共处五项原则”，再到近年中国领导人反复提及的“正确义利观”以及对“建设性、负责任大国作用”的追求，均体现了带有厚重理想主义因子的道德外交意识。审视中国与周边地区和整个世界关系的历史轨迹，人们会发现，中国外交对道德的强调和实践从本质上讲是国内道德观的外化，近代中国遭受的外强凌辱在迫使中国“睁眼看世界”的同时，也空前增强了中国处理与外部世界关系的民族意识和道德本能——这两者是紧密关联、一体两面的。新中国成立后，在从革命外交到改革开放务实外交的基本叙事线索的演化过程中，中国对外一方面宣示“永远不称霸”，“己所不欲，勿施于人”，在坚决维护自身道路选择的同时，不干涉他国内政、不搞制度输出；另一方面，始终展现出迫切的强国意识，期待自身强起来后做一个不一样的全球性大国，在逐步而彻底地解决历史遗留和现实赋予的自身制度安全、主权安全、发展安全问题的同时，用中国道路为世界做出贡献。

现在，中国已是世界第二大国，这个地位是沿着美国和西方所不预期、不认同的制度模式和发展道路走出来的，打破了“强国必然通过战争手段实现崛起”的所谓历史定律，将来还要打破“国强必霸”的所谓历史定律。从这个意义上讲，中国外交道德的外延进一步拓展至全球层面，与此同时，“国内道德是外交道德基础”的逻辑线条也更加明确了。

在本书中，奈教授引用了清华大学阎学通教授关于未来世界是美中两极格局的国际秩序的观点，而我想在这里引用阎学通教授2010年接受《国际先驱导报》采访时发表的中国的外交道德需与世界第二大国地位相称的观点：“中国迫切需要增强道德能力”，“从某种程度而言，中国外交最主要的动力也是来源于国内政治目标。国家的最高目标是让国家更有尊严，让老百姓更有尊严，那么外交政策就会从以经济利益为中心向以尊严为中心转变”。时隔多年，阎学通教授期待的转变正在发生。我们今天看到的是，当中国的对外行为变得日益积极主动有为，外界在急切希望了解中国对未来国际秩序和全球体系变革的政策主张并相应进行调适的同时，也在通过中国的国内政策目标、实现国内政策目标的手段及其在中国国家形态和广大中国人民福祉问题上形成的后果，来判断未来中国的全球作用和外交属性并预做准备。

外交不只是逐利的，道德当然很重要。在我看来，现今道德外交最重要的品质是自我克制。人类正在步入一个共享权力的时代，未来世界可能不会再有霸权。美国需要意识到，它的一些传统理念，诸如“自由主义国际秩序”“美国治下的和平”，已不能适应当今世界的深刻变化，需要以更鲜明的意志抵御单赢思维的诱惑。同样，中国也需要抵御国际政治中的权力诱惑。一国把本国的成功建立在他国的失败基础上是不道德的，在恶性竞争中撕裂全球体系并逼迫国际社会其他成员选边站队同样是不道德的。对我们这个世界来说，今后几个十年最需要出现的国际政治现象应是，两个彼此关系可以决定国际社会未来基本形态的世界前两大经济体和联合国安理会常任理事国以道德的方式进行良性竞争，努力找到新形势下“相互尊重、和平共处、合作共赢”的正确相处之道，最终实现各美其美、美美与共。

希望本书能激发中国外交界和国际关系研究者们对外交道德问题的更多关注和广泛讨论，并对二战后美国历任总统所能提供的教训引以为鉴。

借此机会，感谢清华大学战略与安全研究中心全体同仁对我的关心支持，感谢北京大学国际关系学院博士研究生梁鸿同学、中国长安出版社副编审李涛先生在本书译校过程中给予的有力帮助，感谢中国人民大学刁大明先生、北京外国语大学陈征女士给予的宝贵建议。同时，谨以这部译作献给我的母亲杨静娴，愿她在天国得享安宁。

安　刚

2021 年 1 月 13 日于北京